Eberhard Bordscheck

Der Hölle entkommen

Für Elisabeth und Julius,
für Bärbel, Arne, Björn und Bianca und
für Hollie, der die Zukunft gehört.

Eberhard Bordscheck

Der Hölle entkommen

Flucht aus der Kriegsgefangenschaft

rosenheimer

Die geschilderten Hintergründe entsprechen der geschichtlichen Wahrheit. Die handelnden Personen sind frei erfunden. Eventuelle Ähnlichkeiten sind daher rein zufällig.

www.rosenheimer.com

Titelfoto: © Bundesarchiv, Bild 183-R77366
Lektorat: Gisela Faller, Stuttgart
Satz: Satzpunkt Ursula Ewert GmbH, Bayreuth
Druck und Bindung: CPI Moravia Books s.r.o.
Printed in Czech Republic

ISBN 978-3-475-54098-1

Inhalt

Zu Unrat und Auswurf hast du uns gemacht
inmitten der Völker.
Ihren Mund rissen gegen uns auf all unsere
Feinde.
Grauen und Grube wurde uns zuteil,
Verwüstung und Verderben.

Klagelieder 3,45-47

Zwischenspiel

Der Rhein

Das Wasser war kalt. Die Kälte durchdrang seinen mageren, nackten Körper, wickelte ihn in eine Decke aus tausend Nadeln und ließ ihn nach Atem ringen. Während seine Beine versuchten, mit kräftigen Schwimmstößen die sanfte Strömung des Rheins stromabwärts zu nutzen, klammerten sich seine vor Kälte erstarrten Finger an die beiden zusammengebundenen Benzinkanister. Um ihn herum war es dunkel. Der nächtliche Himmel leistete sich nach den letzten heißen Tagen und sternklaren Nächten einen watteweichen Wolkenteppich, durch den hin und wieder ein schüchterner Stern lugte, und ein feiner, kopfhoher Dunstschleier erschwerte ihm zusammen mit der nächtlichen Schwärze eine ungehinderte Sicht.

Die Strömung schien ihn immer weiter hinein in dieses unwirkliche Gespinst aus Kälte, Dunkelheit und Dunstschleiern zu ziehen. Obwohl sie nicht sehr stark war, nahm sie ihn doch, wie er deutlich spürte, weiter mit stromabwärts, als ihm lieb war. Ihre Kraft ließ ihn aber vermuten, dass er sich bereits in der Mitte des Stroms befinden musste. Trotz der Kälte hatte er inzwischen seinen Schwimmrhythmus gefunden und spürte, wie die Strömung ihm dabei half, allmählich wieder aus ihr herauszukommen.

Wie lange er noch bis zum anderen Ufer brauchen würde, konnte er aber nicht abschätzen. Dafür hatte er jegliches Zeitgefühl verloren.

Die Strömung wurde allmählich schwächer. Daran erkannte er, dass er die Strommitte wohl überwunden hatte und sich nun dem anderen Ufer näherte. Seine Beinstöße brachten ihn in immer größeren Strecken in diese Richtung, das Schwimmen wurde leichter. Auch sein Kanisterfloß ließ sich nun leichter dirigieren. Er löste eine Hand von den zusammengebundenen Griffen der Kanister und prüfte mit der anderen, ob die Fracht verrutscht war, doch das Bündel auf dem Floß fühlte sich an der Unterseite zwar nass an, aber es schien noch alles an seinem Platz zu sein.

Das Floß trug alles, was er besaß. Eingerollt in eine Wolldecke waren sein verschlissener Militärmantel, seine Uniform, abgelaufene Stiefel und ein Brotbeutel mit Kochgeschirr und Wasserflasche.

Jetzt, im ruhigen Wasser, kam eine seltsame, zufriedene Ruhe über ihn. Es kann nicht mehr weit bis ans Ufer sein, dachte er, atmete zum ersten Mal bewusst tief durch und versuchte, durch den Dunstschleier hindurch die Uferlinie zu erkennen. Sie kam ihm mit diesem seltsamen Geruch aus Wasser und feuchter Erde entgegen, der ihm von zu Hause her so vertraut war. Als Junge hatte er nach manch heftigem Frühlingsregen, wenn die Lenne durch ihre Zuflüsse angeschwollen war, Steindämme mit Wasserrädern in die braunen, erdigen Fluten gebaut. In diesen Geruch aus Wasser und Erde mischte sich nun auch der Duft taufeuchten Grases.

Sein rechtes Knie stieß plötzlich an einen Stein, und die Kanister schrammten im selben Augenblick dumpf und blechern über kieselharten Grund. Erschrocken zog er das Floß zu sich heran und suchte mit den Knien nach dem festen Boden. Er streckte seinen Körper, tastete den Untergrund ab, fand einen Stein, der ihm Halt gab, und zog sich langsam auf festen Boden. Die sanfte Strömung des Wassers verursachte leise, rhythmisch schmatzende Geräusche an den Unterseiten der Kanister, als er versuchte, sie langsam ans Ufer zu heben.

Er bemühte sich, in der Dunkelheit seinen Landungsplatz genauer zu erkennen. Über ihm wölbte sich leise im Nachtwind wehendes maifrisches Weidengehölz, dessen Laubdach zu dem Weidensaum gehören musste, der den Strom auf dieser Seite des Ufers über einen Kilometer weit begleitete. Er hatte den lange ausgewählten Zielbereich offenbar gut getroffen. Seine Freude über die gelungene Überquerung bekam einen Dämpfer, als er erschrocken feststellte, dass ihn die Strömung doch weiter als gedacht mitgenommen hatte und er sich am äußersten stromabwärts gelegenen Ende des Gehölzes befand. Nur einige zehn Meter weiter und er wäre an dem unbewachsenen und deckungslosen Teil des Ufers gelandet, das von einer zufällig vorbeikommenden Patrouille, auch bei Dunkelheit, leicht zu überblicken war!

Obwohl es ihn drängte, so schnell wie möglich der Kälte zu entkommen, blieb er im Wasser und zog sich mit den Kanistern ein paar Meter weiter flussaufwärts an dem Weidengehölz entlang, bis er eine kleine, steinfreie Uferausbuchtung fand. Mit zitternden Fingern versuchte er den Knoten der Schnur, die das Bündel am Floß festhielt, zu lösen, und es dauerte eine Weile, bis er den einfachen Sicherheitsknoten endlich aufgezogen hatte und das Bündel, mit einer Hand das Floß festhaltend, anheben und es ans Ufer schwingen konnte. Dann öffnete er so geräuschlos wie möglich die Füllstutzen der Kanister und ließ sie voll Wasser laufen. Als sie nach dem letzten Schluck seufzende Schmatzer von sich gaben, stieß er sie in tieferes Wasser, wo sie versanken. Vorsichtig und jedes Geräusch vermeidend tastete er mit der Hand den Grund ab und holte einen etwa faustgroßen Kiesel aus dem Wasser, den er später in einen Strumpf stecken wollte. Damit hätte er dann eine Waffe, eine primitive zwar, aber immerhin etwas, womit er sich bei Bedarf Respekt verschaffen konnte.

Um ihn herum war nur die schwarze Stille der Nacht. Er schnürte das Deckenbündel auf und zog seine Kleider an. Mit der Kleidung kam die Wärme in seinen Körper zurück und ergriff allmählich von seinen starren Gliedern Besitz. Er genoss das wohlige Kribbeln der Haut. Vorsichtig arbeitete er sich zum Rand des Gehölzes vor.

Das Gelände davor stieg in mehreren mit Gras bewachsenen Stufen sanft zu einer Straße an, die dem Rhein folgte. Neben der Straße verliefen Eisenbahnschienen. Allerdings waren hier, solange er im Rheinwiesenlager gewesen war, keine Züge mehr entlanggefahren. Mit der Straße verhielt es sich da schon anders. Hier patrouillierten auch nachts in unregelmäßigen Abständen amerikanische Jeeps. Dieser Teil war der schwierigste Abschnitt seines Fluchtweges und auch bei Nacht nicht ungefährlich. Hinter der Straße und den Gleisen erhob sich eine lange Basaltmauer, die den Fuß eines Weinbergs markierte. Hatte er die Mauer erst einmal erreicht, konnte er, die Rebstöcke als Deckung nutzend, den Weinberg bis zum Plateaurand hinaufsteigen.

Nun erst warf er einen Blick zurück über den Rhein. Auf der anderen Seite blinkten in der Dunkelheit kleine Feuer, an denen er sich die Männer vorstellen konnte, wie sie zusammengekrümmt, in zerrissene Decken gewickelt, auf dem nackten Boden liegend den Feuern die nötige Wärme abzuringen versuchten. Gestern Nacht hatte auch er noch dort gelegen. Auf dieser Seite des Stromes kamen die Feuer ihm auf eine unerklärliche Weise unwirklich vor, wie vom Himmel gefallene Sterne.

Er wandte sich um und vergewisserte sich, dass die Straße über ihm ruhig war. Die Stille um ihn herum hatte nach dem ständigen Lärm, der immer über dem Lager lag, etwas Unwirkliches. Die einzigen Geräusche, die er hier vernahm, waren das fließende Wasser mit einer sich hin und wieder überschlagenden Welle und das Rauschen der Weiden, wenn ein launischer Windstoß ihre langen, biegsamen Zweige bewegte.

Kriechend bewegte er sich den Hang hinauf auf die Straße zu. Dann lag sie vor ihm, ein dunkles Band gepflasterter Blaubasaltköpfe. Mit wenigen schnellen Sprüngen überquerte er sie und landete unverhofft in einem Graben, der die Straße von den Bahngleisen trennte. Leise fluchend wollte er sich aufrichten, und mit einem Mal war er dem Graben dankbar, denn aus der Richtung des stromaufwärts gelegenen Ortes bewegten sich plötzlich die Scheinwerfer eines Autos auf ihn zu. Das anschwellende Motorengeräusch gehörte eindeutig zu einem Jeep. Er presste sich dicht an die Straßenseite des Grabens und hoffte, dass die Patrouille ihn nicht gesehen hatte und ihre Aufgabe auch sonst nicht zu ernst nehmen würde. Und das tat sie auch nicht, wie das laute Reden und Gelächter der Besatzung bewies. Dann waren sie an ihm vorbei, und das Motorengeräusch wurde schwächer und schwächer, bis es nicht mehr zu hören war. Erleichtert blieb er noch eine Weile liegen, hob seinen Kopf vorsichtig bis zur Höhe der Augen über den Graben und vergewisserte sich, dass die Gefahr tatsächlich vorbei war.

Langsam erhob er sich, überwand den Gleiskörper in gebückter Haltung und lief auf dem unbefestigten Karrenweg, der zwischen den Gleisen und dem Weinberg verlief, auf dessen Basaltmauer zu. Mit einem weiteren Sprung hatte er sie erreicht und versuchte mit den Händen, ihre Höhe zu ertasten. Als er keine Mauerkrone erfühlen konnte, blickte er nach oben und erkannte unter dem langsam heller werdenden Himmel, dass sie fast doppelt so hoch war wie er. Er zwang sich zur Ruhe. Wenn hier ein Karrenweg entlangführte, musste es auch einen Zugang in der Mauer zu dem Weinberg geben.

Allmählich wich die Schwärze der Nacht einem diffusen Grau, das seinen Augen nach und nach erkennbarere Umrisse lieferte. Er tastete sich die Mauer in Richtung des kleineren, stromaufwärts gelegenen Ortes entlang. Nach hundert gestolperten

Schritten fand seine linke Hand plötzlich einen Halt in der Mauer. Der Vorsprung, an dem er angelangt war, entpuppte sich als Stufe einer parallel in die Mauer eingelassenen Treppe, die auf die Mauerkrone führte. Langsam tastete er sich bis zu ihrem unteren Ende vor und stieg dann auf Händen, Knien und Füßen rutschend in das zurückweichende Nichts der Nacht hinauf. Dann fühlten seine Hände grusigen, schotterähnlichen Boden. Das musste das untere Ende des Weinbergs sein! Er richtete sich auf und spürte sofort die steile Schräge des Berges. Wie hoch er steigen musste, konnte er nicht erkennen. Neben sich und vor sich sah er schemenhaft die Rebstöcke in der Dunkelheit verschwinden. In dem dämmerigen Licht erschienen sie ihm wie in Reih und Glied ausgerichtete römische Legionäre, die ihre Wurfspieße senkrecht auf den Boden gestellt hatten und auf das Signal zum Angriff warteten.

Im Bereich des Treppenaufgangs befand sich ein als Sammelweg verbreiterter Gang zwischen den Rebstockreihen. Der Anstieg war so steil, dass der schotterige Untergrund, der die Tageswärme für die Reben speicherte, immer wieder nachgab und er dann wieder ein Stück bergab rutschte. Den Oberkörper weit vorgebeugt, stieg er langsam und ruhig atmend den Berg hinauf. Hin und wieder erstolperten seine Füße so etwas wie eine Terrassenstufe im Weinberg. Die nahm er dann dankbar zum Anlass, um einen Moment ruhig durchzuatmen. Nach der Kälte des Wassers brachte ihn der steile Anstieg schnell ins Schwitzen. Ganze Schweißrinnsale suchten sich ihren Weg zwischen seinen Schulterblättern abwärts, entsprangen seinen Achselhöhlen und liefen über Brust und Bauch. Aus dem noch vom Rheinwasser feuchten Haar unter der Mütze kamen salzige Bäche, die in seinen Augen brannten. Er öffnete den Mantel, knöpfte die Uniformjacke auf und spürte, wie die frische Morgenluft ihm etwas Kühlung brachte. Plötzlich und ohne Vorwarnung hatte er die letzten Legionäre erreicht. Wenige Schritte weiter traten schon die Umrisse der ersten Bäume aus der Dämmerung heraus. Er hatte den oberen Rand des Weinbergs erreicht.

Schwer atmend blieb er stehen. Links von ihm befand sich eine leichte Einkerbung in der Randstufe, und dort plätscherte ein Gewässer. Das kleine Rinnsal floss auf den Abbruch zu und wurde durch Röhren den Weinberg hinuntergeführt. Seine Hände formten eine Schale und führten herrlich kühles Wasser zum Mund. Er wiederholte diese Bewegung so lange, bis sein Durst gestillt war. Das Wasser schmeckte nach Wald, und ihm wurde bewusst, dass dies seine ersten Schlucke in Freiheit waren. Es war nicht nur die Freiheit eines entlaufenen Gefangenen, es war auch die Freiheit eines Mannes, der dem Krieg mit all seinen Schrecknissen und Erinnerungen am liebsten für immer davonlaufen wollte. Er entledigte sich seiner Kleidung und schöpfte sich das Wasser auch über seinen erhitzten Körper. Es kam ihm wie ein Taufakt vor, der Beginn von etwas Neuem, von dem er nicht wusste, was es war und wie es damit weitergehen sollte. Nur eines wusste er: Er wollte nach Hause.

Der Wind, der die Dämmerung vollends vertrieb und den Morgen mitbrachte, trocknete seinen Körper und ließ ihn frösteln. Nachdem er sich wieder angezogen hatte, nahm er seine Umgebung in genaueren Augenschein. Die Bäume, unter denen er sich befand, waren nicht sehr hoch, sie hatten sich dem Willen des stetigen Westwindes beugen müssen und neigten ihre Stämme und Äste in Richtung Sonnenaufgang.

Als er sich umdrehte, erkannte er erst, wie steil der Weinberg war, den er hinaufgestiegen war. Der Rhein durchfloss schimmernd und gut gefüllt sein Gebirge. Auf der anderen Seite erstreckte sich in erschreckender Größe das Gefangenenlager auf den Rheinwiesen. Die gitterförmig angelegten Lagerstraßen verstärkten aus seiner Höhe den Eindruck eines ins Netz gegangenen riesigen Gebildes, bestehend aus Tausenden von Leibern. Noch war das Lager nicht aus seiner nächtlichen Starre erwacht, aber bald würden sich dort unten die abgezehrten Gestalten erheben und einen weiteren Tag in trostloser Langeweile, den Kopf voller Wünsche nach Heimkehr, verbringen. Für ihn war das jetzt vorbei! Er war auf dem Weg nach Hause. Dass seine Flucht von den Amerikanern nicht bemerkt werden würde, war sicher. Niemand hatte sich je die Mühe gemacht, die Gefangenen im Rheinwiesenlager zu registrieren.

Hinter der Ahrmündung, weiter stromabwärts, schälten sich aus dem Morgendunst wie zwei verfaulte, nutzlose Zahnstümpfe die zerschossenen Türme der ehemaligen Eisenbahnbrücke heraus. Teile der Konstruktion lagen zerborsten, vom Nebeldunst gnädig eingehüllt, im Wasser und versperrten die Fahrrinne. Diese wurde aber auch, wie er wusste, von zwei Pontonbrücken versperrt, die den Strom wie Tausendfüßler überquerten und den zerstörten Brückenbau ersetzten.

Das Lager dort unten erschien ihm jetzt als logische Konsequenz der Katastrophe, die dieser »Gefreite aus Braunau«, wie sein Vater ihn einmal abfällig genannt hatte, angezettelt hatte. Millionen junger Männer, manche begeistert, viele gezwungenermaßen, waren von ihm in Komplizenschaft genommen worden. Sie hatten Millionen anderer junger Männer und deren Familien Tod und Elend gebracht, bis ihnen selbst das Gleiche widerfahren war. Ihnen allen, Siegern und Besiegten, waren durch die kruden Ideen eines einzigen Mannes und seiner fanatischen Anhänger ihre Jugend, ihre Wünsche und Träume, ihr Leben, ihre Unschuld und eine Zukunft ohne das Wissen um eigene Schuld gestohlen worden.

An diesem frühen Morgen im Juni sah das Tal unter ihm ruhig und auf eine perfide Weise friedlich aus. Er setzte sich auf einen Baumstumpf, holte eine abgewetzte Brieftasche heraus und öffnete sie. Zum Vorschein kamen ein Soldbuch, einige Briefe und Fotos. Soldbuch und Briefe ließ er unbeachtet. Die Fotos aber zeigten den Grund seiner Flucht.

Das erste Foto schaute er nur kurz an, wischte mit seinen Fingern imaginären Staub fort und legte das zweite Foto auf das erste. Auf dem ersten waren seine Eltern und seine kleine Schwester abgebildet: Ein sich gerade haltender Mann in den Fünfzigern in der Uniform eines Reichsbahnbeamten; seine Mutter mit dem gleichen Grübchen im Kinn, das sich auch bei ihm fand. Zwischen beide drückte sich seine kleine Schwester mit dem für sie so typischen verschmitzten Lächeln, mit dem sie alle ihre kleinen Boshaftigkeiten wieder weglächeln konnte.

Das zweite, obenauf liegende Foto hatte an den Ecken vom häufigen Gebrauch entstandene Abnutzungsspuren. Aus dem Bild heraus blickte ihn ein Mädchengesicht an. Das ovale Gesicht zeigte ein Lächeln mit leichten Grübchen auf den Wangen. Dichte, helle Haare rahmten das Gesicht ein und verschwanden auf dem Rücken in einem dicken Zopf. Dieser Zopf hatte seine kleine Schwester Anna immer wieder zu Neckereien herausgefordert, wenn Marie zu ihrem Bruder ins Haus kam. Sie hockte dann gewöhnlich hinter dem Treppengeländer und rief kichernd: »Rapunzel, lass dein Haar herunter!«

Er drehte das Foto herum und las die schon verblassende, schön geschwungene Jungmädchenschrift, die er schon tausend Mal gelesen hatte: »Für meinen Georg, für immer! Marie.«

Marie war einer der Gründe, nein, der wichtigste Grund für seine Flucht.

Sie war zwei Jahre jünger als er und die Tochter der Nachbarn. Das Haus seiner Familie, der von der Beekes, und das von Maries Familie, beides typische Sauerländer Fachwerkhäuser, lagen nur einen Steinwurf weit auseinander an einer Biegung der Lenne. Zwischen beiden Familien herrschte gutes nachbarschaftliches Miteinander. Für Georg und Marie war es schon früh eine ausgemachte Sache, dass sie füreinander da waren. Ein paar Tage vor seiner Einberufung hatte sie ihm das Bild etwas verschämt in einem Briefumschlag in die Hand gedrückt. Seitdem hatte es ihn überallhin begleitet: von Dünkirchen bis zum Atlantikwall und von dort zurück durch die Normandie und den Hürtgenwald bis ins Rheinwiesenlager. Nun war es mit ihm auf dem Weg nach Hause.

Er erhob sich von seinem Baumstumpf, warf noch einen Blick ins Tal hinunter, nahm sein Bündel auf und marschierte in den Wald hinein.

Das Lager

Der erste Tag

Die Lastwagen wurden langsamer, dann hielten sie an. Das Motorengeräusch erstarb. Fahrerhaustüren wurden geöffnet und wieder zugeschlagen. Eilige Stiefelschritte liefen an den Lastwagen entlang, Befehle in englischer Sprache wurden gebellt, die rückwärtigen Planen öffneten sich und zeigten den seit Stunden im Dunkeln zusammengepferchten Männern ausschnitthaft einen schneegrauen morgendlichen Aprilhimmel. Die »Get out«-Rufe des Bewachungskommandos pflanzten sich an der endlos scheinenden Reihe der Lastwagen fort und wurden vom Grau des Morgens verschluckt. Dieses Grau umhüllte auch gnädig das Elend, das über die Ladeklappen quoll und sich entlang der Lastwagen aufreihte. Als ob ein unsichtbarer Choreograph ein Zeichen gegeben hätte, begann die lange Reihe der frierenden, in abgerissenen Uniformen steckenden Männer mit den Füßen rhythmisch auf den Boden zu stampfen und die Arme um die Oberkörper zu schlagen. Das Geräusch schwoll an, lief die Lastwagen entlang, übertönte alle weiteren Befehle und verlor sich schließlich in vereinzeltes, müder werdendes Getrappel.

Die Lastwagen standen auf einer Straße, die oberhalb eines Ortes dem Rhein folgte. Die Soldaten hielten ihre Gewehre lässig unter dem Arm und bedeuteten den Gefangenen, sich in Viererreihen aufzustellen. Georg von der Beeke und der Rest seiner Kompanie waren aus einem der ersten Lastwagen herausgestiegen. Die Feldmützen fest auf den Kopf gedrückt, den Kopf tief in den hoch gestellten Mantelkragen gezogen, die Hände in den Manteltaschen vergraben, die wenigen Habseligkeiten auf dem Rücken, bildeten sie nur langsam und widerwillig die geforderte Formation. Auch hinter ihnen ging die Aufstellung der Reihen nur schleppend voran. Die Bewachungskommandos reagierten zunehmend nervöser und stießen hin und wieder mit den Gewehrläufen in die formlose graue Masse. Verwünschungen wurden laut.

»Wo bringen die uns hin?«

Krumbiegl stieß Georg an, der sich gerade umblickte und feststellte, dass die Bemühungen des Bewachungskommandos allmählich Erfolg hatten und sich so etwas wie eine Marschkolonne entwickelte.

»Keine Ahnung«, erwiderte Georg, der sich nun seinem Kameraden zuwandte. Nach einer Weile fuhr er nachdenklich fort: »Aber ich glaube, dass wir schon einmal hier waren. Das kann nur der Rhein sein! Hier sind wir irgendwo über eine Eisenbahnbrücke gebracht worden. Ich kann sie aber nirgendwo sehen!«

Bevor sie weitere Mutmaßungen anstellen konnten, setzte sich die Kolonne vor ihnen schwerfällig in Bewegung. Mit müden, steifen Schritten marschierten die Gefangenen die Straße entlang, die den Ort in einem Bogen umging und dann auf den Rhein zuführte. In dieser frühen Morgenstunde wirkte er seltsam verlassen. Nur einige Rauchfahnen zeugten davon, dass das Leben dort weiterging. Für die Männer der Marschkolonne gab es diese Gewissheit nicht.

Nach den letzten Häusern konnten sie plötzlich den Rhein in seiner ganzen Breite mit beiden Ufern überblicken. Nun sah Georg auch, dass dort, wo die Brücke den Rhein mit einem kühnen Bogen überspannt hatte, eine Lücke gähnte. Der Bogen war zwischen den Mittelpfeilern im Fluss verschwunden, und die Reste der Brücke, die noch mit dem Ufer verbunden waren, lagen seltsam verdreht im Wasser. Mit den Türmen an ihren Enden wirkten sie wie riesige, urweltliche Ungeheuer, die gerade an Land kriechen wollten. Vor den Trümmern der Brücke, stromabwärts, querten jetzt zwei Pontonbrücken den Rhein. Bei diesem Anblick geriet die Spitze der Marschkolonne für einen kurzen Moment ins Stocken. Die Nachfolgenden liefen auf, stolperten, fluchten kurz und nahmen ihren Schritt wieder auf, als es weiterging.

Das Bewachungskommando führte die Kolonne zur ersten Pontonbrücke hinunter. Inzwischen hatte ein feiner Nieselregen eingesetzt, unter den sich kleine Schneeflocken mischten. Der Plankenweg über den Schwimmkörpern war so breit, dass die Marschkolonne in Viererreihen hinübergehen konnte, und ihre Marschtritte ließen die Brücke erdröhnen. Die Schwimmkörper wirkten dabei wie große Resonanzkörper. Als Georg die Mitte der Brücke erreicht hatte, blies ihm der Wind feine Regenschwaden waagrecht ins Gesicht. Er kroch noch tiefer in seinen Mantelkragen.

Auch auf der anderen Seite wurde die Brücke bewacht. Die Soldaten zeigten die gleiche lässige Selbstsicherheit der Sieger wie ihre Kameraden auf der anderen Flussseite. Sie trugen wasserdichte Umhänge. Für einen solchen Umhang hätte Georg sogar seinen wertvollsten Besitz eingetauscht, sein geschmuggeltes Taschenmesser, das im rechten Strumpf steckte und schmerzhaft gegen sein Wadenbein drückte.

Ein kurzer, steiler Anstieg, dann schwenkte die Marschkolonne auf die alte Reichsstraße ein, deren Pflasterung durch den Regen wie blank poliert wirkte. Zerschossene Häuser, ihrer Dachstühle beraubt, blickten dem endlosen Zug der Gefangenen aus leeren Fensterhöhlen entgegen. Einsame Kaminschächte ragten wie mahnende Zeigefinger in den regengrauen Himmel und schienen den sich nähernden Männern sagen zu wollen: Seht uns an! Wir sind auch nur noch wir selbst, ohne Nutzen für irgendjemanden und irgendetwas. Das, wofür wir einmal da waren, ist verschwunden. Wir werden nicht mehr gebraucht.

Die Kolonne folgte weiter der Straße. Als die letzten Häuser erreicht waren, tauchte ein Eisenbahndamm auf, der zu der zerstörten Brücke führte. Und dann sahen die Ersten, was auf sie wartete. Wieder stockte der Zug. Köpfe drehten sich ihren Nachbarn zu, vor den Mund gehaltene Hände wollten erschrockene Rufe zurückhalten, machten aber dadurch die weiter hinter ihnen Marschierenden auf etwas Unerhörtes aufmerksam. Vor ihnen erstreckte sich auf einer weiten Fläche, die der Rhein in einem weit ausholenden Linksbogen umfloss, ein Sammellager. Umgeben war das Lager von einer eigenartigen Mischung aus Stacheldrahtzäunen und Drahtverhauen. Innerhalb des Lagers war ein gitterförmiges Wegenetz zu erkennen, das kleinere, von weiteren Stacheldrahtzäunen umgebene Abteilungen zugänglich machte. Diese Abteilungen waren angefüllt mit Gefangenen.

Befestigte Unterkünfte gab es nicht, und nur am äußersten Ende des Lagers standen ein paar Zelte. Die Gefangenen saßen im Freien auf der Erde. Einige hatten Zeltplanen mit in die Gefangenschaft retten können, aus denen sie kleine Spitzzelte zusammengebaut hatten. Die Mehrzahl der Gefangenen hatte sich aber kleine Erdhöhlen gegraben und den Erdaushub als Windschutz aufgetürmt. Dicht gedrängt saßen sie um diese Erdhügel herum und wärmten sich gegenseitig. Der Regen hatte inzwischen aufgehört, und immer mehr Gefangene kamen aus ihren Höhlen. Mit stumpfem Blick sahen sie den Neuankömmlingen entgegen. Auf die Männer der Marschkolonne wirkten sie wie große Maulwürfe, die ein unerklärliches Ereignis an die Oberfläche gespült hatte.

Inzwischen hatte auch der Wind gedreht und trug der Marschkolonne den Geruch des Lagers zu. Es stank ekelerregend nach Latrine.

Georg und Krumbiegl schauten sich entsetzt an.

Plötzlich hörten sie aus der Spitze des Zuges eine Stimme laut rufen: »Ein Lied!«

Der Ruf wurde zunächst ignoriert, dann aber drängender wiederholt und weitergegeben.

»Ein Lied!«

Und dann ein weiterer Ruf, die gleiche Stimme: »Lili Marleen!«

Zuerst unsicher, vereinzelt und verschämt, dann lauter werdend und allmählich so etwas wie einen Chor bildend, nahmen die ersten Reihen der Gefangenen mit dursttrockenen Kehlen den Text und die Melodie auf, verfielen sogar in einen zögerlichen Marschtritt und passten ihn dem Rhythmus des Liedes an:

»Vor der Kaserne, vor dem großen Tor,
stand eine Laterne und steht sie noch davor ...«

Das Lied wanderte einem Aufschrei gleich, wie ein Kanon, durch die endlose Reihe der Gefangenen. Ihre Körper streckten sich und sie sangen mit erhobenen Köpfen mit einer plötzlich aufkommenden Inbrunst das Lied von dem Mädchen, das vor der Kaserne auf ihren Liebsten wartet. Nun geriet auch das Lager in Bewegung. Immer mehr der elenden grauen Maulwürfe erhoben sich von ihren Hügeln, traten an die Stacheldrahtzäune, nahmen das Lied auf und sangen mit.

Ein Aufatmen ging durch die Reihen, als klar wurde, dass dieses Lager nicht ihr Ziel war, und der Anblick eines alten Fabrikgebäudes außerhalb des Lagers, durch Rotkreuzfahnen als Lazarett kenntlich gemacht, weckte in vielen der Leichtverwundeten, die seit der Gefangennahme noch keine Verbände gewechselt hatten, die Hoffnung, dort versorgt zu werden. Aber sie wurden enttäuscht. Der Marsch führte an dem Lager vorbei auf eine Brücke über die Ahr zu, die hier in den Rhein mündete, und weiter durch einen Ort, der den Krieg unbeschadet überstanden hatte.

Von den Bewohnern war niemand auf den Straßen zu sehen. Heruntergelassene Schaufensterrollos und vernagelte Fenster boten das Bild einer Geisterstadt. Ein vergessenes, inzwischen grau gewordenes und vom Regen durchnässtes Betttuch hing vom Balkon eines Hauses herab und bewegte sich klatschend im Wind. Doch hinter den Fenstern waren Menschen zu erahnen. Unsichtbare Augen blickten hinter Gardinen verborgen auf den endlosen Strom gebeugter Köpfe hinunter, der immer weiter anschwoll und fast die gesamte Breite der Straße einnahm. Georg nahm plötzlich eine Bewegung in einem Fenster im ersten Stock eines Hauses wahr. Eine alte Frau beugte sich heraus, rief etwas Unverständliches und warf den Männern einen wohl lang gehüteten Schatz zu: Äpfel! Georg hatte Glück, fing einen auf und winkte dankbar. Einen Augenblick lang trafen sich ihre Blicke, und die Frau winkte zurück. Für einen kurzen, verrückten Moment glaubte Georg, es sei seine Mutter, die ihm da gerade zugewunken hatte. Er steckte den Apfel behutsam, wie ein kostbares Geschenk, in die Manteltasche. Und plötzlich wurde ihm bewusst, dass er und alle anderen im Zug seit drei Tagen nichts mehr gegessen hatten.

Der Ort war rasch durchquert, doch das Ende des Zuges passierte gerade erst die Ahrbrücke, als die Spitze der Marschkolonne vor dem scheinbar einzigen Zugang eines von einem doppelten Stacheldrahtzaun umgebenen Lagers anhalten musste. Ein Kommando GIs hatte sich trichterförmig davor aufgebaut. Dieses Lager erschien Georg wie eine genaue Kopie des ersten: Auch hier gab es keine Unterkünfte, auch hier lag eine graue apathische Menschenmasse auf dem Erdboden oder in Erdlöchern und war der Witterung schutzlos ausgeliefert. Aber dieses Lager besaß eine Besonderheit. Die Männer wollten zuerst ihren Augen nicht trauen, als sie langsam und gruppenweise durch das Tor geführt wurden. Direkt hinter dem Tor gab es tatsächlich kleine Mannschaftszelte! Davor standen oder saßen eng aneinandergerückt, so, als wollten sie sich gegenseitig Halt geben – Frauen! Sie waren alle noch jung und trugen die Uniformen der Luftwaffenhelferinnen. Mit grenzenloser Verlorenheit in den Augen blickten sie den Männern entgegen. Einige griffen sich mechanisch in die strähnigen, verfilzten Haare oder zogen ihre Uniformen zurecht, ein hilfloser Versuch, ihre Weiblichkeit zu retten, die dieser Ort mit seinen schon für Männer unwürdigen Verhältnissen ihnen genommen hatte.

Auf einmal kam Bewegung in eine der Frauengruppen. Die Männer sahen, dass ein GI ein halbes Brot auf sein Bajonett gesteckt hatte und es den Frauen nun durch den Zaun hindurch entgegenhielt. Zögernd ging eine der Frauen auf den Zaun zu und streckte die Hand nach dem Brot aus. Doch in dem Augenblick, in dem sich ihre Hand dem Brot näherte, stach der Soldat zu. Fassungslos blickte die junge Frau auf das Blut, das von ihrer Hand auf den Boden tropfte. Sie steckte ihre Hand zwischen die Oberschenkel und fiel weinend auf die Knie. Der GI schüttelte sich vor Lachen.

Zwei Frauen lösten sich aus der Gruppe und versuchten, die Verletzte wieder auf die Beine zu stellen, deren lautes Klagen in ein leises Wimmern überging. Eine andere Frau näherte sich dem Zaun, fasste in den Stacheldraht, rüttelte daran und schrie dem GI immer wieder Verwünschungen zu. Das Lachen verschwand von seinem Gesicht. Wütend und Unterstützung suchend blickte er zu den ihm am nächsten stehenden Kameraden hinüber, doch er erntete von ihnen nur Kopfschütteln. Der neben ihm stehende Soldat packte sein Gewehr, schob den Helden unsanft zur Seite und knurrte ihm ein paar drohende Worte zu. Dies kam keinen Augenblick zu früh, denn die erste Gruppe der Gefangenen aus der Marschkolonne hatte inzwischen Front gemacht und stand den GIs am Zaun drohend gegenüber. Nun fühlten sie sich sichtlich nicht mehr wohl in ihrer Haut. Die ersten wichen bereits zurück und spürten wohl schon den Stacheldrahtzaun in ihrem Rücken, während sie vergeblich auf einen Befehl zum Handeln in der bedrohlicher werdenden Situation zu warten schienen.

Georg hatte schon während des Marsches festgestellt, dass die Truppen, die dem Bewachungskommando angehörten, aus verschiedenen Truppenteilen zusammengewürfelt waren. Welcher Offizier welche Einheit kommandierte, war den GIs offenbar unbekannt. Aus einem Gefühl der Verunsicherung heraus senkten sie nun ihre Karabiner und hielten sie zögernd den auf sie zukommenden Gefangenen entgegen. Einer lud ihn sogar durch und hob ihn an die Schulter. Die Unruhe dieses Mannes war offensichtlich: Sein Atem ging stoßweise, und die Spitze seines Bajonetts vollführte tanzende Kreise vor dem Gesicht eines großen, mageren Gefangenen, der sich ihm näherte, anscheinend entschlossen, keine weiteren Demütigungen mehr hinzunehmen. Nervös legte der GI den Sicherungshebel zurück, als Georg den Bann brach.

»Krumbiegl, Randauer, bleibt stehen!«, kommandierte er. »Der Kerl drückt gleich aus lauter Angst ab! Er hat die Hosen gestrichen voll!« Er drückte seine Kameraden zurück.

Krumbiegl und Randauer reagierten unwillig, folgten aber schließlich der Aufforderung, und zu Georgs Erleichterung kam auch die ganze Front der Gefangenen langsam zum Stehen. Zwischen ihnen und den Bajonetten der GIs war weniger als eine Armlänge Raum. Der ganze Vorgang hatte nicht länger als eine Minute gedauert.

Erst jetzt begriff das Begleitkommando, dass sich hier so etwas wie eine Revolte angebahnt hatte. Trillerpfeifen schrillten durch die Luft, das große Tor wurde geschlossen, und die Gruppe der aufgebrachten Gefangenen wurde von den Nachfolgenden getrennt. Ein Offizier hatte die Situation erkannt und versuchte sie nun unter Kontrolle zu bringen, indem er die Gefangenen von einem herbeigepfiffenen Eingreifkommando umstellen ließ. Einige der Soldaten prügelten sofort erbarmungslos mit Gewehrkolben auf die nächststehenden Gefangenen ein. Diese bargen die Köpfe zwischen den Schultern und versuchten, die auf sie niedersausenden Stöße und Schläge mit ihren Unterarmen zu parieren. Am Rande nahm Georg dennoch wahr, wie ein GI sich angewidert abwandte und sich plötzlich Auge in Auge mit der Frau sah, die den Übeltäter so wild beschimpft hatte. Sie klammerte sich noch immer an den Stacheldraht, und in ihrem Blick lag eine Mischung aus Angst, Wut, Verlorenheit und Hoffnungslosigkeit. Der Soldat wich ihrem Blick aus, und seine Mundwinkel zuckten unkontrolliert, als er sich abwandte.

Die Gefangenengruppe wurde eng eskortiert auf einen langen und breiten Hauptweg geführt, der sich schnurgerade irgendwo im Nichts verlor. Rechts und links des Weges erstreckten sich, wie im ersten Lager, einzelne voneinander getrennte Gevierte aus Stacheldraht. Sie waren leer und warteten auf ihre Gäste. Zwischen den einzelnen Gevierten verliefen schmale Trampelpfade.

»Die stecken uns hier wie Karnickel in kleine Käfige!«, empörte sich Randauer.

Später sollten sie erfahren, dass die einzelnen Gevierte tatsächlich im Sprachgebrauch der Besatzungstruppen *cages* genannt wurden.

Georgs Schritte wurden schleppender. Er hatte einen heftigen Schlag gegen die linke Hüfte erhalten, der die ganze Seite allmählich taub werden ließ. Er verlagerte sein Gewicht auf die rechte Seite, zog das linke Bein nach und wünschte sich nichts sehnlicher, als sich irgendwo hinsetzen und ausruhen zu können. Aber sie wurden unerbittlich weitergetrieben. Krumbiegl und Randauer nahmen ihn zwischen sich und stützten ihn.

Die Gruppe marschierte immer weiter an leeren Drahtverhauen vorbei. Dass sie so weit in den unbelegten Teil hineingeführt wurden, konnte nur bedeuten, dass man sie von den anderen Gefangenen trennen wollte, weil man sie als Störenfriede eingestuft hatte. Vor einem der letzten Gevierte, nicht größer als zwei Fußballplätze, wurde die Kolonne angehalten. Zwei Soldaten öffneten einen schmalen Durchgang in dem Verhau.

Nachdem die GIs den Drahtverhau wieder verschlossen hatten, waren die Gefangenen unter sich. Georg versuchte ihre Zahl zu überschlagen. Weniger als zweihundert Mann, schätzte er, der überwiegende Teil bestand aus Mannschaften. Er ließ seinen Blick über die noch unschlüssig herumstehenden Männer schweifen, um festzustellen, wie viele Unteroffiziere außer ihm selbst es unter ihnen gab, und entdeckte vier. Offiziere und Portepee-Unteroffiziere waren schon kurz nach der Kapitulation der Truppe von den Mannschaften und Unteroffizieren getrennt worden. Oberleutnant Ferner, seinen Kompaniechef, hatte Georg nach der Trennung noch winken sehen, bis er in der Menge verschwunden war.

Georgs ganzes Fühlen und Denken begehrte schon jetzt gegen die zu erwartende Enge, das Ausgeliefertsein an Kälte und Nässe, Hunger und Durst und den Gestank der Latrinen auf. Aber es galt vor allem, eine gewisse Ordnung für das kleine Lager herzustellen, damit das Leben unter diesen Bedingungen für alle erträglich wurde. Wieder sah er zu den Männern hinüber, die unschlüssig herumstanden, sah, wie der Mund eines jeden einzelnen von ihnen stumme Verwünschungen formte, sah die Resignation in den hängenden Schultern. Einige hatten sich schon auf die nackte Erde gehockt und versteckten ihre Köpfe in den Händen. Manche dieser Hände verbargen ein verhaltenes Zucken, das immer heftiger wurde und allmählich die gebeugten Schultern erreichte. Georg musste sich abwenden, um nicht selbst laut loszuheulen.

Einen Teil der Männer kannte er. Sie hatten alles, was ein Krieg an Qualen bereitstellen kann, erlebt. Sie hatten gehungert, gefroren, Schmerzen ertragen, hatten Kameraden still, wimmernd und laut schreiend sterben sehen. Sie hatten das getan, was alle Soldaten aller Armeen der Welt taten. Sie hatten über ihre Vorgesetzten geschimpft, sich über schlechtes Essen beschwert, über zu wenig Schlaf geklagt, sich über gnadenlose Schikanen und ständiges Wacheschieben empört, ihre Frauen und Mädchen, ihr Zuhause vermisst und über alles, was einen Mann ärgern kann, geflucht. Und nun saßen sie hier. Verheizt und belogen von dem, auf den sie den Treueeid hatten ablegen müssen, von den Siegern zusammengetrieben wie Schlachtvieh, rechtlos und von Gott und der Welt verlassen.

Der Schmerz an seiner Hüfte unterbrach seine Gedanken. Unterhalb eines gerade verheilten Narbengewebes, das von einem Durchschuss herrührte, fühlte er ein hühnereigroßes beulenartiges Gebilde. Er ließ sich langsam auf den Boden sinken und beschloss, den Schmerz zu ignorieren. Der Boden war von dem morgendlichen Regen noch nass. Aber das machte ihm im Augenblick nichts aus. Erst einmal sitzen und ausruhen!

Wie oft hatten sie während der Kämpfe auf nassem Boden gelegen, waren durch modrig-glitschiges Laub gekrochen, hatten in Bachläufen Deckung gesucht und im Schnee geschlafen, dabei immer gewärtig, von irgendeinem heimtückischen Geschoss getroffen zu werden. Aber es war immer abzusehen gewesen, wie lange man der Nässe ausgesetzt sein würde. Irgendwie hatte es irgendwo immer ein Feuer gegeben, an dem sich die geschundenen Leiber ihr Leben wieder zurückholen konnten. Georg hatte zwar unterwegs einige kleine Feuer gesehen, aber in ihrem Käfig gab es kein Brennmaterial. Man müsste die verdammten Zäune verbrennen, dachte er und überlegte dabei, wie lange wohl der Pfosten ihm gegenüber brennen würde. Der Pfosten gehörte zum inneren Zaun des Doppelzauns, der das gesamte Lager umgab. Drei Meter vor diesem Zaun markierte ein kniehoch gespannter Draht den Sicherheitsabstand, den die Gefangenen einzuhalten hatten.

Sein Zeitgefühl sagte ihm, dass es später Vormittag sein musste und es bis zum Mittag nicht mehr weit war. Überprüfen konnte er dieses Gefühl nicht, weil ihm kurz nach der Gefangennahme seine Uhr von einem GI abgenommen worden war. Den anderen war es nicht anders ergangen. Alles, was irgendeinen Wert hatte, Uhren, Zigarettenetuis, Orden, ja sogar Eheringe, war ihnen unter Drohungen abgenommen worden. Nur mit dem Taschenmesser hatte er es geschickter angestellt. In einem Augenblick der Unruhe hatte er es zwischen seine Stiefel fallen lassen und dann mit dem Absatz in den aufgeweichten Boden gedrückt. Nach der Filzorgie hatte er es dann unbemerkt in seinen Strumpf stecken können. Es war ein schönes, starkes Messer mit zwei Klingen und einem Korkenzieher. Das Messer, die Fotos und die Briefe waren das Einzige, was ihm noch aus einem Leben geblieben war, das weit weg zu sein schien. Einer Welt, der er entrissen worden war, obwohl er sie nie hatte verlassen wollen, einer Welt, in der es für ihn nie Einsamkeit, Verlorenheit, Hunger und Durst, Schmerzen und Kälte gegeben hatte, in der Geborgenheit, Zuneigung und Wärme das Leben ausgemacht hatten. All das, was jener anderen Welt angehörte, passte jetzt in eine einzige Hand.

Georg blickte über den Doppelzaun, den dahinter vorbeifließenden Rhein und den am jenseitigen Ufer aufragenden Gebirgsstock in die Richtung, in der er seinen Heimatort vermutete. Es konnten nicht mehr als hundertundfünfzig Kilometer bis zum Lennebogen sein. Er versuchte sich vorzustellen, wie sich das Leben dort jetzt abspielte. Die letzten Briefe, die sie ausgetauscht hatten, datierten noch von vor Weihnachten. Da hatten sie sich noch alle gegenseitig das Wichtigste, was man sich in dieser Zeit wünschen konnte, gewünscht – zu überleben und wieder zusammen zu sein. Nur hundertundfünfzig Kilometer hinter dem Stacheldraht trennten sie von der Erlösung aus der Ungewissheit!

Schwerfällig stand er auf und humpelte auf die Männer seiner Kompanie zu. Aus Gewohnheit waren sie zusammengeblieben und hielten sich von den anderen Gefangenen ein wenig abseits. Die Gruppe mit ihren vertrauten Gesichtern und Gewohnheiten bot in dieser Situation der Ungewissheit so etwas wie

Sicherheit. Georg überschlug die Anzahl der Männer aus seiner ehemaligen Kompanie, die noch übrig waren. Einundzwanzig Männer hatten es bis hierher geschafft. Der große Rest war entweder gefallen oder lag mehr oder weniger tot in einem Klosterlazarett irgendwo in der Eifel. Die meisten der Überlebenden waren schon so lange dabei wie Georg, aber ein paar von ihnen, wie etwa der Älteste der Kompanie, ein schon über Vierzigjähriger, waren ihr erst kurz vor der Invasion zugeteilt worden. Georgs Blick verharrte einen Moment lang auf diesem Mann. Er war still und in sich gekehrt, kam von irgendwo aus dem Ruhrgebiet, und von ihm wusste er nur, dass er sich um seinen sechzehnjährigen Sohn halb krank sorgte. Seit sie in den Winterkämpfen die ersten HJ-Kindersoldaten gesehen hatten, war er ein Nervenbündel. Was ihn so quälte, war die Befürchtung, dass auch sein Sohn in das letzte Aufgebot gesteckt worden sein könnte. Wortkarg war er schon von Beginn an gewesen, aber nun sprach er fast gar nichts mehr. Zuweilen und immer ganz ohne Vorwarnung hatte Georg bei ihm aber so heftige Zornesanfälle erlebt, dass er ihn aus heiklen Situationen möglichst herauszuhalten versucht hatte, um ihn, aber auch die anderen zu schützen.

»Klümper«, rief Georg dem Mann zu, und dann zu den anderen gewandt: »Leute, kommt doch mal alle zusammen! Wir müssen uns jetzt überlegen, wie das hier um uns herum weitergehen soll. Ihr habt die Zustände im ersten Lager mitgekriegt. Wir sollten uns hier und jetzt überlegen, wie wir uns hier organisieren können. Dazu müssen wir zusammenbleiben und uns gegenseitig helfen und beschützen. Wenn dieser Käfig erst einmal vollgestopft ist, haben wir hier die Hölle!«

Die Männer blickten sich an, einige nickten und bildeten dann zögernd einen lockeren Halbkreis um Georg. Das taten sie ganz automatisch, so, wie sie es während des ganzen Krieges getan hatten, wenn während der Kampfhandlungen ein Einsatz besprochen worden war. Sie waren wie eine Herde Schafe ohne Hirten und darum ganz froh darüber, dass jemand die Initiative ergriff und sie zu Beginn einer wahrscheinlich unabsehbaren Zeit des Wartens und Untätigseins mit Fragen zu beschäftigen versuchte, die ihrer aller Dasein in diesem Stück Niemandsland betraf.

Georg versuchte sich die Namen der Männer, die um ihn herumstanden, ins Gedächtnis zu rufen. Es war für jeden von ihnen wichtig, dass man ihn in einer Umgebung, die bereits damit begonnen hatte, seine Persönlichkeit zu zerstören, mit seinem Namen ansprach. Wer hier zum Namenlosen wurde und ohne vertraute Bindungen sein Überleben sichern musste, wurde zum Niemand. Aus seiner Gruppe waren nur noch fünf Männer übrig! Da war zunächst der Obergefreite Krumbiegl, ein Winzersohn vom Main. Er war ihm der Vertrauteste von allen. Dann waren da die beiden Gefreiten Randauer und Schulte. Randauer war von Beruf Spengler und stammte wie Krumbiegl aus Franken. Schulte war auf einem Bauernhof im Münsterland groß geworden. Wegen seiner gesunden Gesichtsfarbe und den ständig lachenden Augen hatten ihn alle Pausbäckchen genannt.

Inzwischen war aus seinem freundlichen Gesicht ein fahlgrauer, ausgezehrter Fleck geworden. Außer ihnen hatten nur noch Vierkamp und Steinmetz die Kämpfe überlebt. Vierkamp war in Ostwestfalen zu Hause und im Zivilberuf Automechaniker. Auf dem Rückzug hatte er einen amerikanischen LKW nach weniger als einer Stunde wieder ans Laufen gebracht, dessen Ladung für vierzehn Tage die Versorgungsprobleme der Restkompanie gelöst hatte. Steinmetz war der jüngste unter ihnen, kam aus Hessen und war wie Georg vor der Einberufung Student gewesen. Er hatte gerade ein Architekturstudium begonnen, als er eingezogen wurde. Unterwegs hatte er überall historische Gebäude skizziert.

Er sah die Männer der Reihe nach an und versuchte, die Namen, die ihm einfielen, an ihren Gesichtern festzumachen. Da war Klümper, der Älteste, den er gerade angesprochen hatte. Der Kleine rechts von ihm: Witkowski. Dann weiter: Leberecht, Hausberger … Penkalla … Schniedewind und … Fuhrmann! Die restlichen Namen musste er mit Hilfe seiner Gruppe schnellstens auch noch zusammenkriegen.

»Was können wir hier schon groß machen, Georg? Wir können nur warten, was auf uns zukommt!« Vierkamps Bemerkung gab die Stimmung aller wieder, wie Georg nach einem Blick in die grauen, hoffnungslosen Gesichter feststellen konnte. Stumpfe, abwesende Augen blickten ihm entgegen, und bald, das spürte er, würde die Abwesenheit in Lethargie übergehen. In sein Gefühl der Hilflosigkeit mischte sich Wut. Wut auf alles, was sie hierher gebracht hatte. Das Geschrei und Wüten des »böhmischen

Gefreiten«, wie der von seinem Vater verehrte alte Reichspräsident Hindenburg den heutigen Kriegsherren spöttisch genannt hatte, und seine unsinnigen Durchhaltebefehle, die Strapazen des verlustreichen Rückzugs, die schikanöse Verachtung durch die alliierten Soldaten nach der Gefangennahme.

»Georg hat recht!«, meldete sich Krumbiegl zu Wort und riss Georg damit aus seinen Gedanken. Seine Worte mit heftigen Gesten unterstreichend fuhr er fort: »Wir können mehr tun, als nur auf das zu warten, was auf uns zukommt! Ich finde auch, dass wir als Einheit zusammenbleiben sollten und uns, wo es nur geht, gegenseitig helfen. Allein, nur auf uns gestellt, haben wir an diesem Scheißort bestimmt keine Chance! Wer hier allein für sich bleibt, hat es gegenüber anderen, die sich zusammentun, verdammt schwer. Denkt nur mal daran, wenn es wirklich bald was zu fressen gibt, wie ihr alleine zurechtkommt, ohne den Schutz der Kameraden!«

Dafür bekam er einen dankbaren Blick von Georg, während die Männer sich unsicher anblickten, dann aber doch Zustimmung murmelten. Vielen wurde inmitten dieses eingezäunten leeren Nichts nur langsam bewusst, wie sich die Dinge hier weiter entwickeln könnten. Auch Georg selbst musste nun erst seine Gedanken ordnen. Er blickte vor sich auf den Boden und scharrte unschlüssig mit dem rechten Fuß eine kleine Mulde in eine unbewachsene Stelle, so als lägen die Antworten in der Erde und warteten nur darauf, ausgegraben zu werden.

Als erste Maßnahme erklärte er ihnen endlich, sei eine Bestandsaufnahme der notwendigsten Dinge erforderlich. Dazu gehörten natürlich alle Gegenstände, die irgendwie Schutz vor der Witterung geben konnten. Aus den vorhandenen Zeltbahnen ließen sich drei Spitzzelte zusammenbauen. Sie kamen überein, dass diese bei Bedarf möglichen Kranken unter ihnen zur Verfügung gestellt werden sollten. Der Vorsatz war da, Georg bezweifelte aber insgeheim, dass die Zeltplatzinhaber ihre Plätze widerstandslos räumen würden. Die weitere Sichtung ergab, dass vier der Männer ohne Mäntel und acht ohne Decken waren. Das würden die ersten sein, durchfuhr es Georg. Die ersten, die anfangen würden, zu husten und zu spucken, und am Ende nur noch in sich zusammengekrochen vor sich hinstarren würden. Ohne die Möglichkeit, Feuer zu unterhalten, würde sich ihr Zustand verschlimmern. Bis ... Doch diesen Gedanken schob er sofort wieder von sich fort.

Die Bestandsaufnahme der Kochgeschirre und Wasserflaschen immerhin hatte ein weniger katastrophales Ergebnis.

»Übrigens«, machte er ihnen klar, »sollten wir alles mitgehen lassen, was uns irgendwie in die Hände fällt, und wenn es nur ein Stück Bindfaden ist! Aber klaut nichts voneinander oder von anderen Kameraden, das gibt nur böses Blut! Und Streit untereinander ist das Letzte, was wir hier brauchen können!«

»Wie geht es aber mit uns weiter?«, meldete sich einer der beiden Leichtverwundeten in der Gruppe zu Wort und hob seinen Arm mit dem Blut verkrusteten Verband in die Höhe. »Wenn ich nicht bald versorgt werde, krepiere ich daran noch! Ich glaube, ich habe schon so etwas wie Wundbrand. Meine Wunde fängt schon an zu stinken. Es tut höllisch weh!«

Der Mann sah sich Hilfe suchend mit feuchten Augen um. Es war offensichtlich, dass er starke Schmerzen hatte.

Georg wandte sich den Männern zu: »Hat jemand von euch noch etwas Verbandstoff oder etwas, was man als Verband verwenden könnte?«

Einer der Männer fand in seinem Brotbeutel eine nicht mehr ganz saubere Mullbinde und gab sie dem Verwundeten. Der nahm sie dankbar an und ließ sich den alten Verband abwickeln. Der noch brauchbare Teil des Verbandes wurde aufgerollt und von dem letzten blutverkrusteten Verbandsstück mit Georgs Taschenmesser abgetrennt. Dann handelte der Verwundete selber. Er drehte seinen Kopf zur Seite und riss mit einem Ruck, die mit der Wunde verklebte Mullauflage ab, schrie vor Schmerz auf und blickte dann angewidert auf das, was er da freigelegt hatte. Die Wunde rührte von einem Granatsplitter, der den rechten Unterarm aufgeschlitzt hatte. Der Mann hatte noch Glück gehabt, denn der Knochen war unversehrt geblieben. Der heftige Ruck an der Mullbinde hatte an einigen Stellen den Wundschorf aufgerissen. Kleine Blutrinnsale hatten sich neu gebildet und liefen über feuerrote Wundränder, die schon längst hätten zusammengenäht werden müssen. Wenn der Mann das Lager überstehen sollte, würde er ein Leben lang mit einem verkrüppelten Unterarm, der zu nichts mehr taugte, herumlaufen. Georg sah in das vor Schmerz verzerrte Gesicht des Mannes und verfluchte sich, weil er nicht helfen konnte. Er verfluchte aber auch die Amerikaner, weil sie die Verwundeten nicht einmal von den gefangenen deutschen Sanitätern behandeln ließen.

Steinmetz hatte an einer Sanitäterausbildung teilgenommen und versuchte nun zu helfen. Während einer der Männer den Arm des Verwundeten festhielt, zog Steinmetz Reste der mit der Wunde verklebten Mullbinde mit Hilfe zweier Streichhölzer heraus, die er wie eine Pinzette benutzte. Dann nestelte er an seiner Brusttasche herum und zog ein großes Taschentuch heraus. Daraus bildete er einen langen schmalen Tuchstreifen und legte ihn der Länge nach auf die Wunde. Anschließend wickelte er die Mullbinden um den Arm, die gebrauchte zum Schluss. Dankbar sah ihn der Verwundete an und wollte etwas sagen. Steinmetz hängte ihm die Uniformjacke über die Schultern und kam ihm zuvor: »Ist schon gut! Das sind wir uns doch schuldig!«

Ganz allmählich löste sich ihre schweigsame Betroffenheit. Sie begannen ihre Situation so anzunehmen, wie sie im Augenblick war, und bauten sich nun Krücken, um mit ihr zurechtzukommen, indem sie Regeln aufstellten: Diebstahl etwa sollte mit dem Ausschluss aus der Schutzgemeinschaft bestraft werden. Denn überall, wo Mangel herrscht, wird auch der unbedeutendste Gegenstand, der das nackte Überleben sichern helfen kann, zum Gegenstand der Begierde und weckt die niedrigsten Instinkte im Menschen.

Georg sah hin und wieder zu dem Rest der Gruppe hinüber, der mit ihnen hierher getrieben worden war, und bemerkte, dass sich auch dort ein paar größere

Gruppen gebildet hatten. Dazwischen saßen oder standen aber auch verlorene kleine Gruppen oder sogar einzelne Soldaten. Zwei Männer fielen ihm dabei wegen ihrer schwarzen Uniformen auf. Es waren Panzersoldaten, die sogar jetzt noch ihre gepolsterten Kopfschützer trugen.

Die tief hängende Wolkenschicht entließ feine Nieselregenschleier, die die Konturen der Landschaft wie in einem schlecht gemalten Aquarell mit trüben Farben von Schwarz über Schmutzigblau bis Wassergrau ineinander verschwimmen ließen. Das Lager selbst nahm die gesamte tischebene Fläche auf dem Westufer des Rheins ein. Die Stacheldrahtzäune verschmolzen zu grotesken Figuren mit dem Grau des Himmels und dem des Rheins. Sie schienen Bestandteile dieses Graus zu sein, ja geradezu aus ihm herauszuwachsen. Die harten Linien waren nur noch zu erahnen oder hatten sich aufgelöst. Dort, wo sie nicht mehr zu sehen waren, hoben sie die Grenze zur Außenwelt auf und erzeugten die Illusion, durch den Zaun hindurchgehen zu können. Das Ostufer des Rheins war als dicker schwarzer Balken in dem Grau auszumachen. Es erhob sich steil und endete als hochgehobene Fläche, auf der ein helleres Grau auflag. Irgendwo im Nordwesten versteckten sich die Ahrberge in dem Dunstschleier. Davor bohrten sich die Türme einiger hoch gelegener Kirchen und Schlösser seltsam verdreht in die Nebelfetzen.

Sie saßen jetzt schweigend, jeder seinen Gedanken nachhängend, eng zusammengedrängt und sich gegenseitig wärmend, auf den ausgebreiteten Zeltbahnen. Die Zeltbahnen boten ihnen zwar einen trockenen Sitz, sie konnten aber nicht verhindern, dass die feuchte Kälte des Bodens durch sie hindurchkroch und sich in ihre Kehrseite krallte.

Der Tag ging übergangslos in eine von grauen Wolkenmassen gefärbte Dämmerung über, die ihre erste Nacht im Lager ankündigte. Der feine Nieselregen drang allmählich durch die tief heruntergezogenen Mützen, fand seine Bahn durch hochgeschlagene Mantelkrägen und ließ die Rücken der Gefangenen frösteln. Aber langsam wurde ihnen wärmer. Das dichte Aufeinanderhocken erzeugte eine Wärme, die die Feuchtigkeit, die von ihren Körpern und aus ihrer Kleidung aufstieg, in einer nebelhaft verdampfenden Dunstschicht über ihnen sichtbar machte. Zu dem sauren, pelzigen Geschmack des Hungers auf ihren Zungen schmeckten sie jetzt ihre eigene abgestandene Wärme, die sie an den seifigen Geschmack dampferfüllter Waschküchen erinnerte. Nur der Geruch war anders.

Aber es gab etwas, das selbst hier Trost spenden konnte, jedenfalls für Georg. Seine Hand fuhr in die Uniformjacke und holte eine von einem Einkochglasgummi zusammengehaltene lederne Brieftasche hervor. Sie war ziemlich dick, ohne das Gummiband wäre der Inhalt herausgequollen. Er öffnete sie nicht, um den kostbaren Inhalt nicht nass werden zu lassen. In diesem Augenblick genügte es ihm, die Brieftasche nur zu umklammern und festzuhalten. Die Briefe darin waren dem Datum nach geordnet und waren von seinen Eltern und von Marie geschrieben worden. Die meisten, es waren auch die längsten, waren von Marie. Georg nahm sich vor, jeden Abend, wenn es nicht regnete, einen der Briefe zu lesen. Er kannte sie zwar alle schon auswendig, aber sie würden ihm das, was er am meisten vermisste, auch an diesen trostlosen Ort holen. Seine Finger umschlossen die Brieftasche mit hartem Griff, fanden und verschränkten sich und führten die Hände unwillkürlich zum Gebet zusammen. Ungeordnete Gedanken, gestammelte Wortfetzen schossen ihm plötzlich durch den Kopf, bildeten Worte, Sätze, bis sie sich schließlich in einem Gebet wiederfanden. Erst als ihm die Bitte einfiel, Gott möge den verdammten Krieg endlich beenden, wurde ihm bewusst, dass für ihn und seine Kameraden hier der Krieg vorbei war. Anderswo im Reich wurde aber noch gekämpft. Bis vor ein paar Tagen waren in den Nächten die von Nordwesten einfliegenden Bombergeschwader zu hören gewesen. Jetzt, wo der Himmel sich wieder zugezogen hatte und die Bomberpiloten keine freie Sicht mehr hatten, waren die Nächte zwar wieder ruhig, aber der Krieg schien nur zu schlafen und neue Kräfte zu sammeln.

Georg atmete tief durch und fühlte sich auf eine seltsame Art erleichtert. Er hatte sich wieder dem anvertraut, den seine Mutter und Pfarrer Hülsenbeck ihm immer als letzte Zuflucht empfohlen hatten. Er hatte sich dem anvertrauen können, von dem er nicht wusste, ob er ihm überhaupt zugehört hatte oder ob er überhaupt da war – und wenn er da war, ob er für ihn da war.

Plötzlich war auch das Gefühl wieder da, das ihn mit Unterbrechungen schon seit ein paar Tagen immer wieder überkam. Es kam aus der Körpermitte und machte sich in allen Gliedern bemerkbar. Eine dumpfe Faust schien seinen Magen zu umklammern. Hin und wieder spürte er ein Stechen und Ziehen, das bis in die Gesäßmuskeln und Oberschenkel kroch und dort wütend verharrte. Dann wieder kroch dieses Gefühl nach oben in den Brustkorb, engte ihn ein und füllte seine Mundhöhle mit einem eigenen Geschmack. Es war der Geschmack des Hungers. Er lag auf seiner pelzigen Zunge und schmeckte nach fadem Speichel. Wann hatte er eigentlich zum letzten Mal richtig gegessen? Er erinnerte sich nur noch an eine Hand voll Kekse und an Haferflocken, die er trocken heruntergewürgt hatte. Da fiel ihm der Apfel ein, den ihm heute Morgen – war das wirklich erst heute Morgen gewesen? – eine alte Frau zugeworfen hatte. Georg erhob sich langsam und kramte den Apfel hervor. Es war ein schöner Apfel, und es war ein großer Apfel! Er rieb ihn an seinem Mantel, hob ihn an die Nase, nahm den Duft wahr und biss vorsichtig hinein, fast ehrfürchtig, so, als wolle er ihm nicht wehtun. Er spürte, wie der Saft des Fruchtfleisches den Kampf mit dem Geschmack des Hungers aufnahm – und gewann. Langsam kauend kostete er diesen ersten Bissen aus und ließ sich Zeit mit dem zweiten. Seine Zunge spürte lange der frischen Säure des Apfels nach und versuchte den Geschmack festzuhalten. Bedächtig verzehrte er ihn, nichts blieb am Ende übrig. Er konnte sich nicht erinnern, jemals so lange an einem Apfel gegessen zu haben.

Allmählich, nachdem jeder nun eine einigermaßen erträgliche Sitzposition gefunden hatte, wich die Unruhe aus dem zusammengedrängten Gefangenenhaufen, und auch Georg merkte, dass ihm die Augen zufielen. Einmal wurde er wach, weil er das Gefühl hatte, ein großer Stein läge auf seiner Brust und drücke ihn zu Boden. Aber es war nur Krumbiegls Kopf, der auf seiner Schulter ruhte. Er atmete ruhig und gleichmäßig. Georg beneidete ihn und wagte sich nicht zu bewegen, um ihn nicht aufzuwecken. Um auch wieder einschlafen zu können, schloss er die Augen. Aber diesmal wollte es nicht gelingen. Er versuchte sich etwas Erfreuliches ins Gedächtnis zu rufen, aber wann hatte es so etwas zuletzt für ihn gegeben? Langsam drängte sich dann ein Gesicht in seine Vorstellungen. Marie! Sie lachte ihn an. Der Zopf war gelöst, und das blonde Haar fiel ihr in langen weichen Wellen auf die Schultern. Ihr Gesicht schob sich dem seinen entgegen, und er sah deutlich die Grübchen auf ihren Wangen und die kleine Narbe auf dem Nasenrücken. Es war während des Heimaturlaubs gewesen, dass er sie so gesehen hatte, bei ihrem letzten Beisammensein. Am nächsten Morgen war er wieder zurück in die Normandie gefahren.

Es war ein schöner Tag im Mai, der Abend war mild und hell. Sie warteten, bis die Lichter in den Häusern erloschen waren, dann trafen sie sich am Tor der alten Scheune der von der Beekes. Als Georg das Tor einen Spalt breit öffnete, quietschte das verdammte Ding. Sie hielten den Atem an, aber in den Häusern regte sich nichts, und sie huschten hinein. Georg nahm eine Petroleumlampe vom Haken, zündete sie an und drehte den Docht fast ganz herunter. Das flackernde Licht erhellte den Raum nur spärlich, es zeigte den kleinen Leiterwagen mit hochgestellter Deichsel, einige ineinandergestapelte Weidenkörbe, von den Balken herabhängendes Tauwerk und das fast gänzlich geleerte Heulager im Hintergrund. Ihre Schatten auf dem Boden in der trüben Beleuchtung verschwammen und gingen unmerklich in die Dunkelheit über.

Marie schmiegte sich aufgeregt an Georg. Er nahm ihren Kopf in seine Hände und küsste sie. Dabei kam ihm der Duft frisch gewaschener Haare in die Nase. Sie schlang ihre Arme um Georgs Nacken und zog ihn fest an sich. Er spürte durch den dicken Uniformstoff hindurch ihre kleinen festen Brüste und das aufgeregte Pochen ihres Herzens. Langsam, sich aneinander klammernd, gingen sie auf das Heulager zu. Georg zog die Pferdedecke von der Trennwand herunter und breitete sie auf der Heuunterlage aus.

Als sie sich niederließen, spürte Georg Maries heißen Atem an seinem Hals. Sie wandte ihm den Kopf zu, und er sah trotz des trüben Lichts ihre Augen feucht schimmern. Er küsste ihre Tränen fort, und sie hielten einander lange fest umschlungen. Seit sie in die Scheune geschlichen waren, hatten sie noch kein Wort geredet. Sie mussten auch nicht reden, sie wussten ja, was sie füreinander waren und empfanden, und sie wussten, warum sie hierhergekommen waren. Mit leiser Stimme, die beherrscht klingen sollte, brach Marie schließlich das Schweigen. Sie bat ihn, auf sich aufzupassen, sie nicht zu vergessen und gesund zurückzukommen. Er versuchte sie ebenso leise zu beruhigen und erklärte ihr, dass dort, wo er stationiert war, wohl nichts mehr passieren könne. Die Alliierten hätten wohl nach der Schlappe von Dieppe eingese-

hen, dass eine Landung in der Normandie für sie keine Aussicht auf Erfolg haben würde.

Marie ließ sich gerne beruhigen, spürte aber hinter seinen Worten doch eine gewisse Unsicherheit. Wie von selbst begannen sie einander die Kleidung zu öffnen. Die Knöpfe seiner Uniformjacke widersetzten sich zuerst Maries Bemühungen. Georg hatte leichtere Arbeit mit ihrem Kleid. Als er es ihr über den Kopf zog, bemerkte er erst, dass sie nichts darunter trug. Er schälte sich hastig aus dem Rest seiner Kleidung. Sie legten sich zueinander, hielten sich umschlungen und spürten nun eine ganz andere Wärme des anderen.

Unendlich langsam, aber mit steigendem Verlangen erkundeten sie einander. Georgs an harte Griffe gewöhnte Hände fuhren an Maries Körper entlang und schienen ihn neu formen zu wollen. Marie ließ ihn gewähren. Sie streichelte seinen Rücken und löste damit wohlige Schauer aus, auf die er mit unterdrücktem Lachen reagierte. Dann fanden sie sich. Marie bäumte sich ihm entgegen und er spürte ihre feuchte Wärme. Sie grub ihre Fingernägel in seinen Rücken, als wolle sie ihn nie wieder loslassen. So blieben sie lange, ohne ein Wort zu sagen, beieinander liegen, hielten einander fest, um diesen Augenblick nicht entkommen zu lassen. Schließlich lösten sie sich voneinander. Georg bemerkte auf der Innenseite von Maries Oberschenkeln einen feinen Blutfaden. Er zog seine Hose zu sich heran, holte ein Taschentuch aus der Tasche und wischte das Blut damit ab. Dann faltete er das Tuch sorgfältig zusammen und steckte es wieder in die Tasche zurück. Das Taschentuch trug er immer bei sich, bis es auf dem Rückzug in der Normandie verloren ging.

Sie kamen in dieser Nacht noch einmal zueinander und schliefen schließlich, die Gesichter einander zugewandt, erschöpft ein.

Der Hahn beendete ihre Nacht. Er machte sich zwar nicht allzu laut bemerkbar, es reichte aber aus, sie beide zu wecken. Die Lampe war inzwischen auch verloschen, und durch die Ritzen der Scheunenwand kündigten lange Sonnenfinger einen schönen neuen Maitag an. Hastig zogen sich beide an, gingen auf das Tor zu, und Georg spähte vorsichtig hinaus. Er nahm Maries Hände und hob sie an die Brust. »Ich komme zurück, Marie! Das verspreche ich dir!« Dabei schimmerten seine Augen feucht.

»Ich werde auf dich warten, Georg! Ich werde da sein, wenn du zurückkommst!«

Sie hatten in dieser Nacht wenig gesprochen, sich dabei aber alles gesagt, was Liebende zueinander sagen können.

Marie ließ ihn los.

»Nun geh schon, und schau nicht zurück. Ich seh dir nach! Wenn du nachher gehst, stehe ich oben am Fenster! Sieh dann hinauf!« Damit schob sie ihn durch das Tor und lauschte seinen Schritten nach.

Als er ins Haus trat, kam ihm sein Vater entgegen und sagte seltsam leise: »Da bist du ja, mein Junge! Es wird Zeit!«

Und dann tat sein Vater etwas, was er schon lange nicht mehr getan hatte, er zog den Kopf Georgs zu sich herunter und küsste ihn auf die Stirn. Dann ent-

fernten seine wissenden Finger ein paar Heufäden von der Uniform.

»Geh in die Küche, Junge! Mutter wartet schon mit dem Frühstück auf dich. Ich bring dich dann zum Zug!«

An diesem Morgen hatte er Marie zum letzten Mal gesehen. Vierzehn Tage später landeten die Alliierten in der Normandie.

Unruhe kam um ihn herum auf. Die Nacht verlor sich langsam an den Tag. Georg hob den Kopf und bemerkte die Veränderung sofort. Der Regen hatte aufgehört.

Eingewöhnung

Im Dunst des frühen ersten Tages wurde der gesamte *cage* unter Bewachung zurück zum Haupttor getrieben. Die Bewachungsmannschaft war wegen dieses frühen Auftrags missgelaunt und trieb die erschöpften und hungrigen, noch nachtstarren Gefangenen unnachgiebig vorwärts. Hinter dem Haupttor gab es einen großen freien Platz, der durch viele Füße in eine morastige Fläche verwandelt worden war. Am Ende des Platzes standen zwei große Zelte. Vor und um die Zelte herum waren große Matten ausgelegt, damit die Wachmannschaften keine schmutzigen Stiefel bekamen. Das ganze *cage* musste sich nun einzeln, wie zu einer Essensausgabe, hintereinander aufstellen. Hoffnung keimte auf, jetzt doch etwas zu essen zu bekommen. Einige nestelten schon an ihren Kochgeschirren herum, aber sie sollten enttäuscht werden.

Georg stand mit seiner Gruppe ziemlich weit vorne in der Reihe und versuchte einen Blick in das Innere des ersten Zeltes zu werfen, als sich plötzlich ein Sergeant und zwei GIs aus der Wachtruppe lösten und wild gestikulierend auf die beiden Panzersoldaten zustürmten, die ihm am Tag zuvor aufgefallen waren. Die unmittelbar daneben stehenden Gefangenen wichen zurück. Ob die Amerikaner die schwarz uniformierten Gefangenen vielleicht für SS-Männer hielten? »SS-men! You are SS-men!«, schrie der Sergeant die beiden tatsächlich an und stieß dabei seinen Zeigefinger immer drohender in die Luft.

Georg fürchtete, dass sich hier so etwas Ähnliches wie am Tag zuvor am Zaun anbahnen könnte. Um Schlimmeres zu verhüten, wagte er es, ein paar Schritte aus der Reihe herauszutreten, klaubte sein Schulenglisch zusammen und versuchte, den Irrtum aufzuklären. Der aufgebrachte Sergeant wandte ihm ein überraschtes, wutrotes Gesicht zu, als er auf ihn zutrat.

»Hey, Sergeant! You're wrong! These men aren't SS-men! They're ordinary panzer troopers! German panzer troopers wear black uniforms, too! Tank trooper uniforms look like the ones of the SS! Look at their caps! Besides they wear the eagles on the right chest and not on the left upper arm … and they haven't got any SS-signs on their uniforms! These men belonged to an armoured panzer division!«

Der Sergeant stand mit offenem Mund da und sah den Gefangenen verblüfft an. Er senkte seinen drohenden Finger und musterte Georg genauer. Sein Blick glitt von seinem Gesicht zu den Schulterstücken, an denen er den Unteroffizier erkennen konnte, dann wanderte er hinüber zu den beiden Panzersoldaten, und er schien nun tatsächlich die Unterschiede zu den verhassten SS-Uniformen zu bemerken. Er schob sein Kinn Georg entgegen und bemühte sich, ihn mit einem vernichtenden Blick zu fixieren, in dem aber dennoch etwas neu erwachter Respekt mitschimmerte. Dann knurrte er etwas Unverständliches und bellte den Gefangenen nicht mehr ganz so aufgebracht an: »Bloody German! Go back, boy! We'll see ... in the tent!«

Georg gehorchte und bemerkte beim Wiedereintreten in die Reihe die erleichterten Blicke der Kameraden. Nun wusste er, welchem Zweck die Zelte dienten. Nichts war es mit dem Verpflegungfassen!

Bald erfuhren es auch die anderen. Im ersten Zelt wurden sie der Reihe nach auf ihre Zugehörigkeit zur SS untersucht. Dazu mussten sie ihre Oberbekleidung ablegen und den linken Arm hochheben. Sanitätssoldaten suchten dort nach den bei SS-Angehörigen üblichen eintätowierten Blutgruppenkennungen. Besonderes Augenmerk richteten sie dabei auf etwaige Verletzungen, mit denen SS-Angehörige versucht haben könnten, ihre Tätowierungen auszulöschen. Unter den Gefangenen des *cages* fand sich aber kein einziger SS-Mann.

Georg konnte sich lebhaft vorstellen, was die Amerikaner mit Angehörigen der SS machen würden, wenn sie sie erwischten. Und er konnte es sogar verstehen! Bei den Kämpfen in den Ardennen und im Hürtgenwald hatte er sie als gnadenlose Angreifer und Zerstörer erlebt. Auf ihrer Angriffsspur gab es so gut wie keine verletzten oder gefangen genommenen alliierten Soldaten.

Nach dieser Sichtkontrolle mussten sie im zweiten Zelt, das in einen milchigweißen Dunstschleier gehüllt war, ihre gesamte Kleidung ablegen. Die amerikanischen Soldaten trugen einen Mundschutz und stäubten die Gefangenen mit einem Entlausungspulver ein. Dabei wurden alle kritischen Stellen des Körpers, vor allem die Körperöffnungen, bedacht. Sie wurden, fand Georg, wie eine Herde Schafe behandelt, die durch ein Zeckenbad getrieben wird. Er stolperte aus dem Zelt heraus und kleidete sich hastig wieder an, um der scharfen Morgenkälte zu entkommen. Seine bepuderte Haut fühlte sich nun unter der Kleidung stumpf an und seine Oberschenkel scheuerten beim Gehen am rauen Hosenstoff. Verdammt, dachte er wütend, wenn wir wieder zurück im Käfig sind, werde ich mir zu allem Überfluss noch einen Wolf gelaufen haben.

Erst nachdem er das Zelt verlassen hatte, fiel ihm auf, dass die Amerikaner während der gesamten Prozedur überhaupt keine Anstalten gemacht hatten, die Gefangenen zu registrieren. Nun begann ihm zu dämmern, dass die Alliierten auf eine so große Zahl zu versorgender Gefangener überhaupt nicht eingerichtet waren. Das ließ nichts Gutes für die nahe Zukunft der vielen noch zu erwartenden Gefangenen ahnen. Hunger!

Inzwischen hatte wieder ein feiner Nieselregen eingesetzt.

Einige Gefangene hatten während der Warterei nach der Behandlung ein paar Metallfässer entdeckt, die hinter den Zelten am Stacheldrahtzaun aufgereiht standen. In den nach innen gefalzten Deckeln hatte sich Regenwasser gesammelt. Ein paar Gefangene stürzten sich auf diese Deckel und schleckten das Wasser wie Hunde. Andere versuchten, ihre Kochgeschirre zu füllen. In dem allgemeinen Gedränge stürzten einige Fässer um, und das kostbare Wasser versickerte. Die Wachsoldaten schauten amüsiert zu und hatten offensichtlich Spaß an der Szene.

Als sich die Gruppe in Richtung ihres *cages* auf den Weg machte, hörten sie näherkommende Marschschritte. Kurz darauf schwenkte eine neue Kolonne Gefangener auf das Haupttor des Lagers zu. Jetzt wurde Georg klar, warum sie so früh am Morgen diese ganze Prozedur über sich hatten ergehen lassen müssen. Ihre Revolte tags zuvor hatte den reibungslosen Ablauf der Lagerbelegung verzögert. Darum hatten sie, bevor neue Hungerleider eintrafen, die Begrüßungszeremonie nachholen müssen.

Als die Gruppe ihren *cage* erreichte und in ihrem »Zuhause« wieder ihr verlassenes Nachtlager besetzte, hatte sich Georg tatsächlich einen Wolf gelaufen. Die Zeltbahnbesitzer errichteten ihre Zelte und setzten so markante Punkte in das Nichts. Andere versuchten nun, Schlafmulden aus dem Boden herauszukratzen. Dazu benutzten sie die Löffel ihrer Essbestecke. Auch Georg und Krumbiegl bemühten sich, ein gemeinsames Loch zu erbuddeln. Diesem Beispiel folgten auch andere und machten sich ebenfalls paarweise an die Arbeit, die ein mühevolles Unterfangen war. Der Boden war durch den tagelangen Regen zwar aufgeweicht und die Zusammensetzung des Erdreichs hätte das Graben mit normalen Werkzeugen leicht gemacht, aber ein Löffel ist nun mal ein Löffel und kein Spaten. Der gelockerte Boden wurde mit den bloßen Händen am Rand des ausgehobenen Lochs als Windschutz aufgeschüttet, so, wie sie es im ersten Lager gesehen hatten. Es war eine mühselige Arbeit. Als es gegen Mittag ging, hatten sie gerade eine Handbreit Erde ausgehoben.

Georg und Krumbiegl schafften bis zum späten Nachmittag eine etwa zwei Handbreit tiefe Mulde. Sie überschlugen ihre Arbeitsleistung und schätzten, dass es sie noch drei Tage Arbeit kosten würde, um ein Loch gebuddelt zu haben, das ausreichend tief war, um sie wenigstens nachts vor den ständig wehenden Winden einigermaßen zu schützen.

Ein Motorengeräusch auf der Lagerstraße ließ sie plötzlich aufhorchen. Kurz darauf wurde der Drahtverhau zu ihrem *cage* geöffnet, und ein kleiner Militärlastwagen fuhr hinein. Ein paar GIs sprangen herunter, und ein Corporal pfiff die Gefangenen mit einer Trillerpfeife zum Wagen. Die amerikanischen Soldaten waren alle noch sehr jung. Ihre sauberen Uniformen bildeten einen seltsamen Kontrast zu der auf sie zukommenden zerlumpten Masse. Sie unterschieden sich sogar noch von den Truppen, mit denen es die Gefangenen bisher auf dem Marsch und im Lager zu tun gehabt hatten. Auch der das Kommando führende Corporal war nicht viel älter als seine Soldaten, von denen einige den harten Burschen herauszukehren versuchen, obwohl sie, wie Georg vermutete, wohl noch nie in einem Gefecht gewesen waren. Der Corporal war sichtlich um Autorität bemüht und brüllte ständig Befehle. Inzwischen hatten die Gefangenen den Lastwagen erreicht und vervollständigten das Chaos. Sie umringten ihn und versuchten herauszufinden, was er geladen hatte. Hoffnungsvolle Rufe kamen aus der Menge.

»Es gibt was zu fressen, Kameraden! Das wird ein Fest!«

»Macht schon die Klappe auf! Wir haben Kohldampf!«

Die GIs drängten die hungrigen Gefangenen mit quer vor der Brust gehaltenen Gewehren allmählich zurück und schafften es schließlich irgendwie, die nach Essen gierenden Gefangenen in Reihen zu ordnen. Vielleicht setzte sich auch nur bei den Gefangenen die Erkenntnis durch, dass sie, je geordneter sie anstanden, auch umso eher etwas zu essen bekamen. Einige Gefangene mussten auf den Wagen klettern und ein dreibeiniges Gestell herunterheben, in das ein gummierter Sack eingehängt wurde. Dann wurden Kanister vom Wagen abgeladen, in einer Reihe vor dem Gestell aufgebaut und ihr Inhalt in den Sack geschüttet. Es war klares frisches Wasser.

Das amerikanische Kommando hatte nur Wasser gebracht. Auf den Gesichtern der Gefangenen zeigte sich grenzenlose Enttäuschung. Nach der enttäuschten Hoffnung vor den Entlausungszelten war dies der zweite Tiefschlag im Laufe des Tages. Niedergeschlagen reihten sie sich in die Schlange ein, um ihre Feldflaschen oder Kochgeschirre mit Wasser zu füllen. Das Begleitkommando stand abseits und sah dem Treiben am Wassersack gelangweilt zu.

Georg stieß Krumbiegl an. »Komm, lass uns versuchen, einen vollen Kanister zu klauen. Gib's an die anderen weiter!«

Krumbiegl nickte.

Sie waren Verschwörer ohne Plan, doch ein Zufall kam dem Vorhaben zu Hilfe. Das Dreibein hielt dem

Geschaukel bei der Wasserentnahme auf dem vom Regen aufgeweichten Untergrund nicht stand, neigte sich plötzlich, stürzte um und ergoss seinen kostbaren Inhalt auf den Boden. In dem allgemeinen Tumult gelang es Randauer und Krumbiegl, einen der vollen Kanister zu sich heranzuziehen. Sie deckten ihn mit ihren Körpern und warfen ihre Mäntel darüber. Die anderen erfassten die Situation sofort und folgten ihrem Beispiel, sodass sich schließlich über dem Kanister ein Mantelberg türmte. Sie taten jetzt sehr geschäftig und versuchten mit viel Hallo, das Gestell wieder aufzurichten.

Die amerikanischen Soldaten hatten von dem Manöver nichts gemerkt und amüsierten sich über die Bemühungen der Gefangenen beim Wiederaufrichten des Gestells. Der Sack wurde wieder mit Wasser gefüllt, und die Verteilung ging weiter. Der Corporal ließ die leeren Kanister auf den Lastwagen laden, ohne die Anzahl zu kontrollieren. Georg hatte unwillkürlich die Luft angehalten und atmete mit einem »Huh« erleichtert aus, als die GIs aufsaßen und der Lastwagen das *cage* verließ. Die Männer nahmen ihre Mäntel wieder auf und schleppten ihre Beute mit einem Gefühl des Triumphs zu ihren Löchern. Der Inhalt des Kanisters bedeutete für jeden von ihnen etwa einen Liter Wasser! Mit dem, was sie außerdem in ihre Feldflaschen und Kochgeschirre abgefüllt hatten, waren sie jetzt fast zwei Liter Wasser reich!

Wind und Regen kamen weiterhin beständig aus Nordwesten, schwächelten manchmal und ließen dann die Hoffnung auf eine Wetteränderung aufkeimen. Georg und Krumbiegl arbeiteten weiter an ihren Löchern. Der heftiger werdende Regen grub kleine Furchen in die Wälle und drohte die ganze Arbeit wieder zunichte zu machen. Als sich die regenschwere Dunkelheit über das Lager senkte, beendeten sie die Arbeit. Sie hatten bis jetzt ein drei Handbreit tiefes Loch erbuddelt, auf dessen Boden sich kleine Pfützen bildeten, und nun suchten sie ihre nähere Umgebung nach Dingen ab, mit denen sich das feuchte Loch einigermaßen auspolstern ließ. Sie fanden das Stück eines Zementsacks und schnitten mit Georgs Taschenmesser vom Regen platt gedrücktes Vorjahresgras ab. Damit bedeckten sie den Boden ihres Lochs und deckten es mit der Zementtüte ab. Sie setzten sich darauf, rückten aneinander und legten sich Georgs Decke über ihre Köpfe und Schultern.

Georg erinnerte sich an seinen Vorsatz, jeden Abend einen Brief von Marie zu lesen. Als er nach den Briefen in die Jackentasche griff, klatschten ein paar dicke Regentropfen auf seine schmutzigen Hände. Angewidert sah er zu, wie sie sich in den Dreck hineinfraßen und hässliche Muster auf der Haut hinterließen. Da zog er die Hand zurück und beschloss, die Briefe nur bei trockenem Wetter herauszunehmen, um sie nicht zu beschmutzen.

Die zweite Nacht begann wie die erste. Der Regen fiel gleichmäßig, aber er spürte ihn schon nicht mehr. Der Morgen quälte sich aus der Nacht, so wie der vergangene Abend in die Nacht hineingekrochen war – grau, nass und kalt. Georg wusste nicht, was ihn geweckt hatte, eine Bewegung Krumbiegls, ein eingeschlafener Arm oder der plötzlich mit Windböen daherkommende Regen. Auch Krumbiegl bewegte seine schlafsteifen Glieder, und aus den Nachbarlöchern waren ebenfalls Bewegungen, Hustengekrächze und Fluchen zu vernehmen. Die Gefangenen verließen ihre Löcher, bewegten die steifen Knochen, einige wünschten sogar einen »Guten Morgen« und machten flapsige Bemerkungen über das Hotel und sein Personal. Georg ging ein paar Schritte und spuckte den nach Magensäure und Hunger schmeckenden Speichel in hohem Bogen über den Stolperdraht.

An diesem Morgen lernten sie auch die Latrinen des Lagers kennen. Sie befanden sich an der Längsseite des Zaunes zum Rhein hin und bestanden aus einem etwa metertiefen Graben, den ein Bagger ausgehoben hatte. Der Aushub war gnädigerweise auf der dem Lager zugewandten Seite des Grabens aufgeworfen worden und diente so als Schamschutz. Der Graben war von den Gefangenen zunächst gar nicht wahrgenommen worden, und bis dahin hatten sie über den Stolperdraht gepinkelt. Da Mägen und Därme leer waren, war die Frage, wo man scheißen könne, gar nicht erst aufgekommen. Irgendjemand hatte an diesem Morgen dann aber doch die Frage nach der Latrine gestellt. Nicht, dass er sie benutzen wollte; die Frage war nur gestellt worden, um irgendeinen Anlass für ein Gespräch zu haben. Nun wurde die Anlage begutachtet. Sie war etwa vierzig Meter lang und so breit, dass sich ein Mann mit gespreizten Beinen darüberstellen konnte, um seine Notdurft zu verrichten. Die Männer sahen sich verblüfft an. Witze wurden gerissen. »Das ist das längste französisch Klo, das isch je gesäen abe!« Gelächter.

Sie beschlossen, die Latrine gemeinsam einzuweihen. Dazu stellten sie sich in langer Reihe vor den Graben und pinkelten auf Kommando hinein. Einer rief: »Wir taufen dich auf den Namen ›Große Arschspalte‹!« Allgemeine Zustimmung.

»Bei dem Ding muss man beim Scheißen aber genau zielen, sonst scheißt du dir in die Schuhe!«

»Man muss auch einen festen Stand haben, wenn die Ränder glitschig sind, rutschst du aus, und du stehst in der Scheiße!«

Immer neue Möglichkeiten und Gefahren bei der Benutzung des Grabens wurden erörtert. Dann schwand das Interesse, und sie gingen zurück zu ihren Löchern, um weiterzuarbeiten. Inzwischen war auch das letzte Wasser aus dem Kanister aufgebraucht. Der Gummisack hing schlaff an seinem Gestell und war nicht wieder aufgefüllt worden. Georg hätte in diesem Augenblick nicht sagen können, was schlimmer war – Hunger oder Durst. Aber bald wusste er es: Sein Hals wurde trocken, und seine Zunge schwoll an und lag im Mund wie dick aufgequollene Pappe.

Es war widersinnig. Rechts floss der Rhein, und um sie herum war Regen. Sie waren von Wasser umgeben und konnten doch nicht trinken! Einige verfielen auf eigenartige Methoden, um ihren Durst zu stillen. Sie nahmen dabei groteske Haltungen ein, die schnell kopiert wurden. Einem zufälligen Zuschauer boten die durstigen Männer ein Panoptikum der Lächerlichkeit. Sobald der Regen heftiger wurde, stellten sich ihm einige Gefangene mit offenem Mund entgegen und versuchten aus der Luft zu trinken. Andere hielten ihre Kochgeschirre in den Regen oder spannten Taschentücher auf und saugten das Wasser heraus. Eine andere Methode war das »Zelte melken«. Dabei wurde der Regen, der an den paar verbliebenen Zeltwänden herablief, in Kochgeschirren aufgefangen.

Endlich, nach drei Tagen – oder waren es schon vier? – kam ein kleiner Lastwagen, der von einem Jeep begleitet wurde, an ihren Drahtverhau heran. Der Verhau wurde geöffnet und der Lastwagen rumpelte rückwärts in die Lücke. Ein paar GIs sprangen lärmend heraus und öffneten die Ladeluke.

Diesmal beeilte sich keiner der Gefangenen. Langsam, teils schon aus Schwäche, aber auch, weil sie befürchteten, wieder enttäuscht zu werden, näherten sie sich dem Lastwagen. Die GIs hatten inzwischen aus einigen Kisten und einem darüber gelegten Brett einen Tisch improvisiert. Andere füllten den Gummisack wieder mit Wasser.

»Ich glaube es ja nicht! Diesmal gibt es wirklich was zu essen!« Schulte war begeistert.

»Freu dich nicht zu früh, Dicker!«, dämpfte Randauer die Erwartungen.

Trotzdem bildete sich vor dem Kistentisch so etwas wie eine Schlange. Das Bilden von langen Reihen, dachte Georg, scheint Soldaten im Blut zu liegen, besonders wenn es ums Essenfassen geht.

Kartons wurden von der Ladefläche heruntergereicht und auf den Tisch gestellt. Die hinten Stehenden reckten die Hälse, um zu sehen, was da vorne verteilt werden sollte. Dann hielten auch sie ihre Verpflegung in den Händen.

»Was ist das denn?« Schulte bekam den Mund nicht mehr zu.

»Babynahrung!«, kommentierte Steinmetz. »Das ist Schonnahrung. Nachdem wir so lange nichts mehr gegessen haben, müssen wir erst wieder schonend auf richtiges Essen vorbereitet werden!«

Die Enttäuschung über das, was sie da in ihren Händen hielten, machte sich in sarkastischen Äußerungen Luft. Georg nahm sein Paket Haferflocken entgegen und beeilte sich, seine Wasserflasche zu füllen. Sie schlichen zu ihren halb fertigen Löchern zurück und versuchten die Haferflocken zu essen. Einige hatten sich sofort gierig eine große Hand voll in den Mund gesteckt und begannen sie sofort wieder auszuwürgen, denn die staubtrockenen Flocken blieben ihnen im Halse stecken. Georg feuchtete mit einem Schluck Wasser seine Kehle an und nahm nur einen Löffel voll Flocken in den Mund. Sie waren absolut geschmacklos. Er kaute und kaute, bis sie einen fein zermahlenen Brei ergaben, der sich dann mit einem Schluck Wasser herunterspülen ließ. Als seine Kiefer zu schmerzen begannen, stellte er das Kauen ein. Er hatte nicht das Gefühl, überhaupt etwas gegessen zu haben, es war, als würden die Haferflocken die Nahrungsaufnahme nur vortäuschen.

An diesem Tag machte ihnen aber wenigstens der Wettergott ein Geschenk, über das sie Grund zur Freude hatten: Es hörte auf zu regnen, und ein kühler

Wind vertrieb die letzten Wolken. Nach Tagen grauer Düsternis zeigte der Himmel ein verwaschenes Blau. Die halbfertigen Erdlöcher wurden an diesem Tag auch fertiggestellt. Sie waren so tief und breit, dass die Gefangenen mit angewinkelten Beinen einigermaßen bequem darin sitzen konnten. Ihre Köpfe schauten noch über die Grube hinaus, und sie konnten sie zum Schlafen auf den Erdaushub legen.

Um in Bewegung zu bleiben, machte Georg mit Krumbiegl einen Spaziergang am Drahtverhau entlang. Krumbiegl bückte sich plötzlich und zupfte ein paar Blätter vom Boden.

»Hier, schau mal, Georg!« Krumbiegl hielt ihm ein paar Löwenzahnblätter hin. »Die kann man essen. Meine Mutter machte daraus immer einen leckeren Salat. Er ist ein bisschen bitter, aber man kann sich daran gewöhnen.«

Er steckte ein Blatt in den Mund und begann zu kauen.

»Es fehlt zwar Essig und Öl, aber ... versuch's mal, Georg!«

»Ihr Weinfritzen schreckt auch vor nichts zurück!« Georg sah die Löwenzahnblätter skeptisch an. »Ich kenn die nur als Viehfutter. Aber ihr esst ja auch Schnecken!«

Krumbiegl verdrehte gespielt genießerisch die Augen. »Erinnere mich nicht daran, mir läuft schon das Wasser im Munde zusammen!«

Georg besah sich eines der Blätter und schob es vorsichtig in den Mund. Die Blätter waren vom Regen der letzten Tage sauber gewaschen, und er musste zugeben, dass sie zwar bitter schmeckten, aber durchaus genießbar schienen. Um den bitteren Geschmack zu überdecken, schob er sich einen Löffel Haferflocken in den Mund und stellte erstaunt fest, dass sich der Brei nun besser schlucken ließ.

Als sie zu ihrer Grabensiedlung zurückkamen, zeigten sie den Kameraden die neue Nahrungsquelle. Auch sie waren zunächst nicht sehr begeistert, nach den ersten Kauversuchen begaben sich aber die ersten schon auf die Suche nach Löwenzahn. Am nächsten Tag war dann um ihren Lagerplatz herum alles an essbarem Löwenzahn verschwunden.

Das trockene Wetter hielt ein paar Tage an, dann setzte wieder Dauerregen ein. Und wie Georg vorausgesehen hatte, füllte sich auch ihr *cage* rasch mit neu eingetroffenen Gefangenen. Um sie herum wurde es jetzt laut und eng. Es kam zu ersten kleineren Prügeleien um einzelne Standorte. Besonders eine größere Gruppe Artilleristen tat sich beim Abstecken ihres Reviers lautstark hervor. Ein großer, ungeschlachter Kerl war der Wortführer des Haufens.

»Mit denen wird es noch Probleme geben«, sagte Georg zu Krumbiegl. Der nickte und zeigte auf den Anführer. »Besonders den da müssen wir im Auge behalten!«

Auch bei den Wachmannschaften gab es Veränderungen. Waren bisher am äußeren Zaun nur hin und wieder Wachposten aufgetaucht, so langweilten sich jetzt alle hundert Meter Doppelposten. An der Außenecke wurde gerade durch ein Gefangenenkommando ein einfacher Wachturm mit einem Scheinwerfer errichtet.

»Heute Nacht schlafen wir mit Beleuchtung.« Krumbiegl war sein Ärger anzusehen.

»Was meinst du, Karl?«, fragte Georg ihn unvermittelt. »Welchen Bereich deckt der Scheinwerfer wohl ab? Ich glaube nicht, dass er bis zum Zaun reicht, der am Rhein entlangführt.«

»Du denkst ans Türmen!«

Der Scheinwerfer brachte Georg erst ins Bewusstsein, was ihm eigentlich von Beginn an hätte klar sein können: Eine Flucht war nur über den Rhein möglich! An der Rheinseite standen keine Wachtürme, aber wie weit der Scheinwerfer reichte, würde sich erst heute Nacht herausstellen.

»Eine Flucht über den Rhein zu dieser Jahreszeit ist unmöglich!«, gab Krumbiegl aber zu bedenken. »Das Wasser ist noch viel zu kalt.«

Das wussten natürlich auch ihre Gefangenenwärter. Deshalb ersparten sie sich die Mühe des Aufstellens von Wachtürmen entlang des Rheins.

»Karl, es geht aber nur über den Rhein«, widersprach Georg. »Wer weiß, wie lange wir hier sonst noch festgehalten werden. Auf warmes Wetter müssen wir natürlich noch warten. Wenn wir bis dahin nicht verhungert sind, sollten wir es aber wagen. Machst du mit?«

Krumbiegl zögerte keinen Augenblick. »Ich bin dabei, Georg!«

Sie gaben sich die Hand, die Sache war abgemacht. Georg verspürte eine große Erleichterung. Jetzt hatte er ein Ziel vor Augen, und mit einem Mann wie Krumbiegl an der Seite konnte das Wagnis einer Flucht gelingen.

»Gut, Karl, ab heute beobachten wir alles, was uns nützlich sein kann. Es geht ohnehin nur nachts. Wir müssen uns merken, wo die Wachposten patrouillieren, wann sie abgelöst werden, ob sie nachlässig sind, alles kann wichtig sein!«

»Weißt du eigentlich, welchen Tag wir heute haben?«, unterbrach Krumbiegl seinen Gedankengang. Aber Georg hatte aufgehört, die Tage zu zählen. Stunden konnten ohnehin nicht mehr gezählt werden, weil die Uhren fehlten. Die Zeit kroch durch die Tage und Nächte, die keinen erkennbaren Anfang und Ende hatten; sie siechte dahin und verwob zu einem zeitlosen Raum, angefüllt mit Verzweiflung, Hunger und Durst. Sie nahmen ihre Finger zu Hilfe und versuchten, auf ein Datum zu kommen, doch sie kamen zu keinem Ergebnis. Nicht einmal, an welchem Tag sie in Gefangenschaft geraten waren und wie viel Zeit bis zu ihrem Abtransport in dieses Lager vergangen war, konnten sie sicher sagen. Ihr Gefühl sagte ihnen aber, dass es zwischen Mitte und Ende April sein musste.

Im Nachbarloch beklagten ihre neuen Nachbarn, die Artilleristen, lautstark einen Mangel, über den auch schon viele andere geflucht hatten. Für die Raucher im Lager war eine schwierige Zeit angebrochen. Die letzten Reserven waren ohnehin schon gestreckt worden und hatten sich längst in Rauch aufgelöst. Hier gab es auch keine amerikanischen Soldaten, die halb aufgerauchte Zigarettenkippen vor ihre Füße schnipsten und sich über die Rangeleien beim Aufheben der Kippen halb totlachten. Noch übellauniger machte die Artilleristen, dass sie gerade damit begonnen hatten, sich in den Boden einzugraben. Mehrere Männer aus Georgs Gruppe wurden von ihnen mit rüden Bemerkungen aufgefordert, nicht so dumm zu glotzen.

»Georg, Georg, da braut sich was zusammen! Mit den Kerlen kriegen wir noch Ärger!«, prophezeite Krumbiegl.

Randauer lugte aus seinem Loch herüber und stieß Krumbiegl an: »Schaut euch mal den Klümper an, was hat der denn vor?«

Klümper hatte, seit sie hier im Lager waren, nicht ein Wort von sich gegeben. Er teilte sich ein Loch mit Steinmetz und starrte nur vor sich hin. Steinmetz hatte öfter versucht, ihn aufzumuntern, als Antwort erhielt er aber immer nur ein gequältes Lächeln. Nun aber war Klümper aus dem Loch gekrochen und ging auf eine kleine Gruppe Luftwaffenhelfer zu, die nicht älter als sechzehn Jahre alt sein konnten und wohl gerade erst in den *cage* gebracht worden waren, denn Georg und Krumbiegl bemerkten sie erst jetzt. Sie wirkten noch hilfloser und verlorener als die elenden Gestalten um sie herum. Einige von ihnen trugen Verbände, manche versuchten, Tränen zurückzuhalten.

»Schau dir das an, Karl, mit diesen Jüngelchen wollte der Gröfaz die Feindbomber aufhalten«, entfuhr es Georg. »Wie viele von denen mag es erwischt haben? Die haben hier doch nichts verloren. Die sollten zu Hause sein!«

Klümper hatte die Luftwaffenhelfer inzwischen erreicht und sprach sie an. Georg sah, wie sie die Köpfe schüttelten und mit den Schultern zuckten.

Dann zeigte Klümper eine Fotografie herum. Erneutes Kopfschütteln, weitere Fragen Klümpers, wieder Schulterzucken, bis auf einen Jungen, der ihn plötzlich, als er sich schon umgewandt hatte, an den Arm fasste und etwas zu erklären schien. Klümpers Miene hellte sich auf und er strich dem Jungen über den Kopf, wie er es wohl bei seinem Sohn getan hätte, und ging zu seinem Loch zurück.

»Konnten dir die Jungs etwas sagen, Klümper?«, sprach Georg ihn aus seinem Loch heraus an. Er rechnete allenfalls mit einem knappen Ja oder Nein, und so war er völlig überrascht, als Klümper stehen blieb, zu ihm herunterschaute und in einem fast normalen Gesprächston antwortete. »Sie sagen, sie wären irgendwo in Bochum eingesetzt gewesen. Sie sollten mit ihrer Flakstellung ein Umspannwerk vor Bombenangriffen schützen. Meinen Jungen kannten sie nicht. Aber der eine da, der Kleine, erzählte mir, dass viele Geschützführer ihre Jungs wieder nach Hause geschickt hätten. Nur ihrer nicht, der wäre so ein Nazi-Sturkopf gewesen und hätte sie dabehalten, sonst wären sie jetzt auch zu Hause ...!«

Es war wohl diese Bemerkung des Jungen, die Klümper wieder Hoffnung gemacht hatte, und Georg beeilte sich, ihn darin zu bestärken. »Dann ist dein Junge bestimmt auch zu Hause! Wer weiß, vielleicht haben sie ihn sogar nicht einmal mehr eingezogen!«

Klümper nickte. Dann verdüsterte sich sein Gesicht plötzlich wieder. »Wenn er nur an keinen Nazi-Sturkopf geraten ist! An so einen, wie ich früher auch gewesen bin!«

Erstaunt blickte Georg ihn an. »Ein Nazi? Du?«

»Jetzt nicht mehr. Schon lange nicht mehr ...« Klümpers Stimme verklang. Ohne ein weiteres Wort stieg er wieder in sein Loch hinab.

Georg versuchte, sich Klümper als Nazi-Sturkopf vorzustellen. Es gelang ihm nicht. So richtig stur, dachte er, ist er bestimmt nie gewesen. Sonst wäre er ja nicht vom Glauben an die Allwissenheit und die Allgüte seines Führers abgefallen.

Die fast religiösen Züge der Hitler-Verehrung waren wohl einer der Gründe, warum es da, wo Georg herkam, noch nie viele echte Nazi-Sturköpfe gegeben hatte. Dort war man katholischen Glaubens. Das Gebot »Du sollst keine anderen Götter neben mir haben!« wurde ernst genommen, und die Nazis bestätigten rasch den Verdacht, zu den anderen neun Geboten auch kein rechtes Verhältnis zu haben. Deshalb standen die meisten Leute, die er kannte, den Nazis eher reserviert gegenüber. Er selbst war zwar, verlockt von Lagerfeuerromantik und der Aussicht auf Abenteuer, Mitglied in der Hitler-Jugend geworden, hatte dann aber einsehen müssen, dass die spannenden Aktivitäten durch viel zu viele langweilige politische Schulungen, durch Sammelbüchsenaktionen, dazu noch Strammstehen und Angebrülltwerden erkauft werden mussten. Er begann sich davor zu drücken.

Mit der langen Zugfahrt ins Gymnasium in der Kreisstadt und dem hohen Lernpensum konnte er sein Fernbleiben meistens erklären. Reichte das nicht aus, konnte er seine Mutter manchmal zu einem Verstoß gegen das achte Gebot überreden. Sie und der Vater waren ohnehin nie glücklich über seine Mitgliedschaft in der HJ gewesen, auch wenn sie es ihm nicht verboten hatten.

Diese Erfahrung war ihm eine Lehre. Als er nach dem Ende seiner Schulzeit in Münster mit dem Studium der Tiermedizin begann, hielt er sich vom Studentenbund der Nazis fern.

An diesem Abend machten sich Georg und Krumbiegl erste Gedanken über ihre Flucht, wenn sie auch einen genauen Fluchtplan erst entwickeln konnten, nachdem sie so viele Einzelheiten wie möglich in Erfahrung gebracht hatten. Das war nur möglich, wenn sich im täglichen Verlauf des Lagerlebens so etwas wie Regelmäßigkeiten erkennen ließen. Besonders das Verhalten der Posten bei Nacht und der Einsatzbereich der Scheinwerfer würden wichtig sein. Darüber, wie es nach der geglückten Flucht über den Rhein dann weitergehen könnte, machten sie sich noch keine großen Gedanken. Nur eines war bis dahin wichtig, sie mussten gesund bleiben! Aber dazu war natürlich eine einigermaßen geregelte Verpflegung nötig, und darauf konnte man sich im Augenblick wenig Hoffnung machen.

Bevor es dunkel wurde, nahm Georg den ersten von Maries Briefen aus der Brieftasche, glättete ihn und legte ihr Foto darauf. Er schaute das Foto lange an und zeichnete mit seinen Fingern die Konturen ihres Gesichtes nach. Als er einen Blick auf das Datum des Briefes warf, überkam ihn ein leichter Schauer des Erschreckens. Der Brief war über vier Jahre alt. Sie erzählte ihm darin von dem beschaulichen Leben daheim, ein Leben, in dem der Krieg nur im Zusammenhang mit ihm und den Sorgen vorkam, die sie sich um ihn machte. In jedem Satz und zwischen den Zeilen erfuhr er, wie sehr sie ihn vermisste. So ganz nebenbei berichtete sie dann auch, dass sie ihr Lehramtsstudium vorläufig zurückstellen musste, weil sie für das Kreiskrankenhaus dienstverpflichtet worden war. Mein Gott, dachte er, wie alt waren wir da? Wir könnten jetzt beide schon mit dem Studium fertig sein! Schon längst hätten wir unser gemeinsames Leben beginnen können, heiraten, eine Familie werden, einfach nur in Frieden leben können – und alle anderen um mich herum auch! Stattdessen haben wir Krieg geführt, Menschen umgebracht, uns von anderen umbringen lassen! Warum nur haben uns diese verdammten Nazis nicht einfach nur leben lassen? Was hatte ihnen die Welt nur getan, dass sie sich mit ihr anlegen mussten? Dass wir jetzt hier in diesem Dreckloch sitzen und hungern und frieren, verdanken wir nur diesem verdammten Gehorsam, dem Treueeid, den wir einem Verrückten geschworen und eingehalten haben, auch dann noch, als wir erkannten, dass er verrückt war. Manche vertrauten dem Verrückten ja sogar jetzt immer noch.

Die Dunkelheit kam herangekrochen, und es schien, als ob ihnen diesmal eine trockene Nacht gegönnt sein würde.

Seitdem sich ihr *cage* gefüllt hatte, lag ein ständiges Summen über dem Lager, das sich aus Tausenden von Stimmen zu einem gemurmelten auf- und abschwellenden Geraune zusammenfügte. Mit zunehmender Dunkelheit ebbte das Geräusch ab und wurde von lähmender Stille abgelöst. Georg wusste nicht, wie lange er schon an Krumbiegl gelehnt vor sich hingedöst hatte, als ihn ein aus Nordwesten kommendes, zunehmend anschwellendes und dann immer dröhnender werdendes Geräusch wach werden ließ. Auch um ihn herum wurde es in den Löchern lebendig. Das Geräusch kam aus der Luft. Sie hatten es zwar schon öfter gehört, als ihnen lieb gewesen war, aber noch nicht in dieser Intensität. Dann war das Geräusch über ihnen. Ein riesiger fliegender Teppich aus Hunderten von Bombern flog in großer Höhe über sie hinweg.

»Ach du Scheiße!« Trotz der Dunkelheit glaubte Georg den Schrecken in Krumbiegls Gesicht zu erkennen. »Die fliegen nach Südosten, Georg! Das ist die Richtung Frankfurt, Würzburg, Nürnberg!«

Die Richtung, in der Krumbiegls Familie lebte.

»Da ist doch schon alles kaputt! Was wollen die denn noch kaputt machen?« Seine Stimme klang hilflos, und er sackte regelrecht in sich zusammen: »Wann machen die denn endlich Schluss mit diesem ganzen Scheißkrieg? Es gibt doch nichts mehr zu verteidigen. Nur noch den Arsch des Führers!«

Die Krumbiegls besaßen ein kleines Weingut südlich von Würzburg, wo der Main eine große Schleife nach Süden macht. Er hatte Georg schon oft von seinem Elternhaus erzählt.

»Sie verschwenden ihre Bomben doch bestimmt nicht auf ein so kleines Weinbauernstädtchen«, mutmaßte Georg.

Krumbiegel wirkte nicht sonderlich beruhigt.

»Wo sie drüberfliegen, können sie ihre Fracht abwerfen«, gab er zurück. »Ob es sich nun lohnt, mein Vaterhaus kaputtzubomben oder nicht.«

Georg schwieg, denn was hätte er dagegen einwenden können?

»Wir Krumbiegls haben schon immer dort gelebt und Wein angebaut, weißt du«, fuhr Krumbiegl fort. »Länger als fünfhundert, aber vielleicht auch schon über tausend Jahre – wirkliche tausend Jahre, nicht die vom Gröfaz proklamierten, die jetzt hoffentlich bald zu Ende sein werden!«

»Tausend Jahre?« Georg konnte es kaum glauben.

»Ja!« Krumbiegl grinste schief. »Was meinst du, wie so viel Geschichte auf einem Menschen lasten kann. Als Letzter einer so langen Reihe von Krumbiegls und einziges Kind meines Vaters kann ich es ihm schließlich nicht antun, nicht mehr heimzukommen. Es ist meine Pflicht, eine neue Generation von Krumbiegls in die Welt zu setzen.«

Seine Stimmung hatte sich unmerklich geändert. »Mein Vater konnte die Nazis noch nie leiden«, sagte er unvermittelt. »Sie reden ja immer von Blut und Boden und von Ahnenerbe und was weiß ich, aber das sind doch alles nur Emporkömmlinge, die aus dem Nichts hochgekrochen sind. Sie haben in Wirklichkeit keine Ahnung von dem, was sie daherfaseln, weder von Blut und Boden, noch von Ahnen und Erbe. Schon vor zehn Jahren hat er mir das klargemacht.«

Georg lehnte den Kopf an den Erdhaufen und hörte zu, wie Krumbiegl weitererzählte.

Als Karl Krumbiegl das letzte Schuljahr der Mittelschule besuchte, nahm ihn sein Vater an einem Spätsommerabend mit in den Weinberg. Der Tag war, wie auch die vorausgegangenen, sehr heiß gewesen. Sie stiegen den Hauptgang des Weinbergs hinauf, und sein Vater bedeutete ihm, auf dem dicken Stein Platz zu nehmen. Dieser Stein war vor Generationen beim Bau des Weges ausgegraben und an den Wegrand bugsiert worden. Von dort aus hatte man einen ungestörten Blick in alle Richtungen über das wohlgeordnete, endlos auf- und abwogende Rebland. Die Sonne verschoss ihre letzten Strahlen, der Mond stand schon als helle Scheibe am Himmel bereit, und die Hitze des Tages hockte noch in der Erde. Inzwischen war es fast ganz dunkel geworden, und es lag eine eigenartige Stimmung über der Landschaft. Der alte Krumbiegl hatte seinem Sohn seinen Arm auf die Schulter gelegt. Krumbiegl spürte, wie dieser von harter Arbeit knorrig gewordene Arm ihn schier in den Stein zu drücken schien. Sein Vater deutete auf die wie mit einem Lineal ausgerichteten Rebstockreihen, die sich den Hang hinunter bis zum Main hinzogen, den der Mond in eine silberne Schlange verwandelt hatte.

»Weißt du, Junge, die Krumbiegls sitzen hier seit tausend Jahren und bauen Wein an. Ich bin in der langen Reihe dieser Menschen der vorläufig letzte! Aber der nächste wirst du sein!«

Darum hatte ihn sein Vater heute Abend mit hier heraufgenommen! Er wurde wie ein neues Glied in eine lange Kette eingehakt und als Erbe eingesetzt!

Sein Vater fuhr fort: »Im Augenblick wird von den Braunhemden viel von Blut, Ehre und Vaterland gefaselt. Höre nicht auf diese Rattenfänger! Die wissen gar nicht, was Ehre ist! Ehre kann dir niemand geben oder dir mit viel Brimborium wie einen Mantel umhängen! Ehre kannst du dir nur selber geben! Ehre kommt von ehrlich. Glaubst du, dass diese Kerle ehrlich sind? Schau dir diesen Frommelt an, wie er wie ein Gockel in seiner SA-Uniform durch die Stadt stolziert! Verstehst du, was ich dir sagen will, Junge?«

»Ich glaube ja, Papa!« Das kam ihm fest und ehrlich über die Lippen. In diesem Augenblick kam ihm der Arm seines Vaters gar nicht mehr schwer und drückend vor, er bekam etwas Leichtes, Beschützendes, ja, Sorgendes, Erhaltendes!

Irgendetwas war anders an diesem Abend. Es war nicht nur das Gespräch zwischen Vater und Sohn. Es war die Luft. Sie fühlte sich plötzlich anders an, nicht mehr nur sanft wärmend, sie war voller Spannung. Und dann sah er es zuerst, stieß seinen Vater an und deutete auf den höheren Rand des Weinbergs. Ein eigenartiges Flimmern lag auf den Enden der Pfosten, die den Weinstöcken Halt gaben. Auf jedem Pfosten saß ein kleines durchscheinendes, bläulichweiß schimmerndes Flämmchen. Sie tanzten auf und nieder wie kleine fluoreszierende Kobolde.

»Mein Gott, Karl! Weißt du, was das ist?«

»Nein, so etwas habe ich noch nie gesehen!« Ehrfürchtig und ein bisschen ängstlich blickte der Junge auf das merkwürdige Flackern.

»Und du wirst so etwas auch nicht noch einmal sehen! Das ist so selten, dass es oft mehr als eine Generation dauert, bis so etwas wiederkommt! Das sind Elmsfeuer, Karl! Das sind elektrische Spannungen,

die man sonst nur auf den Mastspitzen von großen Schiffen erleben kann. Wir bekommen ein Gewitter! Aber schau es dir so lange an, wie es noch da ist!«

Wie zur Bestätigung meldete sich weit im Westen ein Donnergrollen und ein Blitz zuckte über den Himmel. Allmählich verlöschten die kleinen Kobolde. Es donnerte und blitzte noch einige Male, aber das Gewitter zog sich zurück, ohne einen einzigen Tropfen Regen gebracht zu haben.

Das Geräusch der Flieger verzog sich ebenfalls, so allmählich, wie es zuvor angeschwollen war, in die andere Richtung. Als Krumbiegl fertigerzählt hatte, war es längst in der Nacht verklungen. Aber in den frühen Morgenstunden kam es zurück. Diesmal aus der Richtung, in der es in der Nacht verschwunden war, nur viel lauter. Der Bomberteppich flog diesmal viel niedriger. Ein Teil der von ihren Lasten befreiten Bomber löste sich aus dem Teppich und überflog das Lager mit dröhnenden Motoren im Tiefflug. Im ersten Augenblick dachten alle, dass sie jetzt zerbombt werden sollten, und suchten Deckung in ihren Löchern, aber die Piloten machten sich nur einen übermütigen Spaß daraus, die Gefangenen auf einem für sie glücklichen Heimflug zu wecken.

An diesem Morgen ging etwas Bedeutsames in ihrem *cage* vor, das der Hoffnung der Gefangenen auf Verpflegung neue Nahrung gab. Es erschien ein amerikanisches Kommando, diesmal mit einem kommandierenden Offizier und einem deutschen Gefangenen, der als Dolmetscher fungierte. Alle Gefangenen des *cages* wurden aufgefordert, in Reih und Glied anzutreten. Es dauerte fast den ganzen Vormittag, bis ein überschaubarer Aufmarsch hergestellt war. Ein paar Sergeants liefen immer wieder brüllend durch die Reihen, um eine zählbare Formation zustande zu bringen. Georg traute zunächst seinen Augen nicht, als er in der feldgrauen Masse auch einige ältere Männer in Postbotenuniformen und sogar einige Eisenbahner entdeckte. Er wurde bleich und musste sofort an seinen Vater denken. Krumbiegl stieß ihn an.

»Was ist mit dir, Georg?«

Georg hob den Kopf und zeigte mit dem Kinn auf zwei Reichsbahner, die einige Reihen vor ihnen standen.

»Ich mache mir Sorgen um meinen Vater!«

»Die sind bestimmt aus Versehen hier!«, beruhigte ihn Krumbiegl. »Die halten sie wegen ihrer tollen Uniformen für was Besonderes in der Wehrmacht. Sicher sind sie bald wieder frei!«

Georg wollte das nur zu gerne glauben, aber ein Rest Ungewissheit blieb. Es gab also noch einen Grund mehr, die Flucht zu wagen.

Diesmal standen Georg und seine Männer in einer der letzten Reihen. Der Zählappell ergab, dass in ihrem *cage* mehr als sechstausend Gefangene eingepfercht waren. Der Dolmetscher – er trug als Zeichen seiner Würde eine besondere Binde am rechten Arm, die ihn als Angehörigen des deutschen Lagerpersonals auswies – brüllte den Gefangenen zu, dass das ganze *cage* in Hundertschaften eingeteilt werden solle und jede Hundertschaft wiederum Zehnerschaften bilden müsse. Dann erklärte er ihnen, dass aus jeder Hundertschaft Abordnungen zu bilden seien, die für sie die Nahrungsmittel in Empfang zu nehmen hätten. Ausrufe der Erleichterung schwirrten durch die Luft. Endlich etwas zu essen! Auch die Apathischsten hatte diese Botschaft erreicht. Die Sergeants kämpften sich durch die Reihen und stellten die Hundertschaften zusammen. Georgs Gruppe wurde mit den Artilleristen und den Luftwaffenhelfern zu einer Hundertschaft zusammengefasst und Georg zum Hundertschaftsführer bestimmt.

Randauer, der hinter Georg und Krumbiegl stand, orakelte: »Das gibt Probleme! Wir und die Artillerie!«

Krumbiegl ergänzte: »Ich glaube, wir müssen den Kindergarten da vorne unter unsere Fittiche nehmen, die werden sonst von der Artillerie untergebuttert!«

Georg wandte sich an die beiden, und seine Stimme bekam dabei einen seltsam rauen Klang:

»Leute, ich bin froh, dass ich mit euch zusammen hier im Dreck stecke!«

Die angetretenen Reihen warteten an diesem Tag vergeblich auf Essensrationen. Das amerikanische Kommando war wieder mitsamt Dolmetscher abgerückt und hatte das *cage* verschlossen. Murrend und enttäuscht krochen die Männer wieder in ihre Löcher. Aber wenigstens hatte es nicht mehr geregnet. Hinter den Ahrbergen nahm der Himmel aber schon wieder eine graue Färbung an, und gegen Abend würde er sich ganz zugezogen haben. Für die Männer im Lager bedeutete das, dass wieder eine nasse Nacht zu erwarten war; für die Menschen jenseits des Rheins, für die der Krieg noch nicht zu Ende war, bedeutete es eine Nacht ohne Angst vor Bombenangriffen.

An diesem Abend las Georg Maries zweiten Brief, und wieder lag ihr Foto obenauf.

Am nächsten Morgen trat das Unerwartete ein. Ein Armeelastwagen fuhr rückwärts in das *cage* und brachte Versorgungspakete.

Georg schickte die erste Zehnergruppe los, die er mit Absicht aus den Luftwaffenhelfern zusammenstellte.

»Das ist gut für die Jungs«, kommentierte Krumbiegl Georgs Entscheidung.

»Hoffentlich geht bei der Ausgabe nichts schief!« Randauer war wie alle anderen nervös und schaute immer wieder in die Richtung, aus der die Jungs zurückkommen mussten. Seine Geduld wurde wie die der anderen auf eine harte Probe gestellt. Erst am späten Vormittag tauchten die Jungen wieder auf. Jeder von ihnen trug fünf große Kartons. Selten war eine Aufgabe im Überschlag so schnell ausgerechnet worden. Der Ausruf: »Zwei Mann müssen sich einen Karton teilen!«, machte die Runde.

Angesichts der zu erwartenden Kostbarkeiten gab es kein Halten mehr. Die ganze Hundertschaft stürmte auf einmal auf die Jungen los. Georg hatte seine Zehner-Gruppe aber schon instruiert. Gemeinsam schirmten sie die Luftwaffenhelfer mit ihren Paketen vor dem Ansturm ab. Sogar Klümper, der bis dahin wieder in seine gewohnte Apathie gefallen war, beteiligte sich daran.

Zunächst sah es aus, als ließe sich die halbverhungerte Meute in Schach halten, aber auf einmal gab es eine heftige Bewegung aus dem Gedränge heraus. Ein paar Männer gerieten ins Straucheln, als der bullige Artillerist sie rüde beiseiteschob. Er stieß den Jungen zu Boden und riss die Pakete an sich, als sich Klümper mit einem Aufschrei auf ihn stürzte. Der Artillerist schlug ihn heftig vor die Brust, sodass er über den Jungen stürzte. Die Pakete lagen im Matsch, einige davon durch den Sturz aufgeplatzt.

»He, Arschgesicht!«, brüllte Georg den Artilleristen an und sprang zwischen ihn und den beiden am Boden Liegenden. »Heb sofort die Pakete auf und gib sie dem Jungen zurück!«

Ihm war klar, dass hier und jetzt und ein für alle Mal eine Rangordnung hergestellt werden musste. Andernfalls würden diese Kerle den anderen alles streitig machen und unter sich aufteilen. Jetzt galt es, allen klarzumachen, dass sich niemand durch Rücksichtslosigkeit auf Kosten anderer Vorteile verschaffen durfte.

Georgs Gruppe hatte die Situation sofort erkannt und sich zwischen Georg und dem Rüpel und die übrigen Artilleristen gedrängt. Um das Zentrum des Geschehens hatte sich bereits ein Kreis gebildet. Georgs Gruppe drängte nach hinten, um ihn zu vergrößern, dadurch wurden die Artilleristen abgedrängt und von ihrem Wortführer getrennt.

Der drehte Georg nun sein breitflächiges Gesicht zu. Weit auseinanderstehende glanzlose Augen blickten ihn mit einem Ausdruck an, der wohl besagen sollte: Du bist gleich tot! Arschgesicht – so hatte ihn wahrscheinlich noch niemand zu nennen gewagt. Der Kerl war etwa so groß wie Georg, aber wohl um die Hälfte breiter. Das Ungewöhnliche an ihm war, dass er der Einzige unter allen Hungerleidern hier war, der einen Bauch hatte! Georg kannte solche Kerle. Sie bauten sich mit ihrer Masse vor ihren Gegnern auf, um sie damit zu beeindrucken und einzuschüchtern.

»Ach sieh mal da, das Unterfeldwebelchen will mir kommandieren!« Die Stimme war laut und höhnisch. »Ich lasse mich aber nicht mehr herumkommandieren, Unterfeldwebelchen! Ich übernehme hier das Kommando! Du bist abgesetzt! Vorher haue ich dir aber deine Fresse zu Brei!«

»Na, dann mal zu, Arschgesicht!« Georg wusste, dass er diesen Kerl bis zur Weißglut reizen musste, damit der ihn unüberlegt angriff.

»Georg, pass auf, der Kerl dreht sich immer rechts herum, aber die Rechte ist ziemlich lahm und Dampf ist auch nicht dahinter. Mit der Linken weiß er nichts anzufangen!«, hörte er hinter sich Krumbiegl zischen.

Er ließ seinen Gegner nicht aus den Augen.

»Nun komm schon, Arschgesicht! Klopf hier keine Sprüche! Die Leute haben bezahlt, zeig ihnen, was du kannst! Falls du etwas kannst ...«

Außer sich vor Wut über die Beleidigungen griff der Artillerist an. Sein rechter Arm bewegte sich auf Georg zu, aber in der Tat so langsam, dass Georg mühelos nach rechts wegtauchen und mit einem halben Schritt ausweichen konnte. Der Artillerist verlor das Gleichgewicht und geriet ins Straucheln. Georg schlug ihm mit dem linken Fuß die Beine weg und beschleunigte seinen Fall. Noch während des Sturzes landete seine linke Faust im Nacken seines Gegners.

Es gab einen harten Aufprall, und der Kerl landete auf dem aufgeweichten Boden.

Er brauchte eine Weile, bis er begriffen hatte, was ihm da gerade passiert war. Dann rappelte er sich mühsam vom Boden auf, fuchtelte dabei mit den Händen herum und bemerkte erst jetzt, dass sein Gesicht mit Dreck verschmiert war. Wütend versuchte er den Schmutz mit den zu Fäusten geballten Händen wegzuwischen und löste damit bei den Umstehenden ein brüllendes Gelächter aus. Er wirkte wie ein zu groß geratenes Kleinkind, dass sich auf diese Weise die Trotztränen aus dem Gesicht wischt. Dass er ausgelacht wurde, machte ihn noch rasender. Er brüllte Georg an: »Du bist schon so gut wie tot, Unterfeldwebelchen!«

Der zweite Angriff war eine exakte Wiederholung des ersten, nur dass er noch langsamer ausgeführt wurde. Georg wich wieder ohne Probleme aus und ließ den Arm des Artilleristen an seinem linken Ohr vorbeischlagen. Dann hob er seinen linken Arm über den seines Gegners, ergriff mit seiner Rechten die eigene linke Hand und schob beide Hände unter das Kinn seines Gegners. Das Ganze kam ihm beinahe wie eine spielerische Griffübung vor. Aus dieser Position heraus machte er einen Ausfallschritt in den Rücken des Artilleristen, gefolgt von einer leichten Drehung, die jenen das Gleichgewicht verlieren ließ. Blitzartig schlug Georg ihm nun mit dem rechten Fuß die Beine weg. Diesmal fiel der Kerl wie ein gefällter Baum auf den Rücken, beide Arme weit von sich gestreckt.

Jetzt musste er an diesem Kerl ein Exempel statuieren, das war Georg klar, und er trat einmal kurz und kräftig in seine geöffnete Hand. Es gab einen hörbaren Knacks. Der Artillerist brüllte wie am Spieß.

Georg hatte kein Mitleid mit ihm, obwohl der Mann ein wahres Bild des Jammers bot, als er sich mühsam wieder aufrappelte. Solche Zeitgenossen waren es ihr Leben lang gewohnt, sich alles mit Gewalt zu nehmen. Jetzt war das ganze großmäulige Gehabe verschwunden, und Gewalt anzuwenden würde ihm in nächster Zeit schwer fallen.

Anklagend hielt der Besiegte seine rechte Hand hoch, an der zwei Finger in eine völlig falsche Richtung zeigten. Er wimmerte. Eigenartigerweise schien aber die Niederlage ihres Wortführers die anderen Artilleristen gar nicht sonderlich verärgert zu haben. Georg vermeinte sogar so etwas wie heimliche Genugtuung zu bemerken. Einer aus der Truppe, der in Georgs Nähe stand, schlug ihm sogar auf die Schulter: »Große Klasse, das da gerade. Das war schon lange mal fällig!«

Nun, da er sich den nötigen Respekt verschafft hatte, ließ Georg die Verteilung der Rationen vornehmen und beschloss, die Gunst des Augenblicks zu nutzen, um auch eine Strafandrohung für den Fall des Nahrungsmitteldiebstahls loszuwerden.

»So, Männer, ihr habt gehört, dass sich zwei Mann ein Paket teilen müssen. Bescheißt euch nicht gegenseitig. Ihr seht ja, das gibt nur Ärger! Der Dicke da«, dabei wies er auf seinen Gegner, »bekommt heute nichts. Wenn ich mir seine Wampe ansehe, dann wird er euch oft genug den Nachtisch weggefressen haben. Seinen Anteil bekommt der Junge, den er niedergeschlagen hat!«

Das Verteilen der Pakete ging dann erstaunlich diszipliniert vor sich. Schnell hatten sich jeweils zwei Männer zusammengetan, die sich ein Paket teilen wollten. Zuckende Hände rissen die Kartons auf, und hungrige Blicke glitten fast zärtlich über Päckchen und Dosen. Die Pakete enthielten die Tagesration für einen amerikanischen Soldaten. Georg und Krumbiegl nahmen ihres zum Schluss entgegen. Zuerst sichteten sie ihren Schatz. Sie hatten ein Paket erwischt, das neben Keksen, Schokolade, Trockenobst und Trockengemüse eine Dose Corned Beef enthielt. Daneben fanden sich auch noch eine Tube Nescafé, Kaugummi und Erdnussbutter.

Georg und Krumbiegl besahen sich ihre Schätze und wussten erst gar nicht, womit sie beginnen sollten. Sie entschieden sich für Corned Beef und Trockenobst. Zum Nachtisch gönnten sie sich ein Stück Schokolade. Den Rest teilten sie auf und bargen ihn in ihren Kochgeschirren. Krumbiegl riss die Pappe des Kartons so zurecht, dass er sie unter seine Uniformjacke als wärmenden Windschutz schieben konnte. Andere taten es ihm gleich oder polsterten ihre Löcher damit aus. Die leeren Blechdosen verwahrten sie wie gutes altes Tafelgeschirr in ihrem Loch. Gestillt war ihr Hunger nicht, aber besänftigt, die Hungerfaust entkrampfte sich ein wenig.

Während sie aßen, schaute Georg zu den benachbarten Hundertschaften hinüber und stieß Krumbiegl an.

»Schau mal da rüber, Karl, und da ... und da hinten! Überall Zänkereien um die Pakete! Hoffentlich haben wir das jetzt im Griff!«

Krumbiegl war zuversichtlich. »Dieses Arschgesicht hätte viel kaputt machen können. Diese Sorte kenne ich nur zu genau! Aber du hast ihm ja Manieren beigebracht.« Er schwieg einen Moment, dann setzte er hinzu: »Als ich noch in der Schule war, im letzten Schuljahr, ist mir einmal etwas ganz Ähnliches passiert. Mit dem Sohn unseres Ortsgruppenleiters. Ein widerlicher Kerl!«

»Wer war widerlich – der Sohn oder der Vater?«, erkundigte sich Georg.

»Alle beide!« Grimmig fügte Krumbiegl hinzu: »Eigentlich wäre es aber vor allem der Vater gewesen, dem jemand eine Lektion hätte erteilen müssen. Aber versuch das mal bei einem Ortsgruppenleiter! Gustav Frommelt heißt er. Er ist Weinhändler.«

Gustav Frommelts Weinhandel war ein großes Anwesen, aber sehr heruntergekommen. Unter den Weinhändlern der Gegend hatte er keinen guten Ruf, aber er konnte Kapital daraus schlagen, dass er schon früh der braunen Bewegung beigetreten war. Nachdem seine Leute die Herren im Land geworden waren, lief er nur noch in SA-Uniform durch die Stadt. Seine nur etwa mittelgroße, in der Hüfte ziemlich aus dem Leim gegangene Gestalt zwängte er immer in eine für ihn viel zu enge Uniform, was ihm ein wursthaftes Aussehen verlieh.

Um seinem Idol in Berlin so ähnlich wie möglich zu sehen, hatte er sich eine Zahnbürste über der

Oberlippe wachsen lassen und den Scheitel seines Haares mit viel Mühe auf die andere Kopfseite gezwungen. Auch seine Aussprache begleitete er nun mit dessen pathetischen Gesten und verfiel dabei in ein asthmatisch schnarrendes Fränkisch. Er hatte einen Hinkefuß aus dem Krieg mitgebracht und behauptete überall, seine Verwundung habe ihm ein feiges welsches Schwein von hinten – von hinten! – beigebracht. Männer, die dabei gewesen waren, erzählten allerdings eine andere Geschichte.

Als alter Kämpfer stieg er in der nationalsozialistischen Hierarchie rasch zum Ortsgruppenleiter auf und bestimmte das Leben in der kleinen Kreisstadt nun maßgeblich mit. Allenthalben gab es nun etwas Nationalsozialistisches zu feiern. Geschickt nutzte er seinen Machtzuwachs auch für seinen persönlichen Vorteil, unterstützt von seiner örtlichen Truppe von SA-Schlägern und notfalls zusätzlich von auswärtigen Braunhemden, wenn jemand ihm Widerstand entgegensetzte. An Vater Krumbiegl, dessen Wein er auch gerne in sein Verkaufsangebot aufgenommen hätte, biss er sich allerdings die Zähne aus.

Kurz danach setzten in der Schule Sticheleien und allerhand kleine Schikanen gegen Karl ein, hinter denen, wie er rasch erkannte, Horst, Gustav Frommelts Sohn, steckte. Horst selbst musste aber meistens gar nicht selbst in Aktion treten. Als Sohn des Ortsgruppenleiters hatte auch er eine kleine Schar ergebener Helfer, die er nach Belieben herumkommandierte.

Eines Morgens vor Schulbeginn wurde Karl, als er gerade das Schulgebäude betreten wollte, von zwei

Klassenkameraden abgefangen, die ihn zwischen sich hin- und herschubsten und ihm die Mütze vom Kopf schlugen. Als er sie aufheben wollte, bekam er einen Tritt und stürzte zu Boden. Beim Hochrappeln blickte er in das hämische Grinsen des jungen Frommelt. Im selben Moment ertönte die Schulklingel und verhinderte für den Moment eine Auseinandersetzung. Als es dann aber später zur Pause klingelte, wusste Karl, dass er sich jetzt mit Horst und seinem Anhang prügeln musste. Er ließ seine Mütze und sein Pausenbrot unter der Bank zurück, um seine Hände frei zu haben.

Auf dem Schulhof warteten die beiden schon auf ihn. Sie hatten betont gelangweilte Mienen aufgesetzt, und waren völlig überrumpelt, als Karl ohne Zögern auf den Ersten zusprang, seinen linken Fuß auf dessen rechten stellte, und ihn so am Boden festnagelte. Sein Gegner verlor das Gleichgewicht und geriet ins Rückwärtstaumeln. Dies nutzte Karl aus und traf ihn mehrmals mit schweren Schlägen im Gesicht. Der andere wollte sich mit hochgerissenen Armen vor weiteren Schlägen schützen, öffnete dadurch aber seine Körperdeckung. Karl schlug nun eine ganze Serie von Schlägen in den Magen seines Gegners, der daraufhin wimmernd zu Boden ging. Als Karl herumwirbelte, um sich auf den Zweiten zu stürzen, war da niemand mehr. Der Kerl hatte sich zusammen mit Horst Frommelt aus dem Staub gemacht.

Als die Pause zu Ende ging, wartete Karl an der untersten Treppenstufe auf den jungen Frommelt und seine Kumpanen. Sie wollten sich schnell an ihm vor-

beimogeln, aber Karl erwischte Horst am Kragen und drehte ihn zu sich herum: »Wage es nicht noch einmal, irgendjemanden auf mich zu hetzen! Beim nächsten Mal bist du dran! Ich erwische dich, wo immer ich will! Und nun schleich dich, du Ratte!«

»Ich habe mich gefühlt wie Old Shatterhand, der gerade ein paar Präriebanditen außer Gefecht gesetzt hatte!« Krumbiegl schmunzelte. »Und danach war tatsächlich Ruhe. Frommelt junior ist mir ebenso aus dem Weg gegangen wie Frommelt senior meinem Vater.«

Auch dieser Tag blieb trocken, aber der Wind frischte auf. Georg las an diesem Abend einen weiteren Brief Maries und ließ sich von ihm vergangene Tage zurückbringen.

Lagerleben

Die Nacht war trocken, aber eisig kalt. Die Gefangenen kauerten eng aneinandergerückt mit eingezogenen Köpfen in ihren Löchern wie eine Armee von Maulwürfen. In unregelmäßigen Abständen glitten lange Scheinwerferfinger über sie hinweg. Der Soldat, der den Scheinwerfer bediente, visierte von seinem Turm aus irgendein Ziel innerhalb des *cages* mit dem ausgeschalteten Scheinwerfer an und schaltete ihn dann schnell ein und wieder aus. Georg und Krumbiegl hatten eigentlich seinen Aktionsradius beobachten wollen, aber sie waren eingedöst, als der Scheinwerferschütze ihr Loch anvisierte und das grelle Licht sie wieder aufweckte.

»Verdammter Mistkerl!«, entrüstete sich Krumbiegl gerade, als aus der Richtung des Hauptwegs einige Schüsse fielen, gefolgt von einem gellenden Schrei. Alle Scheinwerferfinger zeigten mit einem Mal in die Richtung der Schüsse. Wo sich ihr Licht bündelte, waren einige GIs im Gegenlicht zu erkennen. Einer trat gegen irgendetwas, das auf dem Boden lag. Nach einer Weile wanderten die Scheinwerfer weiter und überließen den Ort wieder der Dunkelheit.

»Da hat es einen erwischt, der türmen wollte!«, war aus einem der Löcher zu vernehmen. »Armer Kerl! Über das freie Feld ist es glatter Selbstmord!«

Mein Gott, durchfuhr es Georg, für diese Erkenntnis brauchten wir erst einen Toten!

Am darauffolgenden Morgen nahm Georg zum ersten Mal ein Geräusch bewusst wahr, das schon die ganze Zeit über da gewesen war. Es war eine zwangsläufige Folge der Umstände, unter denen sie hier leben mussten. Kaum einer der Männer, die jetzt wieder auf unsicheren Beinen aus ihren Löchern stiegen, der nicht krächzte, hustete, schniefte oder Schleim ausspuckte. Auch in seiner Nase machte sich nun das unangenehme Gefühl eines heraufziehenden Schnupfens bemerkbar. Außer Hunger und Durst gab es nichts, was er so sehr hasste wie eine laufende Nase!

Dieser Tag hielt einige Überraschungen für sie bereit. Die erste bestand darin, dass am Eingang des *cages* Brot ausgegeben wurde. Georg schickte eine neue Zehnerschaft los. Als die Zehn gegen Mittag zurückkamen, gab es erneut erboste Ausrufe.

»Wo habt ihr die anderen Brote?«

»Welche anderen Brote?«, kam es zurück. »Das sind alle, die wir bekommen haben. Für jeweils zehn Mann ein Brot!«

»Du machst Witze! Das kann doch wohl nicht wahr sein!«

Aber es war die Wahrheit. Jeder der zehn Männer hatte nur ein Brot erhalten. Es waren die unterschiedlichsten Brotsorten: lange in Kasselerform, kurze kantige Laibe, große runde und sogar ein süßer Stuten war dabei. Alle sahen aber schon recht altbacken aus. Wie sollten diese auch schon vom Gewicht her unterschiedlichen Brotlaibe bloß auf hundert hungrige Männer verteilt werden?

Steinmetz hatte die Lösung. »Alle Zehnerschaften drehen sich rum, damit sie die Brote nicht sehen können! Dann zeigt Georg auf irgendeines der Brote, und wer als erster die Hand hebt, bekommt den Zuschlag!«

Der Vorschlag fand Zustimmung, und die Verteilung verlief dann erstaunlich reibungslos. Georgs Zehnerschaft hatte ein mittelgroßes kantiges Brot erwischt. Es wurde mit Georgs Taschenmesser in zehn etwa gleich große Scheiben geschnitten und dann so verteilt wie zuvor die Brote. Alle kauten langsam und bedächtig, so, als hielten sie eine unbekannte kulinarische Köstlichkeit in den Händen.

Plötzlich wurde es auf ihrer Seite des Zaunes laut. Etwa auf halbem Wege zwischen ihrem und dem nächsten Scheinwerferturm hatte sich eine Traube wütend gestikulierender Gefangener gebildet. Sie standen vor dem Stolperdraht und empörten sich offenbar über irgendetwas, das jenseits des Zaunes vor sich ging. Von den beiden Wachtürmen wurden plötzlich ein paar MG-Garben in den Todesstreifen zwischen Stolperdraht und dem inneren Zaun gefeuert. Das hielt die Gefangenen aber nicht davon ab, weiter Verwünschungen auszustoßen.

Georg und einige andere aus ihrer Gruppe gingen zu dem wütenden Haufen hinüber. Im Näherkommen sah er auf der anderen Seite des Zaunes vier oder fünf junge GIs, die Arme voller Lebensmittel, stehen. Sie warfen Brote in die Luft oder traten sie wie einen Fußball. Im ersten Moment dachte er, die GIs wollten sie den Gefangenen zuwerfen. Er traute seinen Augen nicht, als sie die Brote und andere in Paketen verpackte Lebensmittel zu einem Haufen auf den Boden legten, einer der jungen Soldaten einen Benzinkanister öffnete und den Inhalt darüber goss. Ein anderer öffnete umständlich eine Packung Zigaretten, klopfte eine Zigarette heraus, fummelte umständlich ein Streichholz aus der Schachtel und zündete sie an. Er nahm einen tiefen Zug, während er das brennende Streichholz weiter in der Hand hielt, schaute genießerisch dem Rauch hinterher und warf dann das Streichholz auf den Lebensmittelhaufen. Es gab einen kleinen Knall, und der Haufen stand in Flammen. Zwei der GIs nahmen ihre Gewehre von den Schultern, luden durch und schossen in den brennenden Haufen hinein.

Schlagartig brachen die wütenden Rufe ab. Die Männer ließen die Arme sinken, und einige starrten mit Tränen in den Augen den brennenden Haufen an. In die plötzliche Stille hinein rief eine laute, sich beinahe überschlagende Stimme: »Kameraden, zeigt diesen Helden eure Verachtung! Dreht ihnen den Rücken zu, und bleibt so lange stehen, bis alles verbrannt ist!«

Die Männer befolgten den Ruf. Einige nahmen dabei sogar Haltung an. Georg und Krumbiegl sahen sich lange an, unfähig, das Geschehene zu begreifen.

Das Feuer schwelte noch lange weiter, als die GIs schon längst abgezogen waren. Jenseits des äußeren Zaunes wurden zwei deutsche Gefangene mit einem Handkarren von zwei Soldaten zu einem Punkt im freien Gelände geführt. Sie hoben etwas vom Boden hoch und legten es auf den Karren. Dann machten sie kehrt und zogen die Fracht aus ihrem Blickfeld.

»Das muss der Tote von heute Nacht sein. Sie haben ihn wohl zur Abschreckung so lange da liegen gelassen«, mutmaßte Georg.

Aus dem bisherigen Verhalten der Wachsoldaten, die am Zaun entlang patrouillierten, ließ sich für Georg noch kein Muster erkennen. Sie kamen entweder paarweise oder in größeren Gruppen zu ganz unterschiedlichen Zeiten. Selbst aus dem Zeitgefühl heraus, das Soldaten automatisch für Wachsituationen entwickeln, war kein Zeitplan erkennbar. Etwas machte ihm und Krumbiegl aber Hoffnung: Die Rheinseite des Zaunes wurde von den Wachposten gemieden, denn der Boden dort war tiefgründig sandig und feucht. Schon bei Tageslicht wäre eine Begehung des Geländes eine elende Stolperei gewesen, und erst recht bei Nacht.

Auch an diesem Abend konnte er wieder einen von Maries Briefen lesen. Allmählich begann er diesen Briefen schon magische Kräfte zuzuschreiben. Seit er in ihnen las, hatten sie schon zwei Mal etwas zu essen bekommen. Und er hatte ein neues Zeitmaß gefunden: Drei Briefe, drei Tage, drei Tage ohne Regen.

In der Nacht wurde seine neue Zeitrechnung jäh unterbrochen, denn gegen Morgen setzte wieder der Regen ein. Nicht so, wie er ihnen bisher zugesetzt hatte, mal nieselnd, dann wieder heftig, immer kalt, aber immer auch mal Pausen einlegend. Diesmal kam er mit einer Bösartigkeit, als wolle er sie hinwegschwemmen. Dabei wechselte er ständig die Richtung. Hatten sie ihm gerade den Rücken zugewandt, drehte er sich und packte sie wieder von vorne. Es schien geradezu, als habe er etwas gegen sie persönlich, als nähme er ihnen ihre Anwesenheit übel. Er fand Wege, bei ihnen einzudringen, bildete Rinnen, die sich erweiterten und zu kleinen Bächen wurden, die sie schließlich aus ihren Löchern trieben. Ihre tagelange Wühlarbeit ertrank in den Regenmassen. Bald hatte er auch die Mäntel, die wieder leidlich trocken geworden waren, aufs Neue durchweicht und machte sich an die Jacken heran. Er lief mühelos hinter die hochgestellten Kragen und fuhr mit kalten Schauern ihre Rücken herunter.

Um sie herum war der ganze Boden mit Wasser bedeckt, und sie standen mit ihren Füßen mittendrin. Nur die Erdhügel schauten noch aus der Wasserfläche heraus. Sie sahen aus wie Kamelhöcker einer lagernden Kamelherde in einer Wasserwüste.

Das Wasser drang durch die Sohlennähte ihrer Schuhe und sorgte für nasse Füße. Die wenigen Glücklichen, die sich ein Zelt teilen konnten, wurden auch daraus vertrieben. Sie strippten die Zeltbahnen wieder auseinander und hingen sie sich als Regenschutz über die Schultern. Georg, Krumbiegl und ein paar andere aus der Gruppe stiegen auf einen der Hügel, um die Stiefel ins Trockene zu bringen, und rückten eng aneinander. Aus Maulwürfen wurden Inselbewohner.

Einer der Artilleristen war in seinem eigenen Loch ertrunken. Seine Grube war zu seinem Grab geworden, der Regen hatte den Boden so aufgeweicht, dass er mit dem gesamten Aushub über ihm zusammengebrochen war. Nun legten sie ihn gegenüber des Wachturms an den Stolperdraht, riefen die Posten an und deuteten auf ihren toten Kameraden. Die Wachposten zeigten wenig Interesse. Einer von ihnen blickte durch sein Fernglas zu ihnen hinüber, hatte aber wegen des Regenschleiers, der von dem Blechdach des Wachturms herablief, Probleme, etwas zu erkennen. Dann sahen sie, wie er etwas in den Feldtelefonhörer hinein erklärte.

Der Regen hatte den Toten inzwischen wieder saubergewaschen. Er lag da, als habe er sich inmitten der riesigen Pfütze nur zum Schlafen niedergelegt.

Erst gegen Abend wurde der Tote abgeholt. Es war ein Arbeitskommando, das aus deutschen Gefangenen bestand und wieder eine Handkarre hinter sich herzog. Sie trugen amerikanische Regenumhänge und, die umherstehenden Gefangenen trauten zunächst ihren Augen nicht, amerikanische Uniformhosen und Stiefel! Zwei von ihnen hatten die Umhänge so zurückgeschlagen, dass man die Armbinden erkennen konnte, die sie als Angehörige der Lagerpolizei auswiesen.

»Guckt euch diese Kerle an, die platzen ja vor lauter Wichtigkeit!«, ließ sich Randauer vernehmen. »Die bekommen bestimmt drei Mal am Tag was zu fressen! Pfui Deibel!« Dabei spuckte er in die große Pfütze.

»Solche Typen hat es immer gegeben und wird es auch immer geben!«, brachte Krumbiegl zwischen zwei Hustenanfällen mit Mühe heraus. Georg sah seinen Freund besorgt an.

Die beiden Gefangenen mit der Handkarre hoben den Toten auf und legten ihn achtlos auf das Gefährt.

Irgendjemand rief: »Kameraden, Achtung! Ein toter Kamerad!«

Alle Umstehenden nahmen Haltung an und wandten dem Toten ihr Gesicht zu. Einige, die aus alter Gewohnheit die rechte Hand zum Nazigruß empor gerissen hatten, unterbrachen verlegen ihre Bewegung und ließen die Hand schnell wieder sinken. Das Leichenkommando platschte davon und pflügte mit ihrer Totenkarre eine deutliche Spur in den Matsch.

An diesem Tag bekamen sie nichts zu essen, und Georg konnte keinen Brief lesen.

Wie viele Tage und Nächte sie schon so dagesessen hatten, wusste niemand zu sagen. Sie zählten nicht mehr, und der unablässige Regen hatte jegliches Zeitgefühl hinweggespült. Irgendwann erhielten sie wieder ein Verpflegungspaket. Die Verteilung ging lethargisch diszipliniert vor sich. Es gab kein Gedränge, nur ein trostloses Handausstrecken und fahriges Öffnen der Pakete. Die Kartons wurden wieder unter die Kleidung gestopft. Der Inhalt der Pakete hielt nur das Gefühl wach, irgendwie am Leben zu sein.

Das Leben Georgs und seiner Gruppe spielte sich nun auf den Erdhügeln ab, die aus dem Wasser ragten und bereits an Höhe eingebüßt hatten. Vielen war die Nässe durch ihre Schuhsohlen gekrochen und hatte ihre Fußsohlen angegriffen. Das nasse, durchweichte Leder bildete mit den durchnässten Socken ideale Voraussetzungen für Fäulnisbakterien. Jeder Schritt, den sie nun machten, jagte ihnen Schmerzschauer durch den ganzen Körper. Als einige von ihnen ihre Stiefel auszogen, verbreitete sich ein übler Geruch, den nicht einmal der Regen wegwaschen konnte. Manche Fußsohlen sahen schwabbelig weich aus und schimmerten grünlich, andere spielten ins Schwarze wie bei einer Erfrierung.

Auch Georg spürte schmerzhaft die Querrillen, die die Nässe in seine Stiefel eingedellt hatte und die nun an seinen Zehen scheuerten. Er zog seine Stiefel aus, um ihren inneren Zustand zu überprüfen und erschrak über den Geruch, der ihnen entstieg. Er streckte die nackten Füße aus und ließ sie vom Regen waschen. Erleichtert stellte er fest, dass seine Füße, außer aufgeweichter Hornhaut und einigen Druckstellen, noch keine krankhaften Veränderungen aufwiesen. Mit dem Taschenmesser schnitt er sich aus dem Karton des Verpflegungspakets ein paar Sohlen zurecht und steckte sie in die Stiefel. Dann wickelte er die letzten beiden Taschentücher um die Füße und zog die Stiefel mit viel Mühe wieder an.

Zusammen mit Krumbiegl saß er auf ihrem Hügel, die Decke über Kopf und Schultern gezogen. Regenschwer lag sie auf ihnen und hatte schon längst ihre Schutzfunktion verloren. Krumbiegl machte ihm immer größere Sorgen. Er hustete jetzt noch heftiger und in immer kürzeren Abständen, dann wurde aus dem Husten ein Rasseln und Brüllen. In der Nacht begann er zu phantasieren. Er wähnte sich im Weinberg und sprach mit den Arbeitern. Georg fühlte seine Stirn und erschrak. Sie war heiß und nass, aber nicht vom Regen. Als er ihn ansprach, sah Krumbiegl ihn mit fieberglänzenden Augen an.

»Lass mich noch eine Runde schlafen, Vater, ich steh gleich auf!«

Panik ergriff Georg, und er rief zu Randauer hinüber: »Randauer, komm und hilf mir! Karl geht es verdammt schlecht. Wir müssen ihn hier herausschaffen!«

Der Kranke war so schwach, dass sie ihn tragen mussten. Um die ausgedehnten Pfützen zu meiden, schlugen sie einen Zickzackkurs ein, der über halbwegs trockenen Boden führte. Als sie endlich keuchend an dem geschlossenen Durchlass standen, liefen gerade zwei deutsche Lagerpolizisten auf dem Hauptweg Streife. Randauer rief sie an: »Hallo, Kameraden, wir haben hier einen Kameraden, der unbedingt zum Arzt muss! Wenn er heute hier draußen bleibt, überlebt er die Nacht nicht mehr!«

Einer der beiden bewegte sich langsam auf den Drahtverhau zu, legte seinen Schlagstock darauf und stützte sich mit den Händen ab. Er richtete seine Lampe auf Krumbiegl, der schlaff zwischen Georg und Randauer hing, und sah ihn lange mit unbewegtem Gesicht an.

»Der macht es eh nicht mehr lange. Lasst ihn hier liegen!«

Georg glaubte sich verhört zu haben. Hatte der Kerl da drüben tatsächlich gerade vorgeschlagen, Krumbiegl hier verrecken zu lassen? Hilfe suchend sah er Randauer an und blickte in eine so ungläubige Miene, dass er nicht mehr daran zweifeln konnte.

Er zwang sich zur Ruhe. Mit diesem Kerl einen Streit anzufangen würde ja erst recht nichts helfen. Der zweite Mann war inzwischen an den Zaun herangetreten und sah zu ihnen hinüber. Georg blickte ihm gerade in die Augen, und der Lagerpolizist erwiderte seinen Blick mit einem Kopfnicken.

»Nee, nee, Fritz! Den Mann holen wir hier raus!«, rief er dem anderen zu. »Ich hole das Kommando aus dem nächsten *cage*!«

Damit drehte er sich um und marschierte los. Georg sah dem Mann nach und wünschte ihm ein langes Leben – und dem anderen Lagerpolizisten die Pest an den Hals.

Als der Lagerpolizist mit dem Karrenkommando wieder auftauchte, erstarrte Georg erneut: Auf der Karre lag ein Mann, der offensichtlich tot war. Sein Kopf hing mit offenem Mund über dem Karrenrand. Er nahm sich zusammen und sagte nichts. Als der Drahtverhau geöffnet wurde, hoben er und Randauer Krumbiegl vorsichtig auf den Karren und setzten ihn auf die Beine des Toten. Instinktiv hielt sich der Kranke an den Seitenbrettern fest. Er blickte Georg an, schien ihn aber nicht mehr zu erkennen. Georg nahm sein Gesicht in beide Hände und spürte die Glut darauf. Tränen liefen ihm übers Gesicht.

»Bitte, lieber Gott, mach Karl wieder gesund!«

Das Leichenkommando zog an und verschwand hinter Regenschleiern in die Nacht. Diesmal platschten Georg und Randauer geradewegs durch die Pfützen zu ihren Hügeln. Als sie sich auf Georgs Hügel niederließen, legten sie sich die Arme um die Schultern und weinten einander Trost zu.

Die Tage und Nächte ertranken im Regen. Er klebte auf ihrer Haut und bildete eine neue Schicht unter der durchweichten Unterwäsche. Einige Männer hatten schon seit Tagen nicht mehr gesprochen, nicht einmal geflucht. Eng zusammengedrängt saßen sie auf ihren Hügeln und starrten dumpf vor sich hin. Trotz ihrer Erschöpfung fanden sie kaum noch Schlaf. Der Regen und der immer bissiger werdende Hunger ließen es nicht zu.

Georg und Randauer, die gemeinsam mit Steinmetz, Klümper und Schulte auf einem Hügel saßen, wurden von Erkältungen und Schmerzen geplagt. Georg hielt die Augen geschlossen und dachte doch immer wieder dasselbe. Hunger, Durst, schlapp, krank, müde und doch kein Schlaf … mein Gott … werden wir hier alle langsam verrecken? Wie lange dauert es, bis man einfach umfällt und aufhört zu atmen? Auf dem Schlachtfeld kriegst du einen verplättet, und du hast es hinter dir. Wenn nicht sofort, dann weißt du jedenfalls, dass es schnell mit dir zu Ende gehen wird. Du schreist vor Schmerzen, aber du weißt trotzdem, gleich ist es aus! Hier kämpfst du auch, aber der Feind ist in dir selbst. Er zerreißt dir den Magen und schüttelt deinen Körper, er greift nach deiner Seele und flüstert dir Seltsames ein. Lass dich einfach fallen, roll den Hügel hinunter, bleib liegen, steh nicht wieder auf, dann geht es ganz schnell! Dann kommen die mit dem Karren. Dein lächerliches Gewicht hinterlässt dann noch Karrenspuren, die der Regen bald zudeckt. Das ist die Spur, die noch für einen kurzen Moment zeigt, dass es dich einmal gegeben hat.

Er schreckte auf, weil jemand ihn angestoßen hatte – jedenfalls glaubte er, einen Stoß gespürt zu haben. Aber da hatte niemand gestoßen. Sie saßen alle da wie zuvor, mit dem gleichen verlorenen Blick, mit dem er hochgeschreckt war. Sein Kopf dröhnte, und sein Nacken schmerzte. Dann tauchte Krumbiegl vor ihm auf, mit schief geneigtem Kopf und spöttischem Blick. Aber Krumbiegl, rief er sich in Erinnerung, war ja nicht hier. Das war gut. Er war jetzt in Sicherheit, so oder so!

Wieder schreckte er auf. Nein, nicht so oder so! Krumbiegl sollte wieder Krumbiegl sein, so wie er ihn kannte! War Krumbiegl vielleicht aus diesem Grund vor ihm aufgetaucht? Um ihm zu sagen, dass er auch wieder Georg werden sollte? So ein Georg, und nicht so einer? Georg streckte die Hand aus, Krumbiegl verschwand, und sein Kopf dröhnte. Auf einmal dämmerte ihm, dass es nicht so wichtig war, wogegen man kämpfte, sondern wofür. Seine Hand fuhr automatisch unter die nasse Kleidung und erfühlte die Ausbuchtung an seiner Brust. Er ließ die Hand darauf liegen und versuchte, die verstopfte Nase freizuatmen, aber heraus kam nur ein gequältes Pfeifen.

Leben, dachte er, am Leben bleiben, denken und leben, denn Denken ist Leben! Das Einzige, was sein ganzes Denken bisher ausgefüllt hatte, war hundertundfünfzig Kilometer weit weg, eine kurze Distanz und doch unerreichbar für ihn. Jetzt, wo Krumbiegl nicht mehr da war, wurde ihm klar, wie viel die vertraute Nähe eines Menschen bedeutete, um verzweifelte Situationen besser zu überstehen. Sie beide waren immer auf irgendeine besondere Weise, die er sich nicht erklären konnte, Brüder des gleichen Geistes gewesen. Und nun war einer weg und würde vielleicht nie wiederkommen. Georgs Hände fuhren über seine Augen, aber diesmal war es kein Regen, was er da wegwischte.

Denken ist Leben. Also denke!

In seinem brennenden Kopf suchte er krampfhaft nach einer Aufgabe. Er stellte sich ein leeres Blatt Papier vor und überlegte, womit er es füllen könnte. Wie von selbst teilte er im Geist das Blatt in drei gleich große Spalten und fand dazu die Überschrift »Irregular verbs«. Das war eine Aufgabe, die seinen Denkapparat strapazieren würde. Damit würde er Tage beschäftigt sein, denn er nahm sich vor, die Verben nicht nur mechanisch aufzusagen, sondern mit jedem Wort in jeder Zeitform einen englischen Satz zu bilden und ihn schließlich in eine Frage umzuformulieren. Er entspannte sich und begann: *to be, was and were, been*. Und dann weiter, *I am Georg von der Beeke*, *I was a soldier*, *I have been to France*. Er ließ sich Zeit. Manchmal kamen ihm die Sätze, die er gebildet hatte, zu kindisch vor, und er suchte nach neuen. Als er zu den Fragen kam, versuchte er eine andere Person zu sein, die ihn ausfragte: *Are you Georg von der Beeke?*, *Were you a soldier?*, *Have you ever been to France?*

Der Druck in seinem Kopf hatte nachgelassen, und er begleitete das Ausfüllen der Spalten mit seinen Lippen. Er versuchte gerade, eine Frage zu *to cut* zu formulieren, als Randauer ihn besorgt ansah.

»Georg, führst du Selbstgespräche?«

Krumbiegls Phantasieren musste ihm in den Sinn gekommen sein, denn er fuhr fort: »Der Karl kommt bestimmt wieder. Der liegt jetzt schön im Trockenen auf einer weichen Matratze und lässt sich verwöhnen!«

»Nein, nein, keine Sorge, so weit ist es noch nicht, und Karl geht es jetzt bestimmt besser als uns, da hast du recht. Ich habe nur gerade einen Weg gefunden, um hier nicht zu verblöden!«

Randauer sah ihn zweifelnd an.

»Hier! Eine Idee! Um nicht zu verblöden! Na, dann erklär mal!«

Georg erklärte es ihm, und Randauer nickte verblüfft.

»Ich habe ja nie Englisch gelernt. Aber die Idee ist gut! Das bringt mich auch auf einen guten Gedanken: Warum kannst du mir nicht ein bisschen Englisch beibringen? Dann haben wir beide was davon!« Nachdenklich fügte er hinzu: »Ich glaube, wir werden bald alle Englisch brauchen!«

Jetzt war es an Georg, seinen Kameraden verblüfft anzusehen. Randauer war wirklich ein kluger Kopf! »In Ordnung«, sagte er sofort. »Ich muss mir zwar viele Wörter und Redewendungen selbst erst einmal wieder ins Gedächtnis holen, aber das ist dann für uns beide eine gute Übung. Gut, fangen wir doch sofort an!«

Georg überlegte nicht lange und begann, die Körperteile auf Englisch zu benennen und mit dem Finger zu bezeichnen. Randauer sprach sie nach. Er kapierte schnell. Steinmetz bekam auch mit, dass neben ihm so etwas wie Englischunterricht ablief, und wollte sich daran beteiligen. Das machte die Sache noch interessanter, denn Georg und Steinmetz konnten sich gegenseitig mit fehlenden Wörtern aushelfen, sie erfanden Ratespiele und brachten Randauer auf diese Weise grammatische Grundkenntnisse bei. Das Englischlernen wurde für sie nun zu einem täglichen Ritual.

Es regnete weiter, zwar nicht mehr heftig, dafür aber beständig und unerbittlich. Die großen Pfützen waren mittlerweile zu einer einzigen Wasserfläche zusammengewachsen und hatten sich einen Steinwurf von Georgs Hügel entfernt einen Abfluss den Hang hinunter in Richtung Rhein gesucht. Aus dem anfänglichen Rinnsal war ein breiter Bachlauf geworden. Alle Gefangenen hockten nun innerhalb ihres Gefängnisses auf Hunderten kleiner Gefängnisse.

Am nächsten Morgen ließ der Druck in Georgs Kopf nach. Ein plötzlicher heftiger Nieser hatte die Schleimpfropfen in seiner Nase gelöst, sodass ihm ein langer Rotzfaden aus der Nase herabhing. Georg schnäuzte den Faden mit Gewalt aus der Nase und half mit den Fingern nach. Der Rotzfaden verschwand im Regensee und Georg wusch sich seine Finger angeekelt in der braunen Brühe. Er fühlte sich erleichtert.

An diesem Morgen brachten sie zwei der jungen Luftwaffenhelfer, einen der Panzersoldaten und ihren Verwundeten mit der Armverletzung zum Drahtverhau. Die Jungen und der Panzersoldat glühten genauso, wie Krumbiegl geglüht hatte, und der Arm des Verwundeten war durch die ständige Nässe aufgedunsen. Es dauerte eine ganze Weile, bis sich die deutschen Lagerpolizisten dazu herabließen, sich die Bitte Georgs um Hilfe für diese vier Schwerkranken anzuhören. Sie standen auf dem erhöhten Mittelweg, der kaum Pfützen aufwies, und sahen genauso amüsiert auf die erbarmungswürdige Gruppe jenseits des Drahtverhaus herunter, wie Georg es bisher nur von den GIs kannte. Der Krieg und alles, was mit ihm zusammenhing, schien wirklich das bodenlos Abgründige im Menschen hervorzukratzen. Man musste sich diese neuen Herren nur anschauen, mit welcher Inbrunst sie ihrer Aufgabe nachkamen! Für einen vollen Bauch und einen trockenen Platz haben sie ihre Seelen verkauft, dachte er und fragte sich, nach welchen Gesichtspunkten die Amerikaner diese Kerle ausgesucht haben mochten.

Endlich, Georg kam es wie eine Stunde vor, riefen sie ein paar weitere Lagerpolizisten herbei und öffneten den Drahtverhau umständlich einen Spalt breit, um die Kranken herauszulassen. Zwei Lagerpolizisten trieben sie dann mit ihren Schlagstöcken den Hauptweg entlang vor sich her. Als der Verhau wieder geschlossen war, rief einer der Lagerpolizisten hinter Georg her: »Macht das aber nicht zu oft! Wir sind nicht eure barmherzigen Samariter!«

Georg verschlug es die Sprache.

Diesmal gab es am späten Nachmittag die Verpflegungspakete. Georg schickte eine neue Zehnerschaft los und schärfte ihnen ein, die Abgänge, auch bei Nachfrage, zu verschweigen und die volle Anzahl der Pakete für die Hundertschaft mitzubringen.

In den nächsten Nächten schenkte ihnen die Erschöpfung eine Art dumpfen Schlaf, der nur hin und wieder durch Hustenanfälle unterbrochen wurde. Der Morgen danach war wie der Morgen davor. Falls es ihnen heute nicht schlechter gehen sollte, würde auch der nächste Morgen wieder so sein wie dieser Morgen, und auch der Tag würde wieder so sein wie der davor; nass, kalt, den Körper schüttelnd mit der unerbittlichen Hungerfaust im Magen.

Georg und Steinmetz lernten mit Randauer weiterhin Englisch. Randauer war geradezu versessen darauf. Eines Morgens überraschte er sie mit einer Aussage zum Wetter.

»What awful weather! We are getting wet through! I hate it!«

»Mensch, Randauer!« Steinmetz schlug ihm vor Überraschung so heftig auf die Schulter, dass Regenwasser aus dem Mantel spritzte. »Du bist ja ein Naturtalent!«

Dann kam der Morgen, an dem sie eine andere Kälte aus ihrer Erschöpfung riss. Die nasse Kälte war ihnen vertraut. Dort wo sich ihre Körper gegenseitig stützten und berührten, fühlten sie diese miefige Wärme, die aus der ständigen Bewegung und dem Reiben aneinander entstand. Georg wollte zunächst nicht glauben, was seine Augen da sahen. Sein ganzer Mantel, die Hosenbeine und die Stiefel waren weiß! Er zog die Hände aus den Mantelärmeln und wollte das Weiße abschütteln, aber der Schnee war hartnäckig und hatte eine leichte, angefrorene Schicht über die Kleidung gelegt. Dort, wo sich bisher eine weite Wasserfläche befunden hatte, glitzerte es nun weiß im ersten Morgenlicht. Der Regensee war zugefroren und hatte sich eine weiße Decke zugelegt.

Um ihn herum erwachte das Lager und begrüßte den neuen Tag mit Flüchen.

Mit dem umfangreichsten Vokabular fluchte Schulte. Mit ihm waren auch die augenfälligsten Veränderungen vor sich gegangen. Seine Uniformstücke, oder was davon noch übrig geblieben war, hingen wie übereinandergelegte Säcke um seinen Körper. Der zur Fülle neigende Schulte war nur noch ein Schatten seiner selbst. Seine eingefallenen Wangen, aus denen jetzt die Backenknochen hervortraten, gaben seinem Gesicht mit den von dunklen Ringen umlagerten, tiefen Augenhöhlen und der spitz gewordenen Nase etwas Raubvogelhaftes. Randauer legte ihm lachend die Hand auf den Arm. »Lass mal gut sein, Paus …!« Er konnte noch gerade rechtzeitig das »bäckchen« herunterschlucken. Stattdessen schlug er ihm fast entschuldigend, auf die Schulter. »Du hast ja recht … aber so schön, wie du gerade geflucht hast, habe ich noch nie jemanden fluchen hören! Kannst du das noch einmal wiederholen?«

Sie hatten schon lange nicht mehr gelacht, und schon gar nicht an einem Morgen. Schultes Dampfablassen hatte allen gut getan. Nur Klümper hatte teilnahmslos zugehört. Er war wieder in sich zurückgekrochen und saß zwischen ihnen, ohne scheinbar von irgendetwas Notiz zu nehmen. Als Brot verteilt worden war, hatte Georg den Eindruck, dass man ihm genauso gut einen Stein statt eines Brotes in die Hand hätte drücken können. Mein Gott, dachte Georg als er sich umschaute, hol uns hier schnell heraus, bevor wir noch alle so werden wie Klümper.

An diesem Tag erhielt jede Zehnerschaft zwei Brote und eine große Dose Milchpulver. Sie versuchten, das Milchpulver in Wasser aufzulösen, erhielten aber nur eine klumpige, kleisterähnliche Pampe, die die Mundhöhle verklebte und den Durst vergrößerte.

»Es muss bei den Amis jemanden geben, der sich solche Menüfolgen ausdenkt, um uns zu ärgern«, knurrte Randauer und spülte mit dem letzten Rest Wasser aus seiner Feldflasche den Brei hinunter.

Auch die nächste Nacht war kalt und brachte neuen Schnee mit. Im Morgengrauen zerrissen wieder ein paar MG-Salven am anderen Ende des *cages* die Stille. Gellende Schreie, die abrupt abbrachen, zeugten davon, dass ein Fluchtversuch tödlich geendet hatte. Die heraufkriechende Helligkeit enthüllte dann die Tragödie. Nur einen Schritt vom inneren Zaun entfernt lagen zwei dunkle Gestalten, die allmählich von einem dünnen Schneeschleier gnädig zugedeckt wurden. Niemand kümmerte sich um die Toten. Die Schützen auf dem Wachturm hatten ihre Aufgabe erfüllt, und die ihnen zunächst Lagernden wandten den Toten den Rücken zu, froh, dass es nicht sie erwischt hatte. Erst gegen Abend wurden sie von einem Karrenkommando aus ihren Schneehügeln herausgezogen, die wie Leichentücher von ihnen abfielen, und weggekarrt. Die Wachturmbesatzung hatte mehrmals gewechselt, ohne dass die ablösenden Soldaten von den schneebedeckten Toten Notiz genommen hatten.

Der nächste Tag bekam plötzlich wieder ein Datum und einen Namen; es war der zweite Mai neunzehnhundertfünfundvierzig. Die Nachricht durchjagte das Lager wie ein Lauffeuer. Als sie auch Georg erreichte, traf ihn das Unerwartete so heftig, dass er für lange Augenblicke mit angehaltenem Atem wie erstarrt auf seinem Hügel stand. Dann löste sich die Spannung, seine Hände verschränkten sich. Zum ersten Mal in seinem Leben dankte er Gott für den Tod eines Menschen.

Der, der das ganze Unheil heraufbeschworen, die Welt in Brand gesteckt und den Tod von Millionen von Menschen zu verantworten hatte, Adolf Hitler, war tot. Georg sah sich um und bemerkte überall das gleiche ungläubige Erstaunen auf den Gesichtern. Über die Umstände, die zu seinem Tod geführt hatten, schwirrten die wildesten Gerüchte von Hügel zu Hügel. Da gab es diejenigen, die schworen, er könne nur nach heldenhaftem Kampf gefallen sein. Aber wie die Reaktionen auf solche Vermutungen bewiesen, waren sie deutlich in der Minderheit. Für Georg und die meisten um ihn herum stand fest, dass das Gerücht viel glaubwürdiger war, er habe seinem Leben selbst ein Ende gemacht und sich auf diese Weise davongestohlen, um sich der Verantwortung zu entziehen.

Gleichzeitig war auch nicht zu übersehen, dass diese Nachricht in den Augen der meisten eine gute Nachricht war: Männer stießen ihre Nachbarn vor die Brust, schlugen sich auf die Schultern und schüttelten einander. Es war, als hätte irgendjemand einen Schalter umgelegt. Alles Apathische schien von den Männern abgefallen zu sein. Eine freudig vibrierende Stimmung lag plötzlich in der Luft und brach sich in lärmendem Wunschdenken Bahn.

»Mensch, jetzt geht es nach Hause! Der Krieg ist aus!«

»Mein Gott, lass es wirklich wahr sein!«

»Die Scheiße hier hat endlich ein Ende!«

Begierig wurde jede Vermutung aufgegriffen, die schon ein Datum der Entlassung kannte, und von Hügel zu Hügel weitergereicht. Je weiter sie sich diese Gerüchte verbreiteten, desto umfangreicher und genauer wurden sie. Einige wollten sogar erfahren haben, dass das Lager schon vom ersten *cage* her geleert wurde.

Georg, Randauer und Steinmetz legten einander die Arme über ihre Schultern und steckten die Köpfe zusammen. So verharrten sie eine ganze Weile sprachlos, bis Steinmetz das Schweigen brach. »Ich glaube nicht, dass wir so schnell entlassen werden! Aber dass es jetzt bald nach Hause geht, das hoffe ich auch!«

Georg teilte seine Meinung. »Es wird noch Tage dauern, bis wir das Lager verlassen dürfen«, schätzte er die Lage ein. »Die Organisation der Entlassung wird wahrscheinlich längere Zeit in Anspruch nehmen. Kriegsgefangene erhalten immer Entlassungspapiere, und das dauert!« Flüchtig streifte ihn der Gedanke, dass ihre Gefangennahme bis jetzt überhaupt nicht offiziell registriert worden war. Aber dass die Amerikaner einfach das Tor aufsperren und sie ihrer Wege gehen lassen würden, erwartete er dennoch nicht.

»Das können wir jetzt auch noch absitzen. Hauptsache, es geht bald nach Hause!«, fasste Randauer die Stimmung zusammen. »Hoffen wir das aber auch für Krumbiegl!«

Georg wandte sich ab und bekam feuchte Augen.

»Der zähe Hund schafft das schon!«, sagte Steinmetz lahm und drückte Georg an der Schulter.

Eine kleine Gruppe Gefangener hielt sich abseits und beteiligte sich nicht am allgemeinen aufgeregten Durcheinanderreden. Stattdessen wirkten sie niedergeschlagen. Ein paar Hundertfünfzigprozentige gibt es also immer noch!, dachte Georg. Jetzt, wo ihr Gröfaz, der »größte Feldherr aller Zeiten«, tot ist, bricht ihre Welt endgültig zusammen. Es gab bestimmt noch mehr von dieser Sorte hier im Lager. Unter seinen eigenen Leuten hatte aber schon lange kein einziger mehr an das Märchen vom Endsieg geglaubt, über den der Irre in Berlin vermutlich bis kurz vor dem letzten Atemzug noch schwadroniert hatte.

Den Rest des Tages malten sie sich ihre baldige Entlassung aus und begossen das kleine Pflänzchen Hoffnung mit ihren Wünschen. Auch mit Klümper war eine Veränderung vor sich gegangen, die sie alle verblüffte. Sein Gesicht zeigte eine ruhige Gelassenheit, die sie an ihm noch nie gesehen hatten. »Endlich!«, sagte er nur. »Jetzt, wo das Schwein tot ist, habe ich wieder Hoffnung, etwas von dem gutmachen zu können, was ich getan habe.«

Ungewohnt gesprächig, erzählte er mehr von sich selbst, als sie sonst jemals gehört hatten. Klümper war ein sogenannter »alter Kämpfer«, also einer, der schon Mitglied der Nazipartei gewesen war, lange bevor sie an die Macht gekommen war.

»Ich habe all die Phrasen über das Vaterland und die Ehre geglaubt und nicht erkannt, was das in Wirklichkeit für eine Mörderbande ist!«, bezichtigte er sich selbst. »Da mussten sie erst meinen Schwiegervater ins KZ sperren und zum Krüppel schlagen, bis ich begriffen habe, dass das alles auch meine Schuld gewesen ist.« Er schwieg einen Moment. »Er war ein Roter, aber ein anständiger Mensch und nie im Leben ein Saboteur, wie sie behauptet haben. Als meine Schwiegermutter für ihren Mann Invalidenrente beantragt hat, haben sie sie nur ausgelacht. Keinen Pfennig hat sie bekommen. Er hat dann nur noch ein paar Wochen gelebt. Am Tag der Beerdigung bin ich ins Büro des Ortsgruppenleiters gegangen und habe meinen Parteiaustritt erklärt. Keine zwei Wochen später war ich an der Front, obwohl ich im Stahlwerk kriegswichtige Arbeit geleistet habe.«

Für den schweigsamen Klümper war das eine sehr lange Rede gewesen.

Die Hoffnung auf eine baldige Entlassung schwand mit jedem Tag, an dem sich nichts veränderte, und bald erlosch sie wieder. Im Reich, rief sich Georg bedrückt in Erinnerung, wurde ja noch immer gekämpft. Wie hätten die Amerikaner sie da schon freilassen können? Einige Unverbesserliche unter den Gefangenen faselten sogar weiterhin vom Einsatz der Wunderwaffen, die den Endsieg doch noch herbeiführen würden.

Statt einer Freilassung kam, zunächst unbemerkt, wie ein Dieb in der Nacht, etwas anderes, Heimtückisches auf sie zu. Schuld daran waren die katastrophalen hygienischen Zustände im Lager, und es traf, wie immer unter solchen Umständen, zuerst die Schwächsten. Anfangs waren es nur einige wenige

Gefangene, dann wurden es immer mehr, die gebückt, sich mit schmerzverzerrtem Gesicht den Unterleib haltend, auf den Latrinengraben zukrochen. Bald bildete sich am Rande der Grube eine immer größer werdende Gruppe Gefangener, die mit heruntergelassenen Hosen ihre nackten, spitz gewordenen Hinterteile über den Graben hielten. Obwohl die Därme kaum noch etwas herzugeben hatten, blieben sie hocken und warteten auf den nächsten Anfall. Einige der Kranken waren schon so geschwächt, dass sie beim Versuch aufzustehen wieder umfielen und hilflos auf dem matschigen Boden liegen blieben. Andere rutschten an der glitschigen Grabenkante ab und landeten in der stinkenden Brühe, unfähig, sich selbst daraus zu befreien.

Als die ersten Fälle bekannt wurden, reagierte die amerikanische Lagerkommandantur auf ihre Weise. Jeden Morgen kamen nun Karrenkommandos in die einzelnen *cages* und sammelten die Kranken und die Toten ein. Die Aufsicht über die Kommandos führte wohlgenährtes deutsches Lagerpersonal. Diese Männer zwangen die noch gesunden Gefangenen, die Toten auf die Karren zu legen. Dann mussten sich die Infizierten ihren Lazarettplatz verdienen und beim Schieben und Ziehen der Karren helfen. Wenn die Karren mit ihrer Last wieder abzogen, wehte ein unverwechselbarer neuer Geruch des Todes hinter ihnen her.

Eines Mittags bahnten sich ein paar Gefangene, begleitet von Lagerpolizisten, mit großen Karren, die mit Papiersäcken beladen waren, einen Weg zur Latrinengrube. Am Latrinengraben lud das Arbeitskommando die Säcke ab. Sie wurden aufgerissen und ihr Inhalt, Kalk, in die Grube gestreut. Die Lagerpolizisten hielten gebührenden Abstand zur Grube und gaben nur lautstarke Anweisungen. Schweigend verfolgten die Insassen des *cage* das Schauspiel, obwohl viele von ihnen die auf- und abstolzierenden Kerle am liebsten in die Grube gestoßen und dort ersäuft hätten.

Ein plötzlicher Windstoß trieb eine Kalkwolke in die Richtung eines der Lagerpolizisten und beschmutzte seine Uniform. Der Mann brüllte den ihm am nächsten stehenden Gefangenen an und schlug mehrmals mit dem Schlagstock auf ihn ein. Empörte Rufe waren aus den Reihen der Zuschauer zu hören, und er ließ wieder von ihm ab. Als aber die Lagerpolizisten das Arbeitskommando wieder hinausführen wollten, hatte sich eine Gruppe Gefangener zusammengerottet und versperrte ihnen den Weg.

Die Lagerpolizisten verschanzten sich hinter den Karren, drohten mit hoch erhobenen Schlagstöcken und hatten sichtlich die Hosen voll. Als die Gefangenen vorrückten und sie einzukreisen drohten, sprang der Mann, der zuvor den Schlagstock benutzt hatte, in einem Akt der Verzweiflung über den Stolperdraht des Todesstreifens, lief auf den Wachturm zu und rief den Wachposten etwas zu, indem er wild gestikulierend auf die Ansammlung der Gefangenen deutete. Froh, endlich einmal etwas zu tun zu haben, entsicherten die Posten ihr MG und gaben ein paar Salven über die Köpfe der Gefangenen ab. Die warfen sich sofort in den Matsch und mussten mit ansehen, wie die Lagerpolizisten mit ihrem Arbeitskommando in Siegerpose davonzogen.

Die Zahl der an Typhus und Ruhr Erkrankten stieg im ganzen Lager rapide an. An manchen Tagen war die Zahl der Toten sogar höher als die der neu Infizierten. Die Lage besserte sich erst, als der Regen aufhörte, die Sonne den Boden trocknete und die Amerikaner Frischwasserleitungen in die *cages* legten.

Die Wolken verschwanden und mit ihnen der Regen. Das Wetter änderte sich nicht schlagartig, doch es wurde nun endlich von Tag zu Tag wärmer. Ein rein gewaschener Himmel von makellosem Blau spannte sich von Horizont zu Horizont. Jenseits des Rheins schwelgten die Weinberge und der Uferrand in sattem Grün und gingen konturlos in den Himmel über. Außerhalb des Lagerzauns umgaben jetzt blühende Obstbäume die kleinen Ortschaften.

Nach der langen Zeit in Regen, Schnee und Kälte erschien es vielen fast unglaublich, dass es auch noch etwas anderes als das geben konnte. Ungläubig bestaunten die Gefangenen in den ersten wolkenlosen Nächten den Sternenhimmel. Der Große Wagen zog sie magisch in ihren Bann. Ausgestreckte Arme deuteten auf ihn, verlängerten seine hintere Achse, fanden den Polarstern und dann schauten sie in die Richtung, in der sie ihr Zuhause vermuteten.

Der so plötzlich freigelegte Sternenhimmel schien in den Männern etwas angerührt zu haben, das so lange in ihnen verschüttet gewesen war, dass es schien, als sei es gar nicht mehr vorhanden: Hoffnung. War es nicht ein Zeichen der Hoffnung, dass es jenseits der Düsternis und jeder grauen Wolke etwas gab, das man nicht einsperren konnte, das immer da gewesen war und auch immer da sein würde? In einer dieser klaren Nächte verwandelte sich ihre Hoffnungslosigkeit für einen langen Moment in Melancholie. Zuerst war es nur ein Summen, das von Hügel zu Hügel, von *cage* zu *cage* sprang und schließlich das ganze Lager ergriff. Dann ersetzten die ersten Worte das Summen. Sie wurden aufgenommen und pflanzten sich fort, und dann sang das ganze Lager, ein riesiger Gefangenenchor, voller Inbrunst »Der Mond ist aufgegangen ...« Das Lied schwebte wie ein Hymnus über dem Lager. Wenn jemandem die Worte fehlten, summte er so lange mit, bis ihm wieder eine bekannte Zeile einfiel. Als sie die letzte Strophe des Liedes erreichten – »Verschon uns Gott! mit Strafen, und lass uns ruhig schlafen, und unsern kranken Nachbarn auch!« – musste Georg an Krumbiegl denken, und seine Augen füllten sich mit Tränen,

Die Sonne schien sich für ihre lange Abwesenheit entschuldigen und alles nachholen zu wollen, was sie bisher versäumt hatte. Sie brannte bald unbarmherzig vom Himmel und quälte die Gefangenen ebenso sehr, wie es zuvor Regen und Kälte auf ihre Weise getan hatten. Von Tag zu Tag wurde es heißer. Der Sommer des Jahres fünfundvierzig sollte einer der heißesten des Jahrhunderts werden.

Die von Tausenden Stiefeln in den Matsch getretenen Muster verwandelten sich innerhalb weniger Tage in eine steinharte, staubtrockene, zerfurchte Oberfläche. Aber nun waren die Erdlöcher wenigstens wieder bewohnbar. Die Gefangenen schälten sich aus ihren Uniformlumpen und zogen sich bis auf die Unterhosen aus. Angewidert schaute Georg an sich herunter und sah überall nur fahle und faltige Haut. Er war immer ein schlanker, drahtiger Typ gewesen, aber jetzt konnte er alle seine Rippen sehen. Seine Ellenbogen und Kniescheiben stachen spitz hervor, und Adern und Muskeln zeichneten sich so deutlich ab, dass er für einen Anatomiekurs das perfekte Anschauungsobjekt abgegeben hätte.

Das Leben im Lager ging in seinem lähmenden Stillstand weiter. Die Versorgungslage änderte sich nicht grundlegend, aber was sich veränderte, war die Zusammensetzung der Nahrungsmittel. Sie konnte den ständigen Hunger nach wie vor nicht stillen, aber sie wurde abwechslungsreicher. Dennoch war es zum Leben zu wenig und zum Sterben zu viel.

Gestorben wurde immer noch. Jeden Morgen zogen weiterhin die Karrenkommandos durch das Lager und sammelten die in der Nacht Verstorbenen ein. Es gab kaum eine Hundertschaft, in der es noch keine Toten gegeben hatte. Eines Morgens traf es auch Georgs Hundertschaft. Zwei Artilleristen und ein junger Luftwaffenhelfer wurden tot aus ihren Löchern geborgen. Niemand hatte ihr Sterben in der Nacht bemerkt. Sie wurden auf die Totenkarren geworfen, ohne dass sich irgendjemand die Mühe machte, ihre Namen zu erfahren. Wohin man sie brachte und in welchem Massengrab sie ihre letzte Ruhe finden würden, wusste niemand. Die Gefangenen nahmen den Abtransport der Toten gleichgültig hin. Der Tod war in den letzten Jahren immer ihr ständiger Begleiter gewesen, dem man aber manchmal davongelaufen war, indem man rechtzeitig ein

Loch fand, in das man sich verkriechen konnte. Nun lag man wieder in Löchern. Diesmal nahm der Tod keine Rücksicht auf die Deckung. Er fand die Schwächsten und die, die sich aufgegeben hatten, und schlug erbarmungslos zu.

Georg saß mit Randauer und Steinmetz auf dem Hügel und wartete auf die Nacht. Sie hatten die Reste ihres Verpflegungspakets, das sie vor drei Tagen erhalten hatten, aufgegessen und hofften, dass es morgen wieder eines geben würde. Doch ihre Hoffnungen sollten enttäuscht werden. Dafür versorgte ein Tankwagen die *cages* wieder mit frischem Wasser. Als Georg am Nachmittag gerade vom Wasserholen zurückgekehrt war, brach am Lagerzaun die Hölle los. Die Wachposten auf dem Turm, die Jeepmannschaften und die Fußstreifen waren schier aus dem Häuschen. Stahlhelme flogen von einem ohrenbetäubenden Geschrei begleitet in die Luft, und eine Gruppe GIs bildete einen Kreis und ballerte mit hoch gehaltenen Gewehren und Maschinenpistolen eine Salve nach der anderen in den Himmel. Dabei tanzten sie herum und schlugen sich gegenseitig auf den Rücken. Die Gefangenen sahen dem Schauspiel fassungslos zu, konnten sich aber keinen Reim auf diesen seltsamen Freudenausbruch machen.

»Jetzt sind sie ganz durchgedreht!«, ließ sich Randauer vernehmen.

Dann konnte man die Rufe besser verstehen, und Georg hörte aus dem Geschrei den immer wiederkehrenden Satz »The war is over!« heraus.

Also endlich, dachte er, so geht also ein Krieg zu Ende, mit Geschrei und Schießen! Georg wunderte sich selbst, als er sich gelassen zu Steinmetz herumdrehte und ihn fast gelangweilt fragte: »Sag mal, welchen Tag haben wir heute?«

Steinmetz hatte nach dem Selbstmord des Führers, als sie wieder ein festes Datum hatten, die Funktion des Kalendermannes übernommen. Die Antwort kam sofort, präzise und knapp. »Heute ist Dienstag, der achte Mai fünfundvierzig! Hat das etwas mit dem Geballere da drüben zu tun?«

Georg wartete einen Augenblick mit der Antwort, dann rief er den Männern zu: »Merkt euch diesen Tag, Männer! Der Krieg ist aus!«

Der Kontrast zu den Verhaltensweisen außerhalb und innerhalb des Lagerzaunes hätte nicht größer sein können. Auf der anderen Seite des Zaunes ging das Geschrei und Schießen weiter, im Lager selbst wurde die Neuigkeit, die sich wie ein Lauffeuer verbreitete, mit Erleichterung, aber ohne große Gefühlsausbrüche aufgenommen. Auch die Männer seiner Einheit blieben seltsam ruhig.

»Dann geht es jetzt doch wohl bald nach Hause!« Schultes laut gedachte Vermutung traf das Wunschdenken vieler. Es schien ihnen nur natürlich, dass jetzt, wo der Krieg wirklich zu Ende war, es für die Alliierten keinen Grund mehr gab, sie hier weiter gefangen zu halten. Georg war da skeptischer. So schnell werden die uns nicht gehen lassen, dachte er, das wird sicher noch Wochen so weitergehen! Unterdessen ballerten die amerikanischen Soldaten unter dem Einfluss von Alkohol auf leer getrunkene Flaschen. Die Gefangenen verkrochen sich in ihre Löcher, um nicht von unachtsamen Schüssen getroffen zu werden.

In dieser Nacht fanden sie erst spät in den Schlaf. Mehr, als dass der Krieg aus war, wusste niemand im Lager. Über die Art und Weise, wie er zu Ende gegangen war, gab es nur Vermutungen. Für die letzten Fanatiker brach die Welt jetzt endgültig zusammen. Sie hatten sich in ihre Löcher verkrochen und schienen die Sprache verloren zu haben.

Über Deutschland senkte sich die erste Nacht ohne Bombenalarm herab.

Früh am nächsten Morgen, dem ersten Morgen, an dem in Europa alle Waffen schwiegen, näherte sich dem Lager ein immer lauter werdendes Dröhnen von Süden her. Das Morgenrot wurde von einem riesigen, die Sonne verdunkelnden Schatten verdrängt. Tausende viermotoriger Bomber dröhnten im Tiefflug über das Lager hinweg. Sie flogen dicht an dicht. Hätte nur einer der Piloten einen Fehler gemacht, wäre es zu einer Katastrophe gekommen. Aber sie hatten das Glück der Waghalsigen. Die Maschinen flogen so niedrig, dass die Gefangenen die lachenden Gesichter der Piloten und der Besatzungsmitglieder erkennen konnten.

Die Männer pressten ihre Hände auf die Ohren oder wickelten sich Jacken oder Mäntel um den Kopf, aber es nützte nur wenig, das Dröhnen ließ sich nicht aussperren. Dazu lösten die Propellerwirbel Luftströme am Boden aus, die den inzwischen trocken gewordenen Boden aufwirbelten und die Gefangenen in Staub hüllten.

Viele der Bomber trugen aufgemalte Namen und Figuren an den Rümpfen. Darunter waren Reihen weißer fallender Bomben gemalt, an etlichen von ihnen waren auch noch zahlreiche Einschüsse zu sehen, die durch den Beschuss von deutschem Abwehrfeuer herrührten. Einige Piloten hatten die Seitenfenster zurückgeschoben und winkten hinunter. Einer, der sogar seinen Kopf herausstreckte, verlor dabei durch den Gegenwind seinen langen weißen Seidenschal. Er schwebte noch lange in der Luft, wo ihn die Turbulenzen auf und nieder tanzen ließen. Schließlich sank er zu Boden und wurde von einem der Gefangenen mit einer triumphierenden Geste eingefangen.

Der Flugzeugteppich nahm und nahm kein Ende. Soweit das Auge reichte, bedeckte er jetzt am frühen Morgen des neunten Mai den Himmel über dem Rheintal. Es war, als würde ein großes dunkles Tuch mit vielen Löchern über das Lager gezogen. Der Bomberstrom zerstückelte die Strahlen der frühen Morgensonne und ließ sie wie irrlichternde Kobolde auf der Erde herumspringen. Mein Gott, ging es Georg durch den Kopf, wenn die alle ihre Bombenlasten – seit wann eigentlich? – über Deutschland abgeladen haben, was ist dann überhaupt noch davon übrig?

Niemand hätte sagen können, wie lange der fliegende Teppich über ihnen gewesen war. Aber von dieser letzten, schier unendlich erscheinenden Demonstration der Luftüberlegenheit der Alliierten blieb keiner unbeeindruckt. Noch lange nachdem die Bomber wie ein unendlich breiter, dunkler Strich am Himmel verschwunden waren, lag eine seltsame Ruhe über dem Lager. Jetzt war es allen endgültig klar geworden – der Krieg war aus!

An diesem Tag bekamen sie wieder ihre Verpflegungspakete und frisches Wasser aus dem Tankwagen. Zur Feier des Tages gönnten sie sich eine Dose Corned Beef und zum Nachtisch Trockenobst.

Georg musste an diesem Tag zum ersten Mal seit geraumer Zeit den Latrinengraben aufsuchen. Er ging zum hinteren Teil der Grube, der nicht so häufig aufgesucht wurde, weil sich hier die Auswurfhaufen höher türmten und der Stand unsicherer war. Dafür stank es hier aber auch nicht so. Im Hinhocken ließ er seinen Blick durch den Lagerzaun zum Rheinufer schweifen, über dem ein satter grüner Schimmer lag, und sah einen Gegenstand, jenseits des Zaunes, für ihn unerreichbar, halb verborgen in einer sandigen Senke. Der Fluss hatte ihn wohl erst vor Kurzem dort angeschwemmt. Als er erkannte, was das für ein Ding war, das dort lag, sprang er wie elektrisiert auf, die Hose auf den Füßen, und schlurfte einen Schritt vorwärts, um sich zu vergewissern, ob es auch wirklich das war, wofür er es hielt.

Er wusste sofort, dass er genau an dieser Stelle und mit diesem Ding da drüben die Flucht über den Rhein wagen musste: ein leerer Benzinkanister, so einer wie der, den sie beim Wasserholen geklaut hatten. Zusammengebunden würden die beiden Kanister ein tragfähiges Floß abgeben, das ihm das Schwimmen erleichtern und mit dem er sein Kleiderbündel trocken auf die andere Seite bringen würde. War es nicht ein Wink des Himmels, dass der Kanister gerade hier an Land geschwemmt worden war, weit genug vom nächsten Wachturm entfernt? Die kleine Bodensenke würde ihm in der Dunkelheit genug Deckung geben.

Georg atmete tief durch und hätte fast vergessen, warum er überhaupt hierhergekommen war. Auf eine eigenartige Weise erleichtert schlenderte er zu seinem Loch zurück.

Von nun an ging Georg jeden Tag ein paar Mal zum Wasserlassen zur Latrinengrube und bemerkte im Lauf der Zeit, dass der Wasserstand des Rheins langsam, aber stetig zurückgegangen war. Der Kanister lag jetzt schon so weit am Ufer, dass er nicht mehr von den Wellen erreicht werden konnte. Seine größte Sorge war nun, dass eine Fußstreife den Kanister entdecken und mitnehmen würde. Es ist schon verrückt, dachte Georg. Wer hätte gedacht, dass einmal meine ganze Hoffnung von einem Benzinkanister abhängen würde?

Um sie herum wurde die Landschaft schlagartig grün. Die Höhenzüge am anderen Rheinufer und die Ahrberge weiter im Nordwesten hatten ihr Grau verloren, und auch die Bäume jenseits des Lagers hüllten die kleinen Ortschaften in frisches Grün. Zwischen Stolperdraht und Lagerzaun entwickelte sich ungestört eine mit vielen Kräutern durchsetzte Wiese, wobei sich besonders der Löwenzahn breit machte. Die grüne Matte bildete aber nur einen schmalen Streifen. Ihre Herrschaft endete am Stolperdraht. Hier begann das Reich der staubtrockenen durchlöcherten Erde. Die Karrenkommandos zogen weiterhin jeden Morgen ihre traurige Fracht durch das Lager, und nachts wurden immer wieder Fluchtversuche von den Posten verhindert – in der Regel mit tödlichem Ausgang für den Flüchtenden.

Gerüchte über einen besonders tragischen Fluchtversuch machten im Lager die Runde: Ein HJ-Kindersoldat, der im ersten *cage* am Lagertor untergebracht gewesen war, konnte von dort aus sein Elternhaus sehen, das nur wenig mehr als einen Kilometer vom Lager entfernt war. Der Junge sah jeden Tag das Haus zum Greifen nahe, in dem seine Eltern und Geschwister lebten. Es gab keine Möglichkeit, seine Eltern darüber zu informieren, dass er gar nicht weit von ihnen in dem Lager steckte, das sie wiederum ebenfalls jeden Tag vor Augen hatten. Schon mehrmals hatte er versucht, durch das Lagertor zu entwischen, war aber jedes Mal wieder mit Schlägen ins *cage* zurückgetrieben worden.

An diesem Tag hatte er erneut eine Gelegenheit genutzt und war getürmt. Die verblüfften Wachposten versuchten, ihm den Weg zu versperren, aber der Junge schlug Haken wie ein Hase, und es sah so aus, als würde er es diesmal tatsächlich schaffen. Als er bereits die Hälfte der Strecke zurückgelegt hatte, erging ein lauter Befehl an die Wachmannschaft. Fast gleichzeitig fielen drei oder vier Schüsse. Der Junge fiel vornüber, so, wie ein Stuhl umfällt, der aus Unachtsamkeit umgestoßen wird, und rührte sich nicht mehr.

Der Vorfall machte schnell die Runde und erreichte noch am selben Tag Georgs Einheit. Der Gefangene, der ihnen die Geschichte erzählte, kam aus einer der benachbarten Grubensiedlungen. Er erzählte die Geschichte in dürren Worten, ohne die sonst im Lager üblichen Ausschmückungen, das gab seinem Bericht ein noch größeres Gewicht. Unter den betroffenen Gesichtern seiner Kameraden suchte Georgs Blick unwillkürlich nach Klümper. Er konnte sich denken, dass dieser Vorfall ihm besonders nahe gehen musste. Mit dem, was dann geschah, rechnete er aber auch nicht.

Klümper blickte den Mann aus glanzlosen Augen erst verständnislos an. Ein eigenartiges Zittern durchlief seinen mageren Körper, als er sich dann plötzlich mühsam erhob und entschlossen auf den Sperrdraht zustakste. Seine Schritte wurden schneller, alles Ungelenke war auf einmal verschwunden. Kurz vor dem Sperrdraht verlangsamte er seinen Schritt, zögerte kurz, dann überquerte er ihn.

»Klümper, du Idiot! Bleib stehen! Die pusten dich weg!«, schrie Georg hinter ihm her, sprang auf und wollte ihm nach. Erst jetzt bemerkten einige der Gefangenen, was sich am Zaun abspielte.

Randauer lief Georg nach und erwischte ihn gerade noch, als auch er den Draht übersteigen wollte. Er schlang seine Arme um ihn und warf ihn zu Boden. »Du bist genauso ein Idiot, wenn du hinterhergehst«, brüllte er ihm ins Ohr, ohne seine Umklammerung zu lockern.

Am Boden liegend, die Finger in die dürftige Grasnarbe gekrallt, sahen sie mit an, was dann geschah.

Für einen kurzen Augenblick hatte Klümper seinen Schritt angehalten. Dann, nach zwei, drei Schritten stand er am inneren Zaun und begann auf den gespannten Drähten wie auf einer Leiter hochzusteigen. Inzwischen hatten auch die Außenposten mitbekommen, was da vor sich ging. »Stop, you bloody fool! Go back!«, schrien sie ihm von jenseits des Außenzaunes zu. Er reagierte nicht. Es war, als hätte er sie nicht einmal gehört. Sie entsicherten ihre Gewehre und legten auf ihn an, einer gab einen Warnschuss ab. Klümper kletterte ungerührt weiter. Als er sich gerade über das obere Ende schwang, fielen die Schüsse. In einer grotesken Drehung fiel sein Körper nach hinten und rutschte kopfüber nach unten in den Zaun. Der Stacheldraht bremste seinen Fall und hielt den toten Körper fest. Die Mütze fiel ihm vom Kopf, und seine Hände zerschlugen die Dolden einer Pusteblumenkolonie, die sich unter dem Zaun ausgebreitet hatte. Die Federchen schwebten sacht in die Höhe und hüllten den Kopf des Toten ein, so, als wollten sie seine Seele davontragen.

Nach den Schüssen herrschte bei den Gefangenen für einen Augenblick lähmende Stille. Dann brach ein Lärmen in Richtung der Todesschützen los. Nein, kein Lärmen! Ein Ausbruch! Es war ein Geheul, das sich aus Dutzenden magerer, gequälter Leiber befreite, sich aus ohnmächtiger Wut, Abscheu und Verzweiflung nährte und von hilflos drohend emporgestreckten Fäusten begleitet wurde. Immer mehr Gefangene, die erst jetzt mitbekommen hatten, was hier gerade geschehen war, kamen heran und drängten, um besser sehen zu können, die Vordersten über den Sperrdraht. Da schossen die Posten vor ihnen in den Boden und über ihre Köpfe hinweg. Ein Jeep mit aufmontiertem MG näherte sich schnell dem Zaun und machte sofort Front gegen die aufgebrachten Gefangenen. Mehrere MG-Garben über die Köpfe der Gefangenen stoppte deren Vorwärtsdrang. Weitere Wachkommandos eilten auf den Zaun zu und bildeten eine Schützenreihe. Resigniert und mit hängenden Schultern, Flüche und Verwünschungen ausstoßend und mit weiter wütend in die Luft geworfenen Fäusten zogen sich die Gefangenen schließlich zurück.

Georg und Randauer hatten während des gesamten Zwischenfalls auf dem Boden gelegen, obwohl Randauers Griff sich längst wieder gelockert hatte. Nun rappelten sie sich auf und schlichen, ohne sich umzusehen, zu ihren Erdlöchern. Keiner von ihnen wagte den Blick zurück zum Zaun.

In der Nacht war es dann Georg selbst, der sich auf den Weg zu dem Zaun machte. Er hörte das aufgeregte Geschrei vor und hinter sich, doch es blieb ihm unverständlich. Konnten die denn nicht verstehen, dass er jetzt endlich nach Hause musste? Oder waren die nur überrascht, dass er etwas tat, was sie sich nicht trauten? Die Gestalten jenseits des Zaunes brüllten ihm offensichtlich Befehle zu, die er nicht verstand. Von Befehlen hatte er aber ohnehin die Nase voll. Das Geschrei hinter ihm war lauter, es kam aus vielen Kehlen und war trotzdem unverständlich. Nur seinen Namen hörte er heraus: »Georg!«

Er blickte über die Schulter zurück und sah die wild gestikulierende aufgeregte, graue, zerlumpte Masse. Was wollten die denn alle von ihm? Sollten sie doch dableiben! Er musste jetzt nach Hause gehen. Dort warteten sie schließlich auf ihn. Das mussten doch auch die Amerikaner einsehen.

Dann hörte er einen Schuss fallen. Aber der Krieg war doch vorbei! Was sollte das? Er beschloss, es nicht zu beachten. Seine Hände griffen in den Stacheldraht über ihm und zogen seinen Oberkörper nach oben. Den Schmerz ignorierte er, ebenso das Blut, das an seinen Händen herunterzulaufen begann. Darum konnte er sich später kümmern. Seine Füße fanden Halt, fanden weitere Tritte, bis er Zug um Zug den letzten Draht erreicht hatte. Er lächelte, schwang schwankend ein Bein darüber und suchte mit dem Fuß auf der anderen Seite Halt, als ihn zwei heftige Stöße an der Brust trafen. Und wieder rief jemand seinen Namen: »Georg!«

Georg schreckte aus dem Schlaf hoch und starrte in das Gesicht eines Mannes über sich, das ihm merkwürdig vertraut vorkam. Er trug die Arbeitskleidung eines amerikanischen Soldaten und war in einen viel zu weiten Mantel gehüllt.

»Krumbiegl? … Karl!«

Alle Schläfrigkeit fiel plötzlich von Georg ab. Er stürzte aus seiner Grube heraus, und dann lagen sich die beiden Freunde in den Armen. Als Georg seine Arme um Krumbiegls Schultern legte und ihn an seine Brust drücken wollte, war da lange nichts, was er umfangen konnte, denn Krumbiegl bestand nur noch aus Haut und Knochen. Nur seine Augen, die immer noch oder schon wieder aus einem eingefallenen Gesicht herausfordernd die Welt um ihn herum betrachteten, erinnerten an den alten Krumbiegl.

Inzwischen hatten auch die Kameraden Krumbiegls Rückkehr mitbekommen und umringten ihn.

»Mensch, Krumbiegl, du Hirsch!« Randauer stieß ihn vor Begeisterung so vor die Brust, dass er ins Wanken geriet. »Gut schaust du aus!«

»Red keinen Schmarrn! Ich habe heute Morgen noch in den Spiegel geschaut!« Aber man sah Krumbiegl die Freude an, die ihm die Begrüßung durch die Kameraden bereitete. »Ach, wisst ihr, ich hätte es da auch nicht mehr lange ausgehalten! Von dem ganzen Karbolgestank kann man erst richtig krank werden!«

Krumbiegl griff mit beiden Daumen unter die Revers seines Mantels und drehte sich unbeholfen um die eigene Achse. »Na, Kameraden, wie sehe ich aus?« Er parodierte eine geckenhafte Haltung. »Mein Schneider hat meine Maße etwas großzügig bemessen. Er meinte, ich könne da noch reinwachsen. Außerdem hätte ich andernfalls das alles hier nicht mitnehmen können!«

Damit schälte er sich aus dem Mantel. Zum Vorschein kam ein großer Kissenbezug, den er mit einem Streifen Verbandszeug zusammengebunden wie einen Beutel über der Schulter hängen hatte. Er faltete den Mantel sorgfältig zusammen und legte den Beutel darauf.

Alle Augen starrten auf den Beutel.

»So, Kameraden, schließt mal eure Augen! Wenn ich dann ›Simsalabim‹ sage, dürft ihr sie wieder öffnen! Wer mogelt, spielt nicht mehr mit!«

Keiner der Männer mogelte. Eine heitere Gelassenheit hatte alle erfasst. Als Krumbiegl dann das Zauberwort rief, rissen alle die Augen auf und bestaunten mit offenem Mund das, was er in seinen hochgereckten Händen hielt. In jeder Hand steckten zwei Päckchen Zigaretten. Amerikanische Zigaretten. Chesterfield! Erstaunte und erfreute Ausrufe belohnten das Zauberkunststück. Krumbiegl warf die Zigaretten den Rauchern zu. Diejenigen, die ein Päckchen gefangen hatten, hielten es ehrfurchtsvoll in der Hand, drehten es herum und strichen mit ihren rissigen Fingern fast zärtlich über die glatte Cellophanhaut. Dann reichten sie es weiter, bis jeder es einmal in den Händen gehabt hatte. Alle Raucher hatten einen Kreis gebildet und hielten dabei ihre Hände auf. Einer von ihnen legte dann reihum die losen Zigaretten hinein.

Krumbiegl wartete mit weiteren Kunststücken, bis der Letzte seine Zigarette aufgeraucht hatte. Dann zauberte er nacheinander Dosen mit Corned Beef und Ölsardinen, Käse, Erdnussbutter, Kekse und Schokolade aus seinem Beutel hervor.

Randauer staunte wie alle anderen: »Mensch, Krumbiegl, hast du ein Depot geplündert?«

»Vielleicht sollte ich auch mal krank werden!« Schulte schüttelte ungläubig den Kopf.

»Nee, lieber nicht, Pausb… !« Steinmetz schlug ihm auf die Schulter. »Das überlebst du nicht!«

Krumbiegl verteilte seine ausgestellten Schätze dann durch Lose. Niemand ging leer aus.

Er hatte inzwischen auch seine neue Kleidung bis auf die Hose abgelegt und sie wieder zu seinem ehemaligen Loch gebracht.

»Ich kann doch wieder hier einziehen, Georg?«

Georg schaute erschrocken auf die Gestalt, die sich im Loch zu schaffen machte und einmal der kräftige, knorrige Krumbiegl gewesen war. Die neue Hose schlotterte um einen ausgemergelten Körper, wie Georg noch nie zuvor einen gesehen hatte. Schulte sah daneben noch wohlgenährt aus. Krumbiegl musste dem Tod wirklich im allerletzten Moment von der Schippe gesprungen sein.

Sie platzten alle vor Neugierde auf alles, was er über die Verhältnisse außerhalb des Lagers erfahren hatte. Krumbiegl ließ sich auch nicht lange bitten. Bald saß er, seine mageren Unterarme auf die Knie gestützt, auf dem Hügel. Um ihn herum hockten die Kameraden, trotz der Hitze dicht gedrängt, und warteten begierig auf das, was er an Neuigkeiten von der Welt da draußen zu berichten hatte. Es war ein seltsames Bild. Ein unbeteiligter Beobachter hätte vielleicht den Eindruck gehabt, da würde ein weißhäutiger Erdling, der aus seinem Loch ans Licht gekrochen war, von einer Meute sonnenverbrannter, beutegieriger Gestalten belauert. Fragen schwirrten durch die Luft.

Krumbiegl ließ sich nicht aus der Ruhe bringen. »Sachte, sachte, Kameraden! Ich werde euch alles erzählen, was ich weiß. Aber immer schön der Reihe nach. Ich fange zunächst mit mir an, wie es mir nach meiner Ankunft im Lazarett ergangen ist.« Hier unterbrach er sich für einen Moment und fuhr dann mit seltsam rauer Stimme fort: »Ich muss mich zunächst einmal bei euch bedanken, dass ihr mich nach draußen geschafft habt! Irgendwie habe ich im Unterbewusstsein noch mitbekommen, wie schwierig das gewesen sein muss! Zu den Hiwis, diesen Drecksäcken, komme ich noch! Über die gibt es genug zu erzählen!«

Er machte wieder eine Pause, diesmal, um seine Gedanken zu ordnen. Dann gab er seinen Bericht, der sich über den ganzen Nachmittag bis zum Abend hinzog.

»Also, soweit ich mich erinnern kann«, begann er »wurde ich, als ihr mich am Zaun abgeliefert habt, auf eine Karre gelegt, auf der schon jemand lag. Aber der rührte sich nicht mehr, er war wohl schon tot. Irgendwann kamen wir dann am Lazarett an …«

Das Lazarett befand sich in einer durch Kampfhandlungen schwer beschädigten ehemaligen Fabrikhalle am Rande des Ortes, die vom Lager aus gut zu sehen war. Wie es von innen war, erfuhren sie jetzt durch Krumbiegl. Nackte Glühbirnen verbreiteten dort eine trübe Helligkeit. Die Nachtwachen trugen Kerzenlaternen, und wenn sie auf ihrem Rundgang zu den Schwerkranken unterwegs waren, eilten ihnen ihre ins Riesenhafte verzerrte Schatten voraus und lösten bei den hoch Fiebernden Todesängste aus.

Das Pflegepersonal bestand aus deutschen Sanitätssoldaten und Krankenschwestern. Deutsche Wehrmachtsärzte, die für das Lazarett verantwortlich waren, bemühten sich, dem Ganzen so etwas wie eine Krankenhausstruktur zu geben. Sie hatten Abteilungen für verschiedene Krankheiten eingerichtet. Krumbiegl kam in die Abteilung für Lungenkranke, von denen es nicht wenige gab. Später, als es ihm besser ging, erfuhr er, dass im Eingangsbereich die Typhuskranken untergebracht waren, weil die meisten von ihnen innerhalb weniger Tage starben und die Toten so schneller weggeschafft werden konnten.

Krumbiegl unterbrach seinen Bericht, hustete und nahm einen Schluck aus einer Wasserflasche. Die Männer hatten wie gebannt an seinen Lippen gehangen.

»Wie ich ins Lazarett kam«, fuhr er fort, »habe ich gar nicht richtig mitgekriegt. Ich muss wohl ein paar Tage zwischen Himmel und Hölle hin- und hergewandert sein. Wahrscheinlich war ich der Hölle näher als dem Himmel! Als ich zu mir kam, lag ich in einem weiß bezogenen Bett. Versteht ihr? Ich lag in einem Bett! Es war zwar nur eines von diesen schmalen Feldbetten, aber es war ein Bett! Überall um mich herum wurde gehustet und geröchelt. Aber wir hatten es warm! Meinem Bett gegenüber bollerte ein richtiger Ofen. Wenn es einmal ruhig war, konnte man den Regen draußen hören. Dann habe ich oft an euch gedacht und mir vorgestellt, wie ihr hier in diesen Löchern hockt und davonschwimmt. Und als dann immer mehr Typhuskranke eingeliefert wurden, habe ich nur noch gebetet, lieber Gott, lass niemanden aus meiner Einheit dabei sein!«

Hier hielt er wieder inne und ließ zum ersten Mal seinen Blick über die vor ihm Hockenden schweifen, um sich zu vergewissern, dass auch niemand fehlte. Bei seiner Rückkehr hatte die Wiedersehensfreude alles andere verdrängt.

»Wo ist Klümper? Ist er …? «

Die Frage traf sie alle unvorbereitet, aber bevor jemand ihm beantworten konnte, war Krumbiegl anzusehen, dass er die Antwort schon kannte. In der Dämmerung, die sich langsam herabsenkte, war es einige Momente lang ganz still. Nach einer Weile sprach Krumbiegl weiter.

»Die deutschen Sanitäter und Krankenschwestern haben großen Anteil daran, dass in meiner Krankenabteilung so viele mit dem Leben davongekommen sind. Die meisten sehen zwar so aus wie ich, aber sie leben!« Er fuhr sich mit der Hand über die Augen. »Die deutschen Lagerärzte liegen mit der amerikanischen Kommandantur in einer beharrlichen Dauerfehde, habe ich gehört.«

Der leitende Arzt, so hatte er das im Lazarett gehört, werde täglich beim Kommandanten mit einer Liste mit dringend benötigten Medikamenten und Nahrungsmitteln vorstellig. Am Ende, hieß es, habe der Kommandant den Beschwerden und Forderungen nachgegeben, sodass sich die Situation des Lazaretts allmählich besserte.

»Aber dann gibt es da auch noch die anderen, die Herren von der Lagerpolizei!« Sein Gesichtsausdruck zeigte jetzt eine eigenartige Mischung aus Wut und Verachtung. »Diese Drecksäcke spielen sich als die Herren des Lagers auf, und die Amis lassen sie gewähren! Die können im Lager schalten und walten wie sie wollen. Sie wohnen wie die Amis in großen Hauszelten mit Kohleöfen und bekommen das gleiche Essen wie die Amis. Sie haben Whiskey und Zigaretten. Und einige halten sich sogar Mätressen aus dem Frauenlager. Sie bezahlen mit Konserven und Schokolade, die sie vorher den Amis geklaut haben!«

Wie es außerhalb des Lagers im besetzten Reich aussah, wusste Krumbiegl aber auch nur aus den im Lazarett kursierenden Gerüchten. Eine deutsche Regierung gab es demnach nicht mehr. Die Alliierten hatten Deutschland in vier Besatzungszonen aufgeteilt. Ganz Ostdeutschland war an die Russen gefallen. Ihr Lager lag in der amerikanischen Zone. »Aber«, und nun bekam Krumbiegls Stimme einen seltsamen Unterton, »nicht mehr lange! Das, was ich euch jetzt zu sagen habe, ist absolut sicher!« Er machte eine Pause und vermied es, sie anzuschauen. »Unser Lager wird Anfang Juli an die Franzosen übergeben, und die meisten von uns sollen nach Frankreich zur Zwangsarbeit deportiert werden. Nur die Kranken, die Arbeitsunfähigen und die Frauen werden entlassen!«

Es gab keinen Aufschrei nach dieser ungeheuerlichen Nachricht. Nur angehaltenen Atem, zusammenfallende Schultern und Hände, die vor entsetzte Gesichter geschlagen wurden. Das Ende des Krieges, das mit dem Wetterwechsel zusammengefallen war, hatte die Stimmung unter den Gefangenen, ihren Lebensmut und die Hoffnung auf Heimkehr wiederbelebt. Und nun wurde das alles von einem Augenblick zum anderen zu Asche. Was sie in Frankreich erwartete, konnten sie sich lebhaft vorstellen: aufgestaute Rachegefühle, nicht nur aus einer natürlichen Wut auf die ehemaligen Besatzer, sondern auch aus Scham über die eigene Schwäche und Niederlage, und als deren Folge Hassausbrüche, Demütigungen und was sonst noch denkbar war.

»Woher weißt du das denn, Karl?!«, rief Randauer so aufgebracht, als wäre der Überbringer der schlechten Nachricht ihr Urheber.

Krumbiegl fuhr leise mit rauer Stimme fort: »Ich war darüber genau so entsetzt wie ihr jetzt, als ich das zum ersten Mal gehört habe. Aber ich kann euch versichern, dass die Nachricht stimmt! Ich weiß es von einer der Krankenschwestern, die mich gepflegt haben. Und die weiß es von dem deutschen Arzt, der das Lazarett leitet. Der ist über alles bestens informiert, denn er muss die Pläne für die Auflösung des Lazaretts machen!«

»Ausgerechnet die Franzosen!«, ließ sich Steinmetz vernehmen. »Denkt nur daran, wie sie getürmt sind, wenn sie nur eine deutsche Uniform sahen. In Dünkirchen waren sie froh, dass sie ihre Knarren abgeben durften, und nun das!«

»Wir haben uns doch den Amis ergeben«, fiel Randauer ein. »Wieso können uns die Amis dann an den Schangel verschachern?«

»Da gibt es anscheinend einen französischen General, den die Amis nach unserem Rückzug als Ersten in Paris haben einmarschieren lassen. Der tut jetzt so, als habe er Frankreich im Alleingang zurückerobert, und stellt Forderungen an die Amis. Das weiß ich auch von der Krankenschwester.« Krumbiegl machte eine bedeutsame Pause und fuhr dann fort: »Aber da gibt es noch etwas, was uns alle hier betrifft.« Er suchte nach den richtigen Worten. »Die Alliierten betrachten uns nicht als Kriegsgefangene!«

»Das ist doch ein Witz! Was sollen wir denn sonst sein?«

Randauer hatte wieder die Rolle des aufgebrachten Fragestellers übernommen.

»Ja, wie soll ich das erklären?« Krumbiegl suchte wieder nach Worten. »Also, die Amis und die Engländer betrachten uns als Deh Eh Effs!«

»Was ist das denn für ein Quatsch?«

»Das weiß ich auch von der Krankenschwester! Deh Eh Eff ist die englische Abkürzung für *Disarmed Enemy Forces*. Das heißt soviel wie entwaffnete feindliche Kräfte. Damit umgehen die Alliierten die Bestimmungen der Genfer Konvention über Kriegsgefangene.«

»So einen Blödsinn habe ich ja noch nie gehört! Und warum machen die das mit uns?«

»Das ist im Grunde ganz einfach! Kriegsgefangene haben nach der Genfer Konvention bestimmte Rechte. Dazu gehört auch, dass Gefangene mit ausreichenden Nahrungsmitteln versorgt werden müssen und dass es für sie Unterkünfte geben muss. Mit diesem Trick können sie uns wie Banditen behandeln.«

»Aber wir waren doch richtige Soldaten!«

»Das ist noch ein besonderes Abschiedsgeschenk unseres dahingeschiedenen Führers!«

»Wieso das?« Schulte schüttelte verständnislos den Kopf.

Krumbiegl erklärte es ihm: »Als die Wehrmacht Polen platt gemacht hatte, hat er auch mit einem Trick den polnischen Gefangenen ihren Status als Kriegsgefangene verweigert. Weil es keinen polnischen Staat mehr gab, behauptete er, konnte es auch keine polnischen Soldaten mehr geben. Und jetzt gibt es keinen deutschen Staat mehr, also gibt es auch uns nicht mehr!« »Kameraden«, schaltete Georg sich ein. »Denkt auch zurück an die Schlacht von Dieppe! Die gefangenen Kanadier sollten nach einem Führerbefehl auch nicht als Kriegsgefangene, sondern als Banditen behandelt werden!«

»Auch dafür bekommen wir jetzt die Quittung«, nahm Krumbiegl den Faden wieder auf. »Die Alliierten zahlen uns jetzt die ganze Scheiße heim, die er uns eingebrockt hat! Das meine ich mit Abschiedsgeschenk des Führers an seine Soldaten.«

»Der ganze Scheißkrieg war der helle Wahnsinn«, fasste Georg resigniert zusammen. »Karl hat doch recht! Wir haben den Krieg verloren, und die Alliierten haben jetzt die Macht. Kriegsrecht hin oder her: Sie können mit uns machen, was sie wollen. Wer sollte sie denn daran hindern? Und wer die Macht hat, bestimmt auch die Moral. Bei uns bestimmten die Nazis die Moral. Und das Ende dieser Moral müssen wir jetzt hier erleiden!«

Georg lag wieder neben Krumbiegl und starrte auf den Sternenhimmel, der seine ganze Pracht über den Himmel gespannt hatte. Aber es waren nicht mehr dieselben Sterne, zu denen er in den vergangenen Nächten hinaufgeschaut hatte. Ein leichter Druck auf seine Hand holte ihn aus seinen Gedanken.

»Danke, Georg!« Krumbiegls Hand, die sich leicht wie ein zu Boden fallendes Blatt anfühlte, drückte noch einmal zu.

»Wofür?« Georg sah in Krumbiegls fahles Gesicht.

»Dafür, dass du mir das Leben gerettet hast! Wenn du mich nicht zum Zaun gebracht hättest, wäre ich hier elendig krepiert!«

Sie schwiegen.

Nach einer Weile sagte Georg: »Für dich ist die Scheiße hier bald vorbei! In deinem Zustand hast du für die Franzosen keinen großen Wert. Sitz die Zeit bis zur Auflösung des Lagers ab und lass dich nach Hause schicken. Bei mir sieht die Sache zwar anders aus, aber mach dir um mich keine Sorgen. Ich gehe nämlich nicht nach Frankreich. Ich warte nur auf eine günstige Gelegenheit, um mich davonzumachen!«

Er erläuterte Krumbiegl seinen Plan. Der hörte aufmerksam zu, dachte eine Weile darüber nach, nickte ein paar Mal zustimmend mit dem Kopf.

»Ja, so könnte es gehen! Es geht sowieso nur über den Rhein! Du siehst doch, alle, die die andere Richtung nehmen, werden geschnappt oder gleich erschossen. Gefährlich kann es nur auf der anderen Seite werden, weil du nicht weißt, wie es drüben aussieht. Aber erst einmal musst du rüber, und das kannst du schaffen. Dabei helfe ich dir natürlich, so gut ich kann. Ach übrigens«, Krumbiegl kramte in den Schenkeltaschen seiner neuen Hose, »hier habe ich etwas für dich, was du dabei gut gebrauchen kannst!«

Damit hielt er Georg etwas Weiches hin.

»Mensch, Karl, wo hast du das denn her?« Verblüfft betrachtete er im schwachen Licht der Sterne amerikanische Socken und Unterwäsche.

Georgs Hände glitten über die Textilien, die sich weich wie ein Kaninchenfell anfühlten.

An einem der nächsten Tage gab es für die Gefangenen zwei geradezu umwälzende Neuerungen im Lager. Unter der Aufsicht eines *engineer battalion* legten Gefangenenkommandos Wasserleitungen vom Rhein in die einzelnen *cages.* Am Rohrleitungsende konnte dann an zwei Zapfhähnen Wasser gezapft werden.

Die andere Neuerung war Brennmaterial.

Ein großer Lastwagen hatte alles Mögliche, das irgendwie brennbar war, ins *cage* gebracht. Kisten, Bretter, Balken, Papierpacken, Kartonagen und armdicke Äste wurden von einem Gefangenenkommando am Eingangsverhau abgeladen. Bald prasselten überall im Lager kleine Feuer, die der Nahrungsmittelzubereitung plötzlich ungeahnte Möglichkeiten eröffneten. Zum ersten Mal seit Wochen bekamen die Gefangenen wieder etwas Warmes in den Magen. Zerkleinertes Corned Beef wurde mit Wasser angerührt und mit Trockengemüse verfeinert zu einem Fleischeintopf angerichtet. Milchpulver, in heißem Wasser aufgelöst, vermittelte die Illusion frischer Milch. Am glücklichsten waren diejenigen, in deren Verpflegungspakete sich kleine gefalzte Tuben mit Nescafé fanden. Überall im Lager, wo man nun glückliche Gesichter sah, roch es auch nach Kaffee.

Georgs Gruppe hatte zwei dicke Balken erwischt. Diese wurden jetzt in mühevoller Handarbeit mit den wenigen Taschenmessern der Gruppe zu Spänen zerschnippelt.

Randauer und Schulte hatten mit den erprobten Grabwerkzeugen, Löffel, Dosen und Hände, eine Grube ausgehoben. Da hinein bauten sie mit Steinen eine Herdkammer, die von vorne befeuert werden konnte.

Die Feuer hatten eine ungeahnte Wirkung auf das Gemüt der Gefangenen. Sie beflügelten ihre Phantasie und lösten Erinnerungen an Gerüche aus, die an Sonntagen oder Feiertagen die Küche daheim erfüllt hatten. Seit die Feuer brannten und die kargen Nahrungsmittel geschmacklich mit Salz und Pfeffer verbessert werden konnten, wuchs die Sehnsucht nach den Festmahlen der Vergangenheit ins Unermessliche.

Kurz vor Sonnenuntergang trafen sich jetzt überall im Lager kleine verschwörerische Gruppen, die ihre Köpfe zusammensteckten. Man kam zusammen, um sich von Gastmählern zu erzählen, an denen man teilgenommen hatte oder vorgab, teilgenommen zu haben. Anfangs fanden die Festmahle, von denen erzählt wurde, noch mit einem überschaubaren Teilnehmerkreis statt, aber der bewirtete Personenkreis nahm in der Phantasie immer größere und am Ende gigantische Dimensionen an. Ganze Dörfer und Straßenzüge wurden in solchen Erzählungen bewirtet. Auch die kulinarischen Darreichungen uferten aus, und die Portionen und Zutaten stiegen ins Unermessliche. Und wenn man dem Erzählten glauben durfte, hatten alle Gäste das ihnen Aufgetischte bis zum letzten Krümel und Saucenfleck geschafft. Man durchaß im Geiste ein grenzenloses Schlaraffenland, das ungeheure Berge erlesener Speisen und Getränke für jeden bereithielt.

Auch in Georgs Einheit hatte sich eine kleine Gruppe Feinschmecker gebildet. Fuhrmann schwelgte gerade in seiner Erzählung von einem Kuchen, in dem er Dutzende Eier, kiloweise Rosinen, Mandeln und Zucker verarbeitet haben wollte, als plötzlich Schulte seine immer umfangreicher werdende Aufzählung von Zutaten lautstark und sichtlich verärgert unterbrach. »Ihr seid doch alle bescheuert«, ereiferte er sich, »so ein Zeug, was ihr uns hier immer auftischt, kann doch kein Mensch essen, ohne anschließend tot umzufallen! Mit deinem Kuchen kannst du Fensterscheiben einschmeißen, zu etwas anderem taugt er nicht.«

»Hört euch nur unser Pausbäckchen an! Ihr Westfalen fresst doch sowieso nur Eintöpfe. Immer dasselbe, einmal quer durch den Garten und zurück!«, höhnte Fuhrmann.

Der kleine Streit hatte inzwischen eine Reihe Zuhörer angelockt. Es gab ohnehin nicht viel Abwechslung und so sahen sie das Gekabbel der beiden Streithähne als eine willkommene Unterbrechung der Langeweile.

»Dann lass doch mal hören, was du uns so bieten kannst«, kam eine Aufforderung aus dem Feinschmeckerklub.

Darauf schien Schulte nur gewartet zu haben.

»Also gut, Kameraden! Wenn ihr mich schon so nett bittet. Das Gericht ist eine westfälische Spezialität, die es nur an besonderen Feiertagen gibt. Und an solchen Tagen, das müsst ihr schon zugeben, gibt es immer etwas Besonderes. Das Gericht heißt Pfefferpotthast!«

Aus der Feinschmeckerecke kam prustendes Gelächter.

»Pfeffer... was?«, Fuhrmann schüttelte sich vor Lachen.

Schulte sah ihn vernichtend an und begann damit, Zutaten und Zubereitung in allen Einzelheiten zu beschreiben. Und dabei beschränkte er sich nicht auf bloßes Erzählen. Seine Hände folgten seinen Beschreibungen und formten ein imaginäres Stück Fleisch. Er machte eine Kunstpause und blickte zu seinen Spöttern hinüber, die jetzt interessiert zuhörten. Dann hob er einen imaginären Deckel hoch, wedelte sich mit der anderen Hand den ebenso imaginären Duft aus dem imaginären Topf zur Nase, schaute hinein und ahmte das Zischen des Fleischs im Topf nach. Dann beschrieb er jeden einzelnen Arbeitsgang vom Zwiebelschneiden bis zum Abschmecken. Es schien, als stünde er zu Hause hinter seiner Mutter in der Küche und blicke ihr über die Schulter. Dabei machte er ein zufriedenes Gesicht, führte seine zugespitzte Hand an die Lippen und ließ ein langes explodierendes »Mhmm« vernehmen.

Schulte genoss sichtlich die Aufmerksamkeit, die ihm sein Rezept eingebracht hatte. Bereitwillig erklärte er jedem, der noch einmal nachfragte, die Zutaten und die Zubereitung. »Wenn ich nach Hause komme, muss meine Mutter ...« Auf einmal schlug er die Hände vor sein Gesicht und versuchte, einen Weinkrampf zu unterdrücken. Seine Schultern bebten. Da setzte sich Fuhrmann neben ihn und legte ihm den Arm um die Schulter. »Morgen früh, Ludger« – Schultes selten benutzter Vorname –, »leihe ich mir von Steinmetz einen Bleistift und schreibe mir dein Rezept ganz genau auf. Dann kann mir meine Frau das auch mal machen!«

Die folgenden Tage gingen heiß und ereignislos über das Lager hinweg. Die Stimmung war bedrückt, der Schock, den Krumbiegls Nachrichten ausgelöst hatten, wirkte bei den Gefangenen noch immer nach. Wenn die Amerikaner tatsächlich ihre Gefangenen an die Franzosen auslieferten, würden noch Jahre der Demütigung und ohne Hoffnung auf Heimkehr vor ihnen liegen.

Eines frühen Morgens fuhr ein LKW ins *cage*, auf dem ein großer Lautsprecher montiert war. Ein Zug GIs sicherte den Wagen ab. Der deutsche Lagerführer kletterte hinauf und machte sich an dem Lautsprecher zu schaffen. Dann baute er sich neben dem Lautsprecher auf und gab die Anweisung, dass das gesamte *cage* in den eingeteilten Hundertschaften anzutreten habe. Lustlos bildeten die Gefangenen zwischen den Grubenkomplexen ihre Hundertschaften. Als sich überschaubare Blöcke zusammengefunden hatten, fielen Georg die vielen Lücken auf, die die Krankheiten in den Reihen der Hundertschaften gerissen hatten.

Krumbiegl sagte leise zu Georg, damit die anderen ihn nicht verstehen konnten: »Pass auf, jetzt ist es soweit!«

»Hoffentlich nicht!« Georg klammerte sich an die Hoffnung, dass Krumbiegls Information in allen Einzelheiten stimmte. »Es ist doch noch Juni! Die Übergabe soll doch erst im Juli stattfinden!«

Der Lagersprecher hatte dem Antreten der Hundertschaften gelangweilt zugeschaut. Er wartete in seiner wohlgenährten Zufriedenheit auf seinen Auftritt, hob dann das Mikrofon und warf hin und wieder einen Blick auf einen Zettel in seiner Hand. »Auf Befehl des Oberbefehlshabers der alliierten Streitkräfte in Europa General Eisenhower müssen sich alle Gefangenen der ehemaligen deutschen Wehrmacht, die sich in amerikanischem Gewahrsam befinden«, hier musste er einen Blick auf seinen Zettel werfen, »Filmaufnahmen aus deutschen Konzentrationslagern ansehen, die amerikanische Kameraleute unmittelbar nach der Befreiung durch amerikanische Einheiten gemacht haben. Diese Filmaufnahmen dokumentieren die unvorstellbaren Untaten, die während der nationalsozialistischen Herrschaft vom deutschen Volk an politischen Gegnern, an Sklavenarbeitern und vor allem an den Juden Europas begangen worden sind. Euch soll bewusst werden, für welche Schandtaten euer Führer, das deutsche Volk, das ihm dabei willig gefolgt ist, und ihr selbst, verantwortlich seid!«

Als Unruhe unter den Gefangenen ausbrach, unterbrach er seine Ansprache für einen Augenblick und fuhr dann mit sich überschlagender Stimme fort: »Wer sich dieser Anordnung widersetzt, wird mit Bunker und Essensentzug bestraft!«

»Schaut euch diesen aufgeblasenen Wicht an! Wofür sollen wir verantwortlich sein? Was wirft der uns vor?« Krumbiegl sah zuerst Georg und dann die Kameraden an, blickte aber nur in ratlose Gesichter.

Auf die Ansprache des Lagersprechers konnte keiner von ihnen sich einen Reim machen. Die Existenz von Konzentrationslagern war ihnen natürlich allen bekannt. Einer sagte mit merklichem Zögern, er habe jemanden gekannt, der eine Zeit lang dort in Schutzhaft, wie es damals geheißen hatte, zugebracht hatte. Andere nickten. Dass es in einem Lager, das von der SS betrieben wurde, nicht wie in einem Ferienlager zugegangen war, verstand sich von selbst. Von unvorstellbaren Untaten hatte aber keiner etwas gehört, und viele waren davon überzeugt, dass die Leute, die dort inhaftiert worden waren, es meistens auch verdient hatten. Andererseits wusste keiner von einem Entlassenen zu berichten, der etwas über seine dortigen Erlebnisse erzählt hatte.

Die Unruhe unter den Gefangenen hielt noch eine Weile an, dann bekam jede Hundertschaft eine Nummer zugewiesen, nach der sie zur Filmvorführung aufgerufen werden sollten. Georgs Hundertschaft hatte eine hohe Nummer. Der Lagersprecher verließ mit dem Lastwagen das *cage*, und das Begleitkommando nahm die ersten Hundertschaften mit auf den Weg.

»Und was hat er eigentlich mit den Juden gemeint?« Es war Krumbiegl, der diese Frage stellte und nur ratloses Achselzucken erntete. Die Judenhetze, der Boykott jüdischer Geschäfte, die Reichskristallnacht, die Entfernung jüdischer Bürger aus dem öffentlichen Leben waren natürlich ebenfalls allen bekannt. Manchen war es bei ihrem Heimaturlaub aufgefallen, dass alle Juden verschwunden zu sein schienen. Große Gedanken darüber hatte sich kaum jemand gemacht, denn es waren ja schon vor dem Krieg viele Juden ausgewandert. Wenn einer sich doch danach erkundigt hatte, erfuhr er, dass es ein Umsiedlungsprogramm für Juden gegeben habe.

In Georgs näherer Umgebung hatten keine Juden gewohnt, und er hatte bei seinen seltenen Heimaturlauben auch anderes mit seiner Familie zu bereden gehabt. Vieles von dem, was anderen nun, während sie warteten, dazu einfiel, war ihm ganz neu. Er wunderte sich auch, wie unbefangen sie jetzt über ihr Leben im Nazi-Deutschland sprechen konnten. Während des Krieges hätte er nie mit seinen Kameraden so gesprochen. Allenfalls waren Andeutungen zu hören gewesen, denen man entnehmen konnte, dass der Verlauf des Krieges, ihr eigenes Schicksal und das der gefallenen Kameraden nicht nur bei ihm selbst eine immer größer werdende Distanz zu den Nazis und ihren Parolen entstehen lassen hatte. Dazu hatte der enge Kontakt mit der Waffen-SS besonders stark beigetragen, den sie auf dem Rückzug in Frankreich und während der Ardennenoffensive gehabt hatten. Ihr Fanatismus im Kampf war bedingungslos und unerbittlich gewesen. Wenn jemand Gräueltaten begangen haben sollte, dann konnten die Täter eigentlich nur von der Waffen-SS gewesen sein!

»Langsam beginne ich zu begreifen, warum wir hier so behandelt werden«, sagte Georg halb zu sich, halb an die Kameraden gerichtet. »Denkt nur einmal daran, welch große Verluste die Amis bei ihrem Vormarsch durch uns erlitten haben. Wenn sie jetzt auch noch Schandtaten der übelsten Art in den Konzentrationslagern entdeckt haben, dann riecht das, was wir hier erleben, stark nach Vergeltung!«

Am späten Nachmittag wurde Georgs Hundertschaft zum Zelt geführt. Auf halbem Wege kamen ihnen zurückkehrende Gefangene ihres eigenen *cages* entgegen. Einer von ihnen rief ihnen mit einem Grinsen »Viel Vergnügen« zu. Die Gesichter der anderen Gefangenen drückten aber alles andere als Vergnügen aus. Die meisten waren ernst und schweigsam, das machte das gezwungene Grinsen des einen umso unheimlicher.

Der Zelteingang war weit zurückgeschlagen. Im hinteren Bereich war auf einem Podest ein großer Filmprojektor aufgebaut und an der Stirnseite des Zeltes hing eine riesige Leinwand. Lange Bankreihen waren mit Stühlen aufgefüllt, um mehr Zuschauer fassen zu können. Es herrschte eine drückende Schwüle. Die Luft schien aus zusammengepressten Schichten zu bestehen, in denen sich die penetranten Gerüche von Körperausdünstungen und Schweiß Hunderter ungewaschener Leiber festgesetzt zu haben schien. Georg meinte sogar Erbrochenes herauszuriechen. Nur über dem Filmprojektor-Podest drehte ein Ventilator müde Kreise.

Georg ließ sich zwischen Steinmetz und Krumbiegl im hinteren Drittel des Zeltes nieder. Nach einer Weile saßen alle Gefangenen, und allmählich wurde es ruhig im Zelt. Der Filmprojektor setzte ratternd die Filmrolle in Bewegung und warf einen großen rechteckigen Fleck auf die Leinwand. Dann wurde der Fleck schwarz. Unvermittelt wurde er hell, und es erschien eine Toreinfahrt, über der in großen Druckbuchstaben der Schriftzug »Arbeit macht frei« zu lesen war. Ein geöffneter Schlagbaum vor dem Tor schien aus der Kameraperspektive wie ein langer Finger auf das Wort »frei« zu zeigen. Ein schneller Schwenk erfasste eine Menschengruppe innerhalb des Geländes hinter dem Tor, bei dem es sich wohl um ein Konzentrationslager handelte. Die Kamera fuhr nahe an sie heran, und unwillkürlich fuhr Georgs Hand zum Mund, um einen Ausruf des Schreckens zu unterdrücken. Neben ihm gab es ähnliche Bewegungen. Menschen waren das? Eher die Reste von Menschen, denen man alles Leibliche genommen hatte, in zerlumpter, schwarz-weiß gestreifter Häftlingskleidung. Teilnahmslose Gesichter starrten unter kahl geschorenen Köpfen mit großen, aus schwarzen Augenhöhlen leer blickenden Augen ins Nichts. Sie wirkten alterslos. Dann bewegte sich einer der Kleiderlumpen und etwas, das einmal eine zugreifende Hand gewesen war, streckte sich dem Betrachter entgegen, aber es fehlte die Kraft, sie hochzuhalten, und sie sank in einer fallenden Bewegung herab.

Im Zelt war es still geworden, nur der Filmprojektor ratterte weiter und der Ventilator verursachte schleifende Geräusche. Ein erneuter Schwenk erfasste einen amerikanischen Soldaten, der einen Menschen, der kaum mehr als ein Skelett war, aus einer Barackentür hinaus ins Freie führte. Kaum vorstellbar: Dieses Skelett lebte, zumindest bewegte es mit Hilfe des Soldaten seine Füße und kam schlurfend auf die Kamera zu. Ein entleibter Körper, nur noch von Haut bedeckte Knochen, die Kniegelenke unterbrachen das Knochengerüst wie unförmige Knoten, so stakste er von der Leinwand auf die Gefangenen zu und starrte durch sie hindurch. Die Kamera drängte durch die Barackentür ins Innere und zeigte in der Totalen zwei lange, dreistöckige hölzerne Regalreihen, die durch einen Mittelgang getrennt wurden. Jede Etage der Regalreihen war vollgestopft mit solchen lebenden Toten, die abgelegt und hineingestapelt dem Tod durch langsames Dahinsiechen preisgegeben waren. Dunkle, offene Mundhöhlen, des Schreiens nicht mehr fähig, und spinnendünne Arme und Beine quollen über die Bretter der Regale der Kamera entgegen. Die begleitende Stimme des deutsch sprechenden Kommentators nannte leidenschaftslos Zahlen und Herkunft der menschlichen Wracks.

Georg sah all die Schrecken durch einen Schleier, den er immer wieder vergeblich wegzuwischen versuchte. Die Bilder wechselten und zeigten die freie Fläche zwischen mehreren Baracken. Aber leer war diese Fläche nicht. Sie war mit Leichen übersät. Das, was die Bilder in der Baracke noch als lebendig gezeigt hatten, lag hier wie weggeworfen und bildete einen Teppich aus dicht ineinander verwobenen toten Leibern. Und das Grauen schritt weiter auf eine andere Fläche zwischen anderen Baracken zu. Hier hatte man bereits einen Berg aus Leibern errichtet, der fast die Höhe einer Baracke erreichte, wohl um die Leichen zu verbrennen. Arme, Beine, ausgezehrte Körper, an denen die Köpfe wie Anhängsel herabhingen, bildeten einen unentwirrbaren Gordischen Leichenknoten.

Ihm war es, als sei er mitten in einen Albtraum geraten. Konnte es so etwas wirklich gegeben haben? Geplant von dem Irren in Berlin, ja, dem war das zuzutrauen. Aber von wem ausgeführt? Etwa von normalen Deutschen?

Die Bilder sprachen aber eine nur zu deutliche Sprache. Die Versuchung, alles nur als eine wie auch immer zu erklärende Sinnestäuschung zu betrachten, war groß, aber auch Wegschauen half ihm nichts. Die Bilder verschwanden nicht, die toten Augen schienen ihn zu suchen und die offenen toten Münder ihm etwas zurufen zu wollen.

Auf einmal bemerkte er, dass wirklich Rufe zu hören waren, direkt um ihn herum. Erst vereinzelt, dann zunehmend, einige davon gequält, andere wütend, laut und empört. Georg warf einen kurzen Blick hinter sich auf eine Gruppe, die ihrer Empörung am lautesten Luft machte. Einige taten auch gelangweilt oder lächelten verkniffen, und einer schien sogar zu klatschen! Offensichtlich lösten die entsetzlichen Bilder nicht in allen Gefangenen dieselben Gefühle aus. Sicher, sie alle, die sie hier saßen, waren seit ihrer Gefangennahme bis an die Grenze des Ertragbaren gelangt. Hunger, Durst, Kälte, Hitze ... Aber dennoch war das, was sie hier sahen, noch einmal etwas ganz anderes. Mein Gott, wie tief musste man gesunken sein, um durch solches Leid nicht mehr berührt zu werden und das Unleugbare nicht wahrhaben zu wollen?

Georg presste beide Fäuste auf die Schläfen und sah mit verschwimmendem Blick die toten Augen auf der Leinwand herumwandern. Dann standen die

Augen wieder still, wurden größer und größer und fanden ihn, drangen in ihn und trafen seine Seele. In diesem Augenblick spürte er plötzlich, wie sich eine Hand in seinen rechten Oberarm krallte. Krumbiegl sah ihn mit einem so stier flackernden Blick an, dass Georg ein Schauer über den Rücken lief. Dann schob sich Krumbiegls Gesicht ihm im Gegenlicht des Projektors als schweißnasser Fleck entgegen. Aber dieser Schweiß rührte nicht von den Temperaturen im Zelt her. Sein Unterkiefer bewegte sich unkontrolliert auf und nieder, und die linke Hand krallte sich noch fester in Georgs Arm, als fände er dort den Halt, den er verloren hatte.

Georg wollte aufschreien, verbiss es sich aber, denn Krumbiegl schien sich am Grunde einer Schlucht aus Verzweiflung und Trauer zu bewegen, aus der er keinen Ausweg fand. Dann wurde er wie von einer mächtigen Faust von lautlosen Weinkrämpfen geschüttelt. Er löste seinen Griff, hob sein Gesicht ganz nah an Georgs heran und dann brach es mit einer Stimme aus ihm heraus, wie Georg zuvor noch keine gehört hatte. Sie wechselte von heiserem Krächzen zu einem sich überschlagenden Kreischen und vergurgelte wieder zu einem Wortgestammel:»Ge… org, sie … haben …On…kel …Her…mann, … Tan… lisa…beth, … Ursu… … tot... gem…«

Steinmetz und Randauer, die in unmittelbarer Nähe der beiden saßen, hatten Krumbiegls Zusammenbruch mitbekommen und rückten näher an ihn heran. Er war jetzt still in sich zusammengesunken und weinte in sich hinein. Sie wagten nicht, ihn anzusprechen, weil sie nicht wussten, was sie hätten sagen, ihn hätten fragen sollen. Die Schrecknisse des Films mussten Krumbiegl etwas enthüllt haben, das nur er unter den vielen Hundert Männern um ihn herum als existenziellen Verlust verspürte. Und diese plötzliche Erkenntnis drängte in herausgewürgten Namensfetzen aus ihm heraus.

Wie durch einen Schleier sah Georg, dass das Filmgeschehen inzwischen die Seiten gewechselt hatte. Statt des Grauens wurden nun seine Verursacher vorgestellt. Einige Frauen in Uniform und Stiefeln unter den Röcken versuchten mit abgewandtem Gesicht der Kamera zu entkommen. Dann wurden Männer in SS-Uniformen ins Bild geführt. Es waren Männer fast jeden Alters. Die Kamera verweilte lange auf ihren Gesichtern. Da war nichts mehr von der arroganten, menschenverachtenden Überheblichkeit zu sehen, die sich diese Gesichter für alle Außenstehenden zugelegt und mit der sie Angst und Schrecken verbreitet hatten. Es waren nur noch tumbe, banale Dutzendgesichter, in die das von ihnen unterdrückte Bewusstsein, auf der sozialen Leiter ganz unten zu stehen, zurückgekehrt war. Belanglose Gesichter, wie sie Georg vor dem Krieg zu Hunderten in Straßenbahnen oder Eisenbahnabteilen gegenübergesessen hatten. Und diese von den Nazis beförderte Belanglosigkeit war mit Parolen und Macht ausgestattet worden, um Menschen anderen Geistes, Glaubens oder Herkunft zu dem zu machen, was der Film ihnen gerade gezeigt hatte.

Der Filmprojektor gab ein klackerndes Geräusch von sich, und die Leinwand bekam wieder einen großen, hellen, leeren Fleck. Im Schutze der Dunkelheit brachten wieder einige Gefangene ihre Empörung über das Unrecht, das ihnen durch die Vorführung des Films gerade widerfahren war, zum Ausdruck. Der Zelteingang wurde zurückgeschlagen und das späte Tageslicht drang herein. Georg und Randauer nahmen den willenlosen Krumbiegl in die Mitte, als sie sich auf den Rückweg machten.

Krumbiegls Geschichte

Der Abend war so mild wie die vorhergegangenen. Georg und Krumbiegl saßen schweigend auf dem Hügel vor ihrer Grube und hielten ihre Knie umschlungen. Ihre Unterhemden zeigten schmutzigbraune Ränder und klebten an ihren Körpern. So saßen sie schon den ganzen Nachmittag da. Krumbiegl war jetzt äußerlich ruhig. Nur ab und zu war ein unterdrücktes Schluchzen zu vernehmen, das er durch tiefes Einatmen zu unterdrücken versuchte. Georg sah, wie es in Krumbiegl arbeitete, und er sah auch, wie er immer wieder ansetzte, um ihm etwas zu erklären. Die schrecklichen Szenen und Bilder des Films schien Krumbiegl mit dem Namen eines Onkels zu verbinden, der Hermann hieß, wenn Georg es richtig verstanden hatte. Krumbiegl hatte immer gerne von seiner Familie erzählt. Aber ein Onkel Hermann war bisher nie erwähnt worden. Er ahnte, dass dieser Onkel Hermann Jude war und Krumbiegl sehr nahe gestanden haben musste.

»Wie denkst du über Juden?«

Die Frage kam so unerwartet und so heftig, dass Georg einige Zeit brauchte, um ihren Sinn zu verstehen. Als er nicht sofort antwortete, wiederholte Krumbiegl seine Frage. Georg sah ihm gerade ins Gesicht und ließ sich Zeit mit seiner Antwort, weil er das Gefühl hatte, dass alles, was er jetzt sagen würde, für Krumbiegl von existenzieller Bedeutung sein würde.

»Juden waren bei uns zu Hause überhaupt kein Thema! Bei uns in der Nähe gab es ja gar keine Juden. Und die Nazis mochte bei uns im Haus sowieso niemand. Was die darüber sagten, galt uns nichts.«

Krumbiegl merkte auf: »Und du? Wie ist das mit dir?«

Georg überlegte. »Ich sagte dir ja schon, wir kannten persönlich keine Juden«, sagte er und wählte seine Worte sorgsam. »Erst als ich in Münster mit dem Studium begann, freundete ich mich mit Hans König an. Wir waren etwa gleichaltrig, verstanden uns auf Anhieb und hatten beide denselben Wunsch: die besten Tierärzte zu werden, die die Welt je gesehen hatte. Wir ergänzten uns prima. Dass er Jude war, erfuhr ich erst im zweiten Semester von ihm. Als es in die Weihnachtsferien ging, wünschte ich ihm Frohe Weihnachten, da grinste er nur und sagte: ›Nee, mir musst du Gutes Chanukka wünschen.‹ Und das war's. Mehr haben wir nie über seinen Glauben gesprochen, und ich machte mir keine Gedanken darüber. Wir waren gerade im dritten Semester, als er dann nicht mehr zu den Vorlesungen kam. Ich habe ihm einen Brief nach Hause geschrieben, seine Familie wohnte in Osnabrück, erhielt aber keine Antwort. Mehr weiß ich auch nicht. Ich hoffe jetzt nur, dass er es noch aus Deutschland herausgeschafft hat!«

Krumbiegl hatte interessiert zugehört. Er schien irgendwie erleichtert zu sein. Georg wandte sich ihm zu: »Dein Onkel Hermann war Jude, nicht wahr? Du mochtest ihn wohl sehr?«

Krumbiegls Augen bekamen wieder einen feuchten Schimmer. Er nickte. »Er war kein Verwandter von mir, sondern ein Freund meines Vaters. Ich habe ihn nur Onkel genannt ...«

»Willst du mir nicht die ganze Geschichte erzählen?«, unterbrach ihn Georg.

Krumbiegl nickte wieder, atmete ein paar Mal tief ein und aus und dann erzählte er Georg die ganze Geschichte. Sie handelte von einer Freundschaft zwischen einem fränkischen Winzer und einem jüdischen Weinhändler.

Ein Besuch der Weitzenfelds war für Karl Krumbiegl immer eine Art Festtag. Wenn vom Hof her die Hupe eines Autos ertönte, schaute er immer sofort nach, ob es der Wagen von Onkel Hermann war. Samstags oder sonntags brachte er fast immer auch Tante Elisabeth und Ursula mit. Karl mochte Onkel Hermann, denn er war der geborene Geschichtenerzähler. Schon oft, wenn die Weitzenfelds zu Besuch gekommen waren, war Karl abends mit den Großen in der guten Stube auf der Bank gesessen und hatte zugehört, wie Onkel Hermann mit viel Gestik und Mimik eine seiner Geschichten zum Besten gab. Außerdem brachte er ihm immer etwas mit, und er wusste genau, womit er Karl eine Freude machen konnte.

»Hier, Karl, das lag zu Hause auf dem Tisch und wollte unbedingt mit!«, sagte er dann etwa. »Es ist aber heute etwas Trauriges!« Dabei zwinkerte er dem Jungen zu.

Karl entfernte das Papier und hielt den dritten Band von Winnetou in der Hand. Die staunende Freude in seinem Gesicht wurde abgelöst von Besorgnis.

»Stirbt Winnetou etwa, Onkel Hermann?«

»Na ja, wir leben alle nicht ewig, ich will aber nichts verraten!«

Der Junge packte ungestüm Onkel Hermanns Hand und schüttelte sie heftig.

»Na, Karl, lass meinen Arm noch dran! Ich krieg sonst heute kein Glas Wein mehr hoch! Das gibt es doch, oder?« Dabei zwinkerte er Karls Vater zu. Immer wenn die Weitzenfelds kamen, wurde den Gewächsen des Hauses Krumbiegl so gut zugesprochen, dass die Weitzenfelds dann über Nacht bleiben mussten.

Und dann war da auch noch Ursula. Krumbiegls Mutter hatte einmal eher beiläufig, als die Krumbiegls mittags zu Tische saßen und das Gespräch auf die Weitzenfelds kam, eine Bemerkung über Ursula gemacht. »Die Ursula ist eine richtige kleine Schönheit. Sie hat so ein richtiges Madonnengesicht. Ich glaube, als der Riemenschneider seine Madonna geschnitzt hat, muss er ein solches Gesicht vor Augen gehabt haben!«

»Das ist doch kein Wunder«, hatte sein Vater daraufhin gesagt, »Maria war ja schließlich eine Jüdin!«

Immer, wenn Karl sich unbeobachtet fühlte, warf er verstohlene Blicke zu ihr hinüber. Er fand es aufregend, wenn sie ihre langen dunklen Haare mit einer gekonnten Kopfbewegung auf die Schulter warf.

Wenn sich dann doch einmal ihre Blicke trafen, wurde er rot wie ein ertappter Hühnerdieb.

An jenem Freudentag, als Karl von Onkel Hermann den Winnetou geschenkt bekam, saßen die Männer nach dem Abendessen mit mehreren Bocksbeuteln vor sich in der Wohnstube. Der Junge hörte den Gesprächen der Männer zu und durfte auch ein Glas Wein mittrinken. Erst drehten sich die Gespräche um den Wein und wechselten dann plötzlich zur Politik. Es ging um die jüdische Bevölkerung im Reich und was ihr mit dem neuen Reichsbürgergesetz angetan werden sollte. Der alte Krumbiegl, Karls Vater, hielt mit beiden Fäusten den Unterarm von Onkel Hermann umklammert und redete auf ihn ein. Soviel verstand Karl, dass die Juden zu Staatsbürgern niederer Stufe degradiert und mit der Aberkennung bürgerlicher Rechte bestraft werden sollten.

Immer wieder fiel dabei auch der Name Gustav Frommelts. Karl hörte mit an, auf welch infame Weise Frommelt und seine Spießgesellen Onkel Hermann und anderen jüdischen Bürgern der Stadt das Leben schwer machte: In nächtlichen Aktionen malten sie Hakenkreuze und Hetzparolen gegen die Juden an deren Häuser. Am Morgen danach marschierte Frommelt dann durch die Stadt und verkündete jedem, dass der gerechte Volkszorn endlich einmal über die Juden gekommen sei.

Krumbiegls Vater versuchte Onkel Hermann zu beruhigen.

»Hermann, du glaubst doch wohl nicht, dass das deutsche Volk sich das noch lange von diesem braunen Pack gefallen lassen wird!«

Onkel Hermann war da anderer Meinung, und Karl bemerkte, dass das sonst von Lachfältchen überzogene Gesicht einen verzweifelten Ausdruck annahm. Die Fröhlichkeit, die noch bei der Ankunft der Weitzenfelds geherrscht hatte, war plötzlich dahin. Onkel Hermann und sein Vater diskutierten die Situation im Reich und in Europa und stellten dabei immer wieder die Frage, warum England und Frankreich sich so eigenartig still verhielten.

Es war schon ziemlich spät geworden, da nahm Onkel Hermann aus seiner Aktentasche einen in Seidenpapier eingeschlagenen Gegenstand. Mit dem Paket war auch das Lächeln in sein Gesicht zurückgekehrt. Er wickelte den Gegenstand aus dem Papier, und zum Vorschein kam eine dicke Kerze.

»Hier, Karl«, Onkel Herrmann reichte sie nicht dem Jungen, sondern seinem Vater, der den gleichen Vornamen trug. »Ich weiß, dass ihr nächste Woche eure Familienwallfahrt zur Maria im Weingarten macht. Stell doch bitte diese Kerze neben die eure vor die Madonna. Und damit die Madonna weiß, von wem die Kerze ist« – dabei drehte er sie herum – »habe ich hier den Davidstern eingeritzt. Dann bitte die Madonna auch von mir, dass auch in diesem Jahr die Lese wieder gut für euch ausfällt!«

Da geschah etwas, was Karl noch nie gesehen hatte: Sein Vater weinte. Dann nahm er Onkel Hermann in den Arm und die beiden Männer verharrten so minutenlang.

»An diesem Abend«, erklärte Krumbiegl dem still lauschenden Georg, »dämmerte mir zum ersten Mal, dass für Onkel Hermann und seine Familie und für alle Juden im Reich etwas Unheilvolles heraufzog. Und diese Gefahr bekam mit Frommelt und seinen Braunhemden Namen und Gesichter. Von Frommelt habe ich dir ja schon erzählt.«

Georg erinnerte sich noch. »Der Zwillingsbruder von Arschgesicht.«

»Fast richtig«, korrigierte ihn Krumbiegl. »Sein Vater, der Ortsgruppenleiter.«

Zeitig am nächsten Sonntag, noch im Morgengrauen, unternahm Karl mit seinen Eltern die alljährliche Wallfahrt seiner Familie zur Maria im Weingarten. In der Kreisstadt überquerten sie den Main. Zuvor hatten sie aber noch einen Umweg über die Straße, in der die Weitzenfelds wohnten, gemacht. Ihre Schritte hallten in der sonntäglichen Morgenstille seltsam hohl von den Fassaden der Häuser zurück. Als sie bei den Weitzenfelds vorbeikamen, fielen ihnen sofort die Schmierereien auf, die Frommelts Horde auf Torbogen, Türen und Fensterläden angebracht hatten. Onkel Hermanns Versuche, die Farbe abzuwischen, waren nur teilweise geglückt. Er würde wohl alles neu anstreichen müssen.

»Diese Drecksäcke«, empörte sich der Vater. »Die Schweinereien werden wohl dranbleiben, denn niemand wird an ihn Farbe verkaufen!«

Die praktisch veranlagte Mutter hatte aber eine Lösung: »Dann kaufen wir eben die Farbe!«

Am frühen Vormittag erreichten sie den kleinen Weinort an der Mainschleife und kühlten ihre Gesichter am Marienbrunnen. Dann folgten sie dem Kreuz-

weg durch die Weingärten hinauf zur Wallfahrtskirche. Auf ihrem Weg hinauf hatten sie mehrere kleinere Wallfahrtsgruppen überholt. Es waren viele Winzer unter ihnen, mit denen die Krumbiegls bekannt waren. Man begrüßte sich und wünschte sich eine gute Lese.

In der Kirche drängten sich Wallfahrer aus der ganzen Umgebung. Der Kirchenraum war erfüllt von Gesängen, gemurmelten Gebeten und verhaltenen Begrüßungen.

Es war Karls erste Wallfahrt mit seinen Eltern. Sein Blick wurde von der lebensgroßen Figur einer Muttergottes mit dem Jesuskind gefangen, die im Chorbogen hing. Engelpaare hielten eine Krone über Maria. Da zog ihn sein Vater am Arm und sagte: »Schön, nicht? Aber das da ist nicht die richtige Madonna. Die da ist vom Riemenschneider-Tilman. Die richtige Madonna ist da vorne!«

Die Krumbiegls wühlten sich durch die Wallfahrer, und dann stand er vor der Madonna, die dem Wallfahrtsort den Namen gegeben hatte. Er fand sie zuerst nicht so beeindruckend wie die andere Madonna. Schon das Thema war ein anderes. Die Riemenschneider-Madonna war eine schöne, glückliche junge Mutter, die dem Betrachter ihr Kind präsentierte. Im Gnadenbild hingegen zeigte sich Maria als eine immer noch schöne Frau, aber im reiferen Alter. Eine seltsam traurige Starre lag auf ihrem Gesicht. Sie hielt ihre verzweifelt verschlungenen Hände bittend vor ihrer linken Brust und schien jeden, der sie anblickte, gleichgültig wo er stand, mit ihren Augen zu erreichen. Der Grund ihrer Verzweiflung lag mit herab-

hängendem Kopf und Gebein totenstarr auf ihrem Schoß. In dieser schmucklosen Einfachheit war sie, Karl wusste nicht, woher ihm dieser Gedanke plötzlich kam, das Urbild einer trauernden Mutter, die der Welt ihren ermordeten Sohn zeigt. Noch während ihm diese Gedanken durch den Kopf gingen, hörte er, wie sein Vater leise mit der Madonna sprach. Er hatte zwei Kerzen in der Hand, die er auf dem Kerzenrost vor dem Standbild anzündete.

»Gegrüßet seist du, Maria! Ich bringe dir heute zwei Kerzen. Eine ist von Hermann. Er meinte, du wüsstest schon welche von ihm ist. Ich bitte dich für Hermann und seine Familie. Bitte wende alles Unheil von den Weitzenfelds und beschütze sie. Amen!«

Das Kerzenmeer warf helles Licht und weiche Schatten auf die Madonna.

»Hast du gesehen, Karl? Die Madonna hat uns gerade zugeblinzelt!«

Als Karl am Ende dieses anstrengenden Tages im Bett lag, schlief er mit dem Gedanken ein, dass es keinen besseren Vater als den seinen geben könne.

Mitten in der Weinlese, den arbeitsreichsten Wochen des Jahres, kam Onkel Hermann wieder auf den Hof gefahren. Karl, seine Eltern und die beiden ständig auf dem Hof beschäftigten Arbeiter waren gerade dabei, im Kelterhaus die ersten Beeren zu zerquetschen. Aber sein Vater legte ohne Zögern die Arbeit nieder.

»Wilhelm und Gerd, ihr könnt mal 'ne Pause machen. Ich ruf euch, wenn es weitergeht! Magda, mach uns doch mal einen schönen Kaffee, aber keinen Muckefuck!«

Die Mutter verschwand in der Küche.

»Ich sollte nicht mehr zu euch kommen«, hörte Karl Onkel Hermann sagen. »Ihr bekommt unseretwegen nur Schwierigkeiten!«

Krumbiegl sah, wie die Halsschlagader seines Vaters anschwoll.

»Hermann, red' jetzt keinen Blödsinn! Ich lasse mir von diesen braun lackierten Arschlöchern nicht vorschreiben, mit wem ich befreundet sein darf und mit wem nicht! Lange halten die sich sowieso nicht mehr am Ruder. Die sind schneller weg, als der Main in den Rhein fließt! Er fließt zwar langsam, aber er fließt!«

»Wenn du dich da mal nicht irrst, Karl! Es ist für Deutschland eine neue Zeit angebrochen, ob wir das wahrhaben wollen oder nicht. Die machen, was sie wollen! Die Reichsflagge ist nach dem Parteitag in Nürnberg ja auch abgeschafft worden. Wir haben jetzt wieder schwarz-weiß-rot, aber diesmal mit einem dicken Hakenkreuz in der Mitte. Und Karl, dieser Mensch in Berlin macht seine Versprechungen wahr! Die Leute sollten wirklich mal genau in Mein Kampf nachlesen, was er mit Deutschland machen will, und du weißt, er hat viele willige Helfer!«

So erregt hatte Karl Onkel Hermann noch nie erlebt. Nach einer kleinen Pause fuhr er gefasster fort: »Deine Farbe hat leider nicht viel genützt, Karl. Trotzdem, vielen Dank. Ich weiß, du hast es gut gemeint. Frommelt und seine Bande haben die

Schmierereien aber in einer Nacht- und Nebelaktion wiederholt. Diesmal noch größer!«

Die Farbe hatte Karls Vater ein paar Tage nach der Wallfahrt zur Weitzenfeldschen Weinhandlung gefahren. Dies war natürlich nicht unbemerkt geblieben. Irgendwer rief irgendwo in seinem Rücken »Judenfreund!«. Als er sich umdrehte, war aber niemand mehr zu sehen.

Der alte Krumbiegl fuhr auf: »Das haben die Kerle wirklich gemacht?«

Onkel Hermann legte ihm beschwörend die Hand auf den Arm: »Bring keine neue Farbe mehr, Karl! Soviel Farbe kannst du gar nicht liefern ...«, fuhr er resigniert fort, »... und du bekommst nur Probleme!« Als sein Freund aufbegehren wollte, schnitt er ihm mit einer ungeduldigen Geste das Wort ab. »Karl, glaub mir, das ist erst der Anfang! Die Leute wechseln jetzt schon die Straßenseite, wenn sie uns sehen! Wir werden geschnitten! Meine Kunden bestellen kaum noch Wein bei mir, Frommelt setzt alle unter Druck. Seine Schläger helfen ihm dabei nur zu gerne. Wer lässt sich schon gerne verprügeln? Allein die Drohung reicht schon aus!«

»Aber Hermann, wie wollt ihr denn überleben, wenn du nichts mehr verkaufen kannst?«

»Nun, wir werden uns zunächst einmal mächtig einschränken müssen und aus dem Sparstrumpf leben! Wie es dann weitergeht, weiß ich noch nicht! Aber irgendwie wird es schon weitergehen müssen! Für uns Juden ging es immer irgendwie weiter!«

Krumbiegl lachte bitter auf. »Ich kann meinem Vater wirklich keinen Vorwurf machen, dass er die Nazis unterschätzt hat, da sogar Onkel Hermann, der so viel klarer gesehen hat, was auf ihn zukommen würde, das ganze Ausmaß ihrer Gefährlichkeit nicht erkannt hat. ›Für uns Juden ging es immer irgendwie weiter!‹ Wie sehr hat er sich in diesem Fall geirrt!«

Vor Georgs Augen standen die Bilder, die er in dem Film gesehen hatte.

»Und doch haben manche von ihnen auch diese Hölle überlebt!«, rief Georg in Erinnerung. »Die Geschichte der Juden zu beenden, das haben auch diese Bestien in Menschengestalt nicht geschafft. Und wie hätte er vorhersehen können, dass ein Kulturvolk wie die Deutschen zu solchen Schandtaten fähig sein könnte?«

»Wir hätten es vorhersehen müssen«, wies ihn Krumbiegl zurecht. »Da wir es aber nicht vorhergesehen haben, wie können wir uns da noch erdreisten, uns mit unserer Kultur zu brüsten?«

Georg schwieg. »Was geschah dann weiter mit Onkel Hermann?«, fragte er endlich, denn auf die andere Frage fiel ihm keine Antwort ein.

»Mein Vater hat seinen Wein selbst verkauft«, antwortete Krumbiegl. »Onkel Hermann schickte seine Kunden zu uns. Sie bekamen von uns den Wein zu denselben Konditionen wie bei ihm, und was sonst Onkel Hermanns Gewinn gewesen wäre, gab mein Vater ihm weiter.«

In den folgenden Wochen läutete das Telefon der Krumbiegls häufiger als sonst, und auf viele Telefon-

gespräche folgten Weinbestellungen. Der Postbote machte sich seinen eigenen Reim darauf, denn die Absender konnte jeder lesen.

»Verkaufst du deinen Wein jetzt direkt und nicht mehr über den ... den Weitzenfeld?« Er machte eine kurze, aber bedeutsame Pause, bevor er Onkel Hermanns Namen aussprach. Der alte Krumbiegl nahm ihm die Bestellungen ab, drehte sich kurz zu ihm um und knurrte: »Das geht dich einen Scheißdreck an!«

»Na, na, Karl! Es wurde aber auch mal langsam Zeit, dass man den Juden klarmacht, dass sie bei uns nicht mehr schmarotzen können!«, legte der Postbote nach. Der Eifer war ihm ins Gesicht geschrieben. Er war erst vor ein paar Wochen in die Nazi-Partei eingetreten und wollte sich wohl besonders für sie ins Zeug legen. Krumbiegl drehte sich um, ließ den Postboten stehen und ging ins Haus.

Auch die Schule veränderte sich. Einige Lehrer trugen das Parteiabzeichen am Revers und begrüßten die Klassen morgens mit dem Nazigruß. Andere Lehrer wirkten ernst und in sich gekehrt. Einer der Lehrer, der im Deutschunterricht Schillers Worte des Glaubens behandelt und besonderen Wert auf die zweite Strophe gelegt hatte, kam in der darauffolgenden Woche nicht mehr. Viele Klassenkameraden, mit denen Karl sich bisher gut verstanden hatte, begeisterten sich für die braunen Ideen und schwärmten von Ehre und vom Vaterland der Deutschen. Einige kamen sogar in ihrer HJ-Kluft zur Schule. Frommelts Sohn Horst war dabei einer der Eifrigsten. Er verbreitete immer neue Geschichten und Versionen über die verabscheuungswürdige Widerwärtigkeit der Juden. Niemand wagte ihm zu widersprechen. Nun verstand Karl, warum Onkel Hermann Angst hatte, und er begriff auch, wie sich Angst allmählich entwickelt und von einem Besitz ergreift. Um ihn, den Sohn des »Judenfreunds«, war es ebenfalls einsam geworden.

Kurz vor Weihnachten setzte Gustav Frommelt im Gemeinderat den Beschluss durch, dass jeder, der mit Juden in geschäftlichen Verbindungen stand, von öffentlichen Aufträgen ausgeschlossen werden sollte. Außerdem wurde jedem, der aus der Gemeindekasse Unterstützung bezog, diese genommen, wenn er in jüdischen Geschäften einkaufte oder einen jüdischen Arzt oder Rechtsanwalt aufsuchte. Als Vater Krumbiegl davon hörte, bekam er einen Tobsuchtsanfall. »Ach, Karl«, versuchte die Mutter ihn zu beruhigen. »Der liebe Gott lässt die Bäume schon nicht in den Himmel wachsen. Der Frommelt und seine SA kriegen ihr Fett auch noch ab!«

»Aber dieser Kerl ist doch nur ein kleines Rädchen in diesem ganzen braunen Sumpf«, widersprach der Vater in resigniertem Ton. »Jetzt nehmen sie sich die Juden vor! Wer ist dann als nächster dran? Die machen doch schon jetzt, was sie wollen, und niemand hindert sie daran.«

»So hilflos hatte ich meinen Vater noch nie erlebt, Georg«, erklärte Krumbiegl. »Sonst war immer er es gewesen, der anderen Mut machte, aber nun schien er selbst allen Mut verloren zu haben. Ich glaube, an diesem Tag ist meine sorglose Kindheit zu Ende gegangen.« Aber dann huschte ein spitzbübisches Grinsen über sein Gesicht. »Aber das heißt nicht, dass mein Vater sich den Schneid hätte abkaufen lassen. Schon ein paar Tage später war ich mächtig stolz darauf, wie er es Frommelt gezeigt hat.«

Eines Nachmittags kam Gustav Frommelt auf seinem Motorrad auf den Hof gefahren, natürlich in der Wintergarderobe der SA. Sein halbwüchsiger Sohn saß im Beiwagen und sollte wohl eine eindrucksvolle Vorstellung von der Macht seines Vaters vorgeführt bekommen. Karl hatte wegen des Motorengeräuschs das Buch, in dem er gerade gelesen hatte, beiseite gelegt und war ans Fenster getreten. Von hier aus wurde er Zeuge des Gesprächs zwischen seinem Vater und dem ungebetenen Besucher. Krumbiegl war vor die Tür getreten, wohl deshalb, weil er den Ortsgruppenführer nicht ins Haus lassen wollte. Frommelt empfing ihn auf seinem Motorrad in der Pose eines siegreichen Feldherrn, der die Kapitulation des Gegners entgegennehmen will. Er schmetterte Karls Vater den Nazigruß entgegen und wollte dazu seinen rechten Arm in die Luft werfen, was ihm aber nur schlecht gelang. Der dicke Wintermantel, der zwischen Gesäß und Motorradsitz eingeklemmt war, behinderte die Bewegung, und die schwungvoll ausgestreckte Hand kam über die Höhe des Scheinwerfers nicht hinaus.

»Grüß Gott«, antwortete Krumbiegl und fuhr dann ruhig fort: »Das musst du aber noch üben, Frommelt!«

Dessen Gesicht lief puterrot an.

»Lass das, Karl! Die Zeit für Faxen ist in Deutschland endgültig vorbei! Jetzt weht ein anderer Wind durch Deutschland ... und wer sich dagegen stemmt ... wird weggeblasen!«, schnarrte er mit bedeutsam eingebauten Pausen. »Ich habe mit dir zu reden, Karl! Aber können wir nicht ins Haus gehen?«

»Es wird wohl nichts Wichtiges sein«, hörte der Junge seinen Vater antworten, »also können wir es auch hier besprechen!«

Der Besucher lief wieder puterrot an, versuchte sich zu beherrschen und spielte dann wieder den Überlegenen.

»Wie du willst, Karl«, dabei gab er seinem Schnarren einen drohenden Unterton. Er hatte seinen Mantel inzwischen befreit und konnte nun ungestört weit ausholende Bewegungen vollführen, die seiner Rede mehr Gewicht verleihen sollten.

Die neue Sprache beherrschte Frommelt aus dem Eff-Eff. Zunächst erhielt Krumbiegl eine kurze, aber präzise Einführung in die Rassenlehre der Nazis, dass nämlich sie, Frommelt, Krumbiegl und alle anderen guten Deutschen der edelsten Menschenrasse, den Ariern, angehörten. Der Jude dagegen lebe im deutschen Volkskörper wie ein Schmarotzer, und dieser kranke Körper könne erst wieder gesunden, wenn der Blutvergifter aus dem Körper verschwinde. Karls Vater hörte schweigend zu, seine Hände tief in den Taschen seiner Joppe vergraben. Der Junge kannte die Körpersprache seines Vaters, und er betete inständig, dass er die Fäuste in den Taschen lassen möge. Das tat er auch, und mit Erleichterung nahm Karl wahr, wie sein Vater sogar den Ansatz eines Lächelns zustande brachte.

Die schnarrende Stimme Frommelts wurde beschwörend. »Karl, in diesen für Deutschland schicksalsschweren Tagen muss das deutsche Volk wieder füreinander einstehen! Die Feinde Deutschlands lauern nicht nur an unseren Grenzen! Sie sind mitten unter uns! Und dagegen müssen wir uns zur Wehr setzen! Viele, die früher mit den Juden Geschäfte gemacht haben, haben sich von ihnen zurückgezogen und kaufen nur noch bei Deutschen! Wir haben sehr wohl mitbekommen, dass du deinen Wein nicht mehr an den Juden Weitzenfeld, sondern jetzt direkt an seine Kunden verkaufst. Das ist gut! Nur so können wir diese Aasgeier los werden!« Hier schob er wieder eine bedeutsame Pause ein. »Ich mach dir hier und jetzt einen Vorschlag, den du gar nicht ablehnen kannst!«

»Da bin ich aber gespannt, Frommelt!« Die Stimme Krumbiegls klang rau, als er ein Taschentuch aus der Tasche zog und sich laut und umständlich schnäuzte. Einen Augenblick lang war der Besucher irritiert und kam aus dem Tritt.

»Ja, also, Karl – die Belieferung jedes einzelnen Kunden ist doch umständlich und kostet nur deine Zeit. Darum mein Vorschlag: Du lieferst deinen Wein an mich, und ich übernehme dann den Kundenstamm, und du brauchst dich nicht mehr um den ganzen umständlichen Auslieferungskram zu kümmern. Statt mit dem Juden machst du dann deine Geschäfte ganz im Sinne des Führers mit einem anständigen

Deutschen! Im Grunde ändert sich für dich ja nichts! Über den Preis können wir natürlich reden!«

Das war es also! Dieser braune Halunke hatte Onkel Hermanns Lebensgrundlage vernichtet, um sich selbst daran zu bereichern!

Während der ganzen Zeit hatte Frommelts Sohn gelangweilt im Beiwagen gesessen und seine Blicke herumschweifen lassen. Jetzt hatte er Karl hinter dem Fenster erspäht und grinste höhnisch zu ihm hinauf. Wie konnte dieser Kerl es wagen, ihn auf seinem Grund und Boden zu bedrohen! Er zwang sich zur Ruhe, stützte seine Hände auf das Fensterbrett, zeigte sein grimmigstes Gesicht und fixierte den jungen Frommelt so lange, bis der wegschaute. Unten hörte er nun seinen Vater antworten: »Ne, ne, Frommelt! Lass man. Es geht jetzt ganz gut so, wie es jetzt ist! Ich verkaufe meinen Wein weiterhin selbst!«

Krumbiegl wandte sich um, öffnete die Tür und ließ einen verblüfften Frommelt stehen. Der erholte sich schnell von der Abfuhr und schnarrte mit überschnappender Stimme: »Das war nicht dein letztes Wort, Krumbiegl! Ich komme wieder, und dann wird sich deine Antwort anders anhören!« Aber den letzten Satz hörten nur noch die zugeschlagene Tür und Karl hinter seinem Fenster.

»Am nächsten Morgen begann Horst, mir in der Schule die Schwierigkeiten zu machen, von denen ich dir schon erzählt habe«, erklärte Krumbiegl. »Aber ich habe mich durchgesetzt, und so brachte ich die Zeit bis zur Schulentlassung im Frühjahr ungeschoren hinter mich. In der Klasse wurde ich nun zwar geschnitten, aber es wagte sich niemand mehr an mich heran. Horst und seine Truppe versuchten zwar immer wieder, mich zu denunzieren, doch ihre Anschuldigungen trafen bei ihrem Lehrer auf taube Ohren, weil der ihre plumpen Vorwürfe richtig einschätzte.« Er seufzte. »Wäre nur mit seinem Vater genauso leicht fertigzuwerden gewesen! Seinetwegen sahen wir die Weitzenfelds jetzt nur noch ganz selten. Onkel Hermann meinte, wir sollten die Kontakte auf das Nötigste beschränken, bis die Lage sich wieder normalisiert hätte. Aber Frommelt machte uns natürlich trotzdem ständig Scherereien!«

Es war Karls erstes Lehrjahr nach seinem Schulabschluss im Betrieb seines Vaters. Am ersten Morgen der Weinlese versammelte sich auf dem Hof der Krumbiegls nur eine kleine Gruppe Erntehelfer, in der Mehrzahl Frauen und ein paar ältere Männer. Die übrigen Helfer, die schon seit Jahren den Krumbiegls bei der Weinlese halfen, waren von Frommelts SA-Männern mit Drohungen unter Druck gesetzt worden, nicht mehr für diese Judenfreunde zu arbeiten. Die Frauen erwiesen sich als mutiger als die Männer: Sie waren fast vollständig erschienen.

Am Ende hatten Frommelts Sabotagemaßnahmen dann doch nicht den von ihm gewünschten Erfolg. Der Ernteverlauf zog sich zwar länger hin als bei den anderen Winzern, dadurch bekamen die Trauben aber noch wunderschöne Herbstsonnentage mit und hatten eine besonders gute Qualität. Das gab den Geschäften wieder Auftrieb, die sich vorübergehend verschlechtert hatten, weil Frommelt die ortsansässi-

gen Abnehmer Krumbieglscher Weine massiv unter Druck setzte.

Karls Vater und Onkel Hermann trafen sich häufig »rein zufällig« im Krumbieglschen Weinberg. Bei diesen Treffen steckte sein Vater Onkel Hermann immer einen Umschlag mit dem Gewinn aus den Weinverkäufen zu. Karl fiel die Rolle des Wächters zu. Er stieg hoch in den Weinberg hinauf bis zu einer Stelle, von der aus er in alle Richtungen schauen und eine unerwartet auftauchende Gefahr sofort signalisieren konnte.

Die Lage normalisierte sich nicht wieder. Im Gegenteil: Es wurde in den folgenden Jahren immer schlimmer für die jüdische Bevölkerung im Reich, wie Onkel Hermann vorausgesehen hatte. Mit immer ausgeklügelteren Beschränkungen wurde sie drangsaliert. Nur die Zeit der Olympischen Spiele in Garmisch und Berlin war eine Atempause, denn die Nazis gaben sich weltoffen, um der Welt Sand in die Augen zu streuen. Doch gleich danach setzte der Druck erneut und ungehemmter als je zuvor wieder ein. Nur vereinzelt wagten einige mutige Stimmen dagegen aufzubegehren. Die große Masse aber blieb seltsam teilnahmslos.

Angst vor einer immer ausgefeilteren und bedrohlich empfundenen Überwachung spielte dabei vielleicht eine Rolle. Es war ja niemand mehr vor bösartigen Anschuldigen, etwa eines neidischen Nachbarn oder Kollegen, sicher. Dass aus der flächendeckenden Einrichtung von KZs kein Geheimnis gemacht wurde, war ein ebenso deutliches Signal, dass Widerstand schlimme Folgen hatte, wie das Schweigen entlassener

Häftlinge. Immer mehr Juden hielten diesem Druck nicht mehr stand und versuchten, Deutschland zu verlassen. Ihre Ausreise wurde aber nur genehmigt, wenn sie vorher ihren Besitz gegen einen Bruchteil dessen, was er wert war, an einen reinrassigen Deutschen verkauft hatten.

Ortsgruppenleiter Gustav Frommelt hätte gar zu gerne den Besitz der Weitzenfelds auf diese Weise in seinen Besitz gebracht. Onkel Hermann wollte das Land aber nicht verlassen – nicht nur, um seine Muttersprache nicht aufgeben zu müssen, sondern auch, weil Juden in vielen Ländern nur noch widerstrebend aufgenommen wurden. Er sprach zwar Französisch, aber die Franzosen wollten keine deutschen Juden. England und Amerika sahen auch keine Notwendigkeit, ihre Einwanderungspolitik für deutsche Juden zu ändern. Blieb noch Palästina. Jüdische Organisationen forderten ihre Mitglieder mit dem Ruf »Nächstes Jahr in Jerusalem« auf, ins Land der Väter zurückzukehren. Aber was sollte er in Palästina, einem Landstrich, so öde wie eine Braunkohlengrube? Hinzu kamen noch die den Einwanderern feindlich gesinnten Araber. Nein, wie sollte und konnte er in seinem Alter seiner Familie eine solche Gegend zumuten! Da wollte er dann doch lieber darauf hoffen, dass der braune Spuk eines Tages genau so wieder verschwinden würde, wie er gekommen war! Deutschland, sein Deutschland, war doch ein Land der Kultur, es konnte doch nicht auf Dauer von kulturlosen Horden regiert werden!

Aber Gustav Frommelt nutzte das weite Betätigungsfeld, das ihm die Politik bot, für ungestrafte

Gemeinheiten und Gewalttaten. So wurden die Weitzenfelds tagelang vom Wasser oder Strom abgeschnitten. Dann ging nachts ein mit Stallmist beladener Karren vor der Haustür der Weitzenfelds zu Bruch. Für die Beseitigung nach ein paar Tagen wurde ihnen eine Gebühr abverlangt. Bald darauf wurde ein Schweinskopf mit den Ohren an die Tür genagelt. Darüber war mit ungelenken Buchstaben und von Hakenkreuzen eingerahmt das Wort »Saujud« gepinselt. Eigenartigerweise wurden die Fenster zur Hofseite des Hauses aber nicht beschmiert. Das häusliche Leben spielte sich jetzt nur noch in der Küche ab, die zum Hof hin lag.

Im August achtunddreißig erhielten die Weitzenfelds dann, so wie alle Juden im Reich, neue, zusätzliche Vornamen, Sara und Israel. Sie mussten ihre alten Pässe abgeben und erhielten neue, in die ein dickes »J« eingedruckt war.

Im November 1938 lieferte ein verzweifelter junger Jude, der in Paris einen deutschen Gesandtschaftsrat niedergeschossen hatte, den Vorwand zum Ausbruch des angeblichen »spontanen Volkszorns« gegen die Juden im Deutschen Reich. Angefeuert durch die Hetzrede ihres Führers nahmen sich die Schlägertrupps der SA noch in derselben Nacht im ganzen Reich alle jüdischen Bürger vor, deren sie habhaft werden konnten. Juden wurden verhaftet, getötet, ihre Wohnungen verwüstet und Geschäfte und Synagogen in Brand gesteckt. Nach dieser Nacht war nichts mehr wie vorher, weder für die Juden selbst noch für ihre nichtjüdischen Freunde und Nachbarn. Die Anständigen unter jenen versuchten wohl zu hel-

fen, aber da fast alles, was sie hätten tun können, auch wenn es nicht gesetzlich verboten war, die Aufmerksamkeit Übelwollender auf sie zog, riskierten sie dabei selbst Kopf und Kragen. So mancher, der bis dahin noch Kontakt zu jüdischen Nachbarn gehalten hatte, entdeckte nun, dass ihm das Hemd doch näher war als der Rock.

Für die Juden in der kleinen Stadt am Main kam das Unheil mit Verzögerung. Die Weitzenfelds wähnten sich schon von den Ausschreitungen verschont, von denen im Rundfunk reißerisch berichtet wurde, als am frühen Vormittag des nächsten Tags eine motorisierte SA-Truppe in die Stadt einfiel, die Frommelt aus einem der benachbarten Orte angefordert hatte. Sie gingen systematisch vor. Wohnung um Wohnung, Haus um Haus, Geschäft um Geschäft, alles, was einer jüdischen Familie gehörte, wurde verwüstet, in Brand gesteckt, die Bewohner auf die Straße getrieben und dort misshandelt.

Elisabeth und Ursula wurden von jungen SA-Männern festgehalten, die kaum dem Lehrlingsalter entwachsen waren, ein anderer schnitt ihnen mit einer Schere große Löcher in die Haare. Onkel Hermann wurde zu Boden gestoßen und mit Schulterriemen verprügelt. Dann wurde er gemeinsam mit anderen jüdischen Männern auf den Lastwagen geworfen und unter dem Gejohle der SA in den Nachbarort gefahren und ins dortige Polizeigefängnis gesteckt. Hier wurden sie wieder verprügelt und erst am nächsten Tag wieder freigelassen. Den Heimweg mussten sie zu Fuß und ohne ihre Schuhe antreten. Halbwüch-

sige, von ihren Jungvolkführern angefeuert, standen am Straßenrand und bewarfen sie mit Pferdekot.

Die Schläge hatte Onkel Hermann, unter Stöhnen, aber ohne eine Träne zu vergießen, ertragen, aber als er an seinem Haus angekommen war und das Ergebnis des Fleißes seiner Familie zerstört und halb verbrannt sah, konnte er die Tränen nicht mehr zurückhalten. Auf wunden Füßen quälte er sich in den Hof. Neben der Küchentür sah er zwei Fahrräder stehen, und als er die Tür öffnete, saßen Vater und Sohn Krumbiegl mit seiner Frau und seiner Tochter am Küchentisch.

»Hermann, Gott sei Dank, du lebst!« Elisabeth Weitzenfeld sprang schluchzend auf und nahm ihren Mann ungeachtet seiner verkoteten Kleidung in den Arm. Ursula drängte sich zwischen ihre Eltern und zog ihre Köpfe gegen ihr tränennasses Gesicht. Auch die Krumbiegls waren aufgesprungen. Sie starrten auf die erbarmungswürdige Gestalt mit den blutigen Füßen, dem zerschlagenen Gesicht und der zerrissenen und verdreckten Kleidung.

»Dieses Bild hat sich mir unauslöschlich eingebrannt, Georg.« Krumbiegl blickte seinen Freund eindringlich an. »Diese drei Menschen, die ich liebte wie meine eigene Familie, waren schutzlos der Willkür von Unmenschen ausgeliefert, und mein Vater und ich konnten nichts dagegen tun. Ich musste wegsehen, um selbst nicht laut loszuheulen. Aber dann sah ich doch wieder hin. Vielleicht hältst du mich jetzt für verrückt, aber ich konnte einfach nicht aufhören, Ursula anzusehen, weil sie so schön war. Trotz der zerschnittenen Haare und trotz ihrer Verzweiflung: Nie zuvor war sie mir so schön vorgekommen.«

Georg stellte sich Marie an der Stelle der armen Ursula Weitzenfeld vor. Unwillkürlich ballte er die Fäuste.

»Aber noch etwas schlug mich an ihr in den Bann«, erzählte Krumbiegl weiter. »In ihrem Gesicht war ein Ausdruck, den ich noch nie gesehen hatte, er war trotz aller Verzweiflung voll aufbegehrender, kämpferischer Wildheit, der sich mit dem Geschehenen nicht abfinden wollte. Dass es etwas im Menschen gibt, einen innersten Kern, den selbst die größte Bosheit nicht zerstören kann, habe ich auch damals erkannt.«

An jene entsetzliche Nacht, in der auch in Münster die Synagoge gebrannt hatte, Schaufensterscheiben eingeschlagen und Wohnungen verwüstet wurden, erinnerte Georg sich noch ganz genau. Schockiert war er am nächsten Tag durch die Straßen gegangen, die voller Trümmer und Scherben lagen. An einen spontanen Ausbruch des Volkszorns glaubte er keine Minute, denn aus den Gesichtern vieler Passanten las er ähnliches Entsetzen über den Gewaltausbruch heraus, wie er selbst es empfand. Nur ein paar Männer in braunen Uniformen feixten. Wie es den Opfern der Gewalttat ergangen war, konnte er aber erst jetzt ermessen, und das beschämte ihn.

»Es war sehr mutig von euch, die Weitzenfelds zu besuchen«, sagte er laut zu Krumbiegl. »Habt ihr deswegen nicht Ärger mit eurem Parteibonzen bekommen?«

Sein Freund machte eine wegwerfende Handbewegung. »Frommelt? Der hätte uns ja schon vorher gerne am Zeug geflickt«, gab er zurück. »Aber so einfach wie bei Onkel Hermann konnte er es sich mit uns dann doch nicht machen. Außerdem hatte er einen Heidenrespekt vor meinem Vater, und er hat es nie geschafft, den ganz abzulegen.«

Vater Krumbiegl war die Bestürzung anzusehen. Er löste die beiden Frauen sanft von Onkel Hermann und zog ihm die Jacke aus. Onkel Hermann ließ es willenlos geschehen.

»Hermann, ihr seid nicht alleine! Die Krumbiegls sind auch noch da!«, hörte Karl seinen Vater mit seltsam rauer Stimme sagen. Ursula nahm die Jacke ihres Vaters, rollte sie auf links zusammen, öffnete die Herdplatte und warf sie ins Feuer. Ein beißender Geruch erfüllte die kleine Küche, aber niemand nahm davon Notiz. Tante Elisabeth hatte inzwischen einen großen Topf mit Wasser gefüllt und auf das Ofenloch gestellt. Als das Wasser heiß war, schüttete sie es in eine große Emailleschüssel. Ursula hatte schon Seife und Handtücher bereitgelegt, und der alte Krumbiegl hob Onkel Hermann wie einen kleinen Jungen hoch, setzte ihn auf einen der wackligen Stühle und stellte seine Füße sanft in die Waschschüssel. Erst zuckte Onkel Hermann zusammen, aber dann schien das warme Wasser seine Schmerzen zu lindern. Tante Elisabeth kniete vor ihrem Mann und begann vorsichtig, seine Füße auszuwaschen. Das Wasser nahm sehr schnell eine rote Farbe an. Ursula wusch währenddessen das Gesicht ihres Vaters und löste vorsichtig die

Blutverkrustungen um Nase und Mund. Tante Elisabeth schüttete das blutige Wasser aus und kochte für Onkel Hermanns Füße einen Kamillensud auf, in den sie nun seine Füße stellte.

Die ganze Zeit über war kein Wort mehr gesprochen worden, bis Onkel Hermann den Arm seines alten Freunds ergriff, sich daran aufrichtete und mit schwer verständlicher, verquollener Stimme sagte: »Danke, Karl, dass ihr gekommen seid! Ihr hättet das aber nicht tun sollen! Jetzt steht ihr auch auf deren Liste!«

Krumbiegl drückte Onkel Hermanns Hand: »Lass mal, Hermann! Frommelt hat uns doch schon lange im Visier, darüber mache ich mir keine Sorgen! Ich mache mir aber Sorgen um euch! Ihr müsst hier irgendwie aus der Schusslinie heraus. Ich sage dir aber ehrlich, ich weiß auch nicht, wie!«

Karl hatte seinen Vater noch nie so niedergeschlagen gesehen.

Sie saßen jetzt alle um den Tisch herum. Onkel Hermann hatte seine Hände weit von sich in die Tischmitte gestreckt. Tante Elisabeth und Ursula legten ihre Hände darauf, die nun unter den Pranken seines Vaters vergraben wurden. Da krochen auch Karls Hände wie von selbst in die Mitte und legten sich auf die Hände seines Vaters. Er spürte ihre vertraute Knorrigkeit, die doch so behutsam das Weinlaub von den Reben wegschneiden konnte, damit die Sonne sie besser erreichte.

Onkel Hermann schwieg beharrlich, und niemand wagte ihn zu fragen, was ihm widerfahren war. Der alte Krumbiegl durchbrach die Stille: »Hermann, ich habe mir den angerichteten Schaden mal genauer angesehen. Die braunen Scheißkerle haben nur euer Wohnhaus verwüstet. Der Weinkeller, das Lager und die Abfüllung sind unbeschädigt. Daran erkennst du Frommelts Handschrift! Er will dich hier billig herauskaufen, um dein Geschäft zu übernehmen. Du wirst sehen, in ein paar Tagen taucht er hier auf, natürlich mit ein paar Spießgesellen vor der Tür. Da müssen sie dann warten, denn Zeugen kann er nicht brauchen, wenn er dir ein Angebot macht, das du nicht ausschlagen kannst, weil er euch sonst täglich schikanieren und drangsalieren wird!«

Onkel Hermann sah seinen Freund gequält an: »Das weiß ich jetzt auch, Karl! Was soll aber dann aus Elisabeth und Ursula werden? Wo sollen wir denn hin? Unseren Verwandten geht es mit Sicherheit nicht anders als uns! Wir gehören doch hierher! Mein erster Vorfahr, der sich hier niederließ, wird mit einem Schutzbrief von sechzehnhundertvierundachtzig erwähnt! Das ist länger als sich irgendjemand an eine Familie Frommelt erinnern kann!«

Seine sonst so gepflegte Aussprache war durch den zerschlagenen Mund zu einem Nuscheln verkommen.

Es schmerzte Karl, Onkel Hermann, den er kannte, seit er sich erinnern konnte, in diesem erbarmungswürdigen Zustand sehen zu müssen. Und er spürte, wie sein Vater, seine eigene Hilflosigkeit. Da drängte plötzlich und von ihm gar nicht gewollt, eine Frage aus ihm heraus.

»Warum hassen die Nazis euch Juden eigentlich so?«

Sein Vater blickte ihn erschrocken an. Onkel Hermann brachte aber mit seinem zerschlagenen Gesicht so etwas wie ein Lächeln zustande.

»Nein, Karl, lass deinen Sohn nur fragen! Noch können wir ihm Antworten geben. Die soll er von mir bekommen!«

»Hast du dich eigentlich jemals gefragt, warum die Nazis die Juden überhaupt so hassen?«, wandte sich Krumbiegl an Georg. Der schüttelte den Kopf. »Was für eine Antwort hast du denn bekommen?«, fragte er.

»Ganz kurz zusammengefasst: Die Nazis, sagte Onkel Hermann, haben sich alte Vorurteile zunutze gemacht, die schon seit Jahrhunderten in den Köpfen der Menschen herumgeistert. Die Juden waren schon seit dem Mittelalter ein bequemer Sündenbock!«

Er zählte auf: »Erstens der Vorwurf, die Juden hätten Christus getötet! Getötet haben ihn offensichtlich die Römer, aber der damalige Priesteradel war ebenso offensichtlich der Drahtzieher hinter der Kreuzigung. Der Evangelist Matthäus überlieferte einen Satz, mit dem bis heute alles Unrecht an Juden gerechtfertigt wird. Die Juden sollen damals gerufen haben: ›Sein Blut komme über uns und unsere Kinder.‹ Zweitens ihre andere Lebensweise – der Samstag statt des Sonntags als heiliger Tag, Speise- und Reinheitsvorschriften. Die Reinheitsvorschriften waren es sogar, die den Juden im Mittelalter den Vorwurf eingetragen haben, Brunnenvergifter zu sein.«

Georg sah Krumbiegl ungläubig an und erfuhr, dass die Juden damals nur in abgetrennten Wohnbezirken einer Stadt wohnen durften. Dort ging es aber viel hygienischer zu als im Rest der Stadt. Wegen ihrer Reinheitsvorschriften mussten die Juden regelmäßig rituelle Bäder nehmen, und ihre Abfälle warfen sie nicht einfach auf die Gassen, wie das damals sonst alle taten, sondern legten in einigem Abstand zum Wohngebiet Abfallgruben an. Deshalb war ihr Brunnenwasser sauber, und wenn Seuchen durch verunreinigtes Wasser auftraten, waren sie davon nicht betroffen. Weil die Juden dann nicht krank wurden, glaubten die nichtjüdischen Bewohner der Stadt, sie hätten ihre Brunnen vergiftet.

»Drittens«, fuhr Krumbiegl fort, »war da außerdem noch die Sache mit dem Geld. Juden durften von Gesetz wegen keine Bauern und Handwerker sein, auch Grundbesitz durften sie nicht haben, also waren die meisten von ihnen Händler oder Geldverleiher. Reich wurden sie damit aber meistens nicht, denn sie hatten eine viel höhere Steuerlast als die Christen.«

»Meine Vorfahren stammen nicht sehr weit von hier aus einem kleinen Ort am Main«, erzählte Onkel Hermann. »Sie waren ursprünglich Hausierer, also Händler, die von Haus zu Haus gingen und Waren verkauften. Andere Juden verdienten ihr Geld im Viehhandel. Das einzige Handwerk, das einem Juden erlaubt war, war das Steinmetzhandwerk. Der jüdische Steinmetz durfte aber nur Grabsteine für Juden herstellen. Christen durften außerdem für verliehenes Geld keine Zinsen nehmen, und da sich sonst Geld verleihen nicht lohnt, übernahmen das dann die Juden. Sie durften aber nicht mehr als fünf Prozent

Zinsen erheben. Für die christliche Bevölkerung war die Steuerlast überschaubar. Im Wesentlichen war das der Zehnt und die Sterbfallsteuer. Die Juden hatten neben den beruflichen Einschränkungen noch eine Menge Steuern, Zölle und Abgaben zu entrichten … und das nur, weil sie Juden waren!«

Karl hatte interessiert zugehört und wollte nun genau wissen, welche Steuern die Juden zu entrichten hatten.

Onkel Hermann nahm seine Finger zu Hilfe. »Also, da war natürlich zuerst das Schutzgeld für die Schutzbriefe, das jedes Jahr an den Fürstbischof von Würzburg für die ganze Familie gezahlt werden musste. Dazu musste er für sich persönlich noch einen Leibzoll entrichten. Das Dorf, in dem mein Vorfahr lebte, gehörte zu einer Ganerbengemeinschaft. Ganerben waren mehrere Zweige einer adeligen Familie, die sich ein Gebiet, in diesem Fall ein Dorf, teilen mussten. An diese Familien musste auch ein Schutzgeld gezahlt werden. Weiter mussten alle mainfränkischen Juden ein vierteljährliches Extrageld an den Fürstbischof zahlen. Im Dorf selber kassierte der Schultheiß neben den allgemein üblichen Steuern auch noch eine Beisteuer, die alle Juden des Dorfes gemeinsam bezahlen mussten, und der Pfarrer des Dorfes kassierte nur von den Juden ein Neujahrsgeld. Neben all diesen Abgaben gab es noch eine Reihe von Leibzöllen und Steuern, die nur von Juden erhoben wurden.«

»Aber Onkel Hermann«, unterbrach ihn Karl, »wie konnten die Juden denn dann überleben?«

»Für viele Juden war das wirklich schwierig, eigentlich für die meisten. Sicher, einige wurden reich, manche sogar sehr reich, aber sie waren dann natürlich der Geldgier ihrer Landesherren ausgesetzt, die ständig in Geldnöten steckten.«

»Aber wie ist das denn mit dir, Onkel Hermann? Du und dein Vater, ihr wart doch hier angesehene Weinhändler ...«

Karl erschrak über seine letzten Worte angesichts dessen, was ihn hier umgab. Onkel Hermann verstand aber nur zu gut, was in dem Jungen vorging.

»Nun, das Leben wurde für die Juden, also auch für uns Weitzenfelds im Laufe des neunzehnten Jahrhunderts einfacher.«

»Wie kam das?« Karl beugte sich gespannt vor.

»Nach Napoleon hatte sich Europa verändert. Natürlich auch Deutschland. In Bayern wurde nun die königlich-bayerische Regierung die Zentralmacht, und die kleinen Fürstentümer verloren ihren Einfluss. Die bayerischen Herzöge und Könige waren immer recht weltoffen, und sie verbesserten die rechtliche Stellung der Juden nun erheblich durch Gesetze. Die Juden mussten den Untertaneneid leisten und deutsche Namen annehmen. Seitdem heißt meine Familie Weitzenfeld. Die Juden wählten alle Namen, die sich ausgesprochen deutsch anhörten. Von da an durften Juden auch alle Arten von Gewerbe betreiben.«

Ein Lächeln ging über Karls Gesicht: »Das ist wirklich wahr! Deutscher als Weitzenfeld geht es ja wohl nicht! Dagegen ist unser Name schon recht komisch: ... Krumbiegl!«

Sein Vater knuffte ihn in die Seite, musste nun aber auch lachen und führte Onkel Hermanns Erklärungen jetzt mit seinen eigenen Erkenntnissen weiter.

»Mein Vater, also dein Großvater, Karl, und Onkel Hermanns Vater waren schon Geschäftspartner. Hermann und ich kannten uns auch schon als Kinder. Und als wir dann die Geschäfte übernahmen, führten wir natürlich unsere geschäftlichen Verbindungen weiter. Wir Krumbiegls haben nie mit ehrlicheren Menschen als den Weitzenfelds zusammengearbeitet. Da gab es unter den anderen Weinhändlern ganz andere Kaliber. Die Frommelts, zum Beispiel, waren schon immer Ganoven. Dem dicken Frommelt passt die ganze Judenhetze der Nazis genau aus diesem Grund prima in den Kram. Auf diese Weise kann er seine Konkurrenten aus dem Geschäft drängen.«

Es wurde für einen Augenblick still in der Küche. Tante Elisabeth hatte zwischendurch den Kamillensud ausgewechselt und wickelte Mullbinden um Onkel Hermanns geschundene Füße. In diese Stille hinein griff der alte Krumbiegl in die Jackentasche, zog einen Briefumschlag heraus und legte ihn auf den Tisch.

»So, Hermann, Elisabeth! Hier sind zweitausend Mark. Davon lasst ihr erst einmal die notwendigsten Dinge reparieren, die euch die Drecksäcke kaputt gemacht haben! Ich denke ihr braucht erst einmal neue Scheiben!«

Onkel Hermann und Tante Elisabeth wollten dagegen Einwände erheben, Karls Vater ließ sich aber nicht beirren und bestand auf die Annahme des Geldes.

»Es gibt nur ganz wenige Tage in meinem Leben an die ich mich geradezu minutiös erinnern kann. Der elfte November neunzehnhundertachtunddreißig war ein solcher Tag«, schloss Krumbiegl. »Aber natürlich war die Sache damit noch nicht zu Ende. Es ging damit weiter, dass wenige Tage später von der Regierung beschlossen wurde, die Juden müssten für die Geschehnisse dieser Nacht ›sühnen‹, also dass man ihre Geschäfte und Wohnungen und ihre Synagogen verbrannt und dass man sie verprügelt und umgebracht hatte! Einundneunzig Juden sollen in jener Nacht im Reich umgebracht worden sein, und niemand wurde dafür zur Rechenschaft gezogen. Aber über alle Juden im Reichsgebiet wurde eine Strafe in Höhe von einer Milliarde Reichsmark verhängt, die sie an die Reichsregierung zahlen mussten! Dazu noch mussten sie alle Schäden, die ihnen die braunen Halunken zugefügt haben, aus eigener Tasche sofort beseitigen lassen. Versicherungsansprüche wurden zugunsten des Deutschen Reiches beschlagnahmt. Außerdem war beschlossen worden, dass Juden vom ersten Januar an keinerlei Geschäfte mehr betreiben durften!«

»Der Ermordete ist also selber schuld und muss auch noch seinen eigenen Sarg bezahlen!«, kommentierte der alte Krumbiegl grimmig, nachdem er alle Ungeheuerlichkeiten aus der Zeitung vorgelesen hatte. »Aber der Frommelt wird sich nun ganz besonders freuen! Jetzt kann er Hermanns Weinhandel kostengünstig übernehmen, die braune Drecksau!«

Magda Krumbiegl stand mit zwei Scherben in der Hand vor dem Tisch. Die stammten von der Kaffeetasse, die ihr Mann in seinem Zorn versehentlich vom Tisch gefegt hatte, während er las. »Sag, dass das nicht wahr ist, Karl!«

Karl nahm seinem Vater die Zeitung aus der Hand, überflog den Artikel und blätterte dann weiter. Die Zeitung war angefüllt mit Bildern und Berichten zu dem Ereignis, das jetzt einen Namen hatte: Reichskristallnacht.

Sein Vater nahm die Zeitung wieder an sich, zerknüllte sie, ging zum Herd und verbrannte sie: »So ein Dreck hat auf unserem Tisch nichts zu suchen!«

Frommelt verlor keine Zeit. Schon zwei Tage nach dem Sühneerlassbericht im Landboten tauchte der Glaser auf und ersetzte, ohne auch nur ein Wort mit den Weitzenfelds zu reden, die Fensterscheiben. Er legte die Rechnung auf den Tisch und klopfte drängend auf den Betrag. Onkel Hermann konnte ihm das Geld nicht passend geben. Der Glaser verzichtete auf die Herausgabe des Restbetrages und machte sich eilig davon.

Einen Tag später wurde Onkel Hermann ins Rathaus befohlen. Ortsgruppenleiter Gustav Frommelt saß hinter einem mächtigen Schreibtisch, blätterte in einer Akte und spielte den Beschäftigten.

»Ah, der Jude Weitzenfeld!«, dabei schlug er den Akt zu und tat so, als müsse er sich jetzt einer lästigen Aufgabe entledigen. Er forderte Onkel Hermann auch nicht auf, Platz zu nehmen, sondern ließ ihn neben dem Besucherstuhl stehen.

»Mir ist zu Ohren gekommen, dass das Haus des Juden Weitzenfeld wieder manierlich aussieht. Da Juden ab dem ersten Januar nicht mehr erlaubt ist, einen Betrieb zu führen, besteht für das Anwesen der Weinhandlung des Juden Weitzenfeld auch nicht mehr die Notwendigkeit der Anwesenheit dieser Judenfamilie. Dem Juden Weitzenfeld wird damit die Möglichkeit gegeben, sein Geschäft …« – hier erschien jetzt auf dem Gesicht Frommelts ein maliziöses Lächeln, bevor er fortfuhr – »an einen arischen Interessenten zu verkaufen. Der Preis ist natürlich keine Verhandlungssache. In den nächsten Tagen wird der sehr geschätzte Rechtsanwalt und Notar Dr. Steigermann bei dem Juden Weitzenfeld erscheinen und ihm den Kaufvertrag für seine Weinhandlung zur Unterschrift vorlegen. Wenn der Jude Weitzenfeld ein Bankkonto im Ausland haben sollte, kann er sofort nach dem Verkauf mit seiner Familie Deutschland verlassen. Der Jude Weitzenfeld kann jetzt gehen. Meine Arbeitszeit für die Erneuerung Deutschlands ist viel zu wertvoll, um sie mit einem Juden zu verplempern!«

Am Abend desselben Tages ging der alte Krumbiegl zu den Weitzenfelds. Tante Elisabeth hatte ihn angerufen, weil sie sich um Hermanns Zustand Sorgen machte. Als sein Vater spät am Abend nach Hause kam, warteten Karl und seine Mutter auf ihn in der Küche. Während sein Vater die Neuigkeiten berichtete, musste er mit den Tränen kämpfen. Seine Mutter rückte nahe an ihn heran: »Was wollen die Ärmsten denn jetzt machen?«

»Sie werden wohl an Frommelt verkaufen müssen, denn wer sollte sonst dahinterstecken? Dann wollen sie Deutschland verlassen und zunächst nach Antwerpen gehen. Elisabeth hat dort eine Cousine. Sie können Deutschland auch nur verlassen, weil sie ein Bankkonto in Belgien haben. Ohne ein Auslandskonto dürfen Juden nicht aus Deutschland raus.«

Karl hatte einen Einfall. »Können wir Onkel Hermann nicht die Weinhandlung abkaufen?«

Sein Vater schüttelte den Kopf. Das Geld, das er den Weitzenfelds für die Reparaturen gegeben hatte, war alles gewesen, was er gerade übrig gehabt hatte.

Aber der Junge blieb hartnäckig. »Und wenn wir uns Geld leihen?«

»Von wem?«, fragte sein Vater trocken. »Die Sparkasse wird mir dafür keinen Kredit geben, aber dafür dem Frommelt brühwarm weitererzählen, dass ich einen haben wollte.«

Karl musste einsehen, dass es unmöglich war, seine Idee zu verwirklichen.

Der Tag, an dem die Weitzenfelds aus seinem Leben verschwanden, den schwarzen Opel beladen mit den Dingen, die ihnen mitzunehmen erlaubt waren, war ein nebliger Morgen kurz vor dem ersten Advent. Er passte zu der trüben Stimmung, in der sich die Menschen befanden, die sich hier voneinander verabschiedeten und wussten, vielleicht sahen sie sich heute zum letzten Mal.

Die beiden Familien standen sich gegenüber, zunächst unfähig, ein Wort zu sagen. Aber dann war es Onkel Hermann, der nach den Tagen des schweig-

samen Trauerns den Anfang machte. »Bevor wir dieses Land verlassen, das für den größten Teil der Geschichte für uns Juden ein schwieriges Land gewesen ist, möchte ich euch Krumbiegls zu Zeugen nehmen für das, was uns hier genommen worden ist!«

Onkel Hermanns Stimme war fest, fast feierlich, so, wie ein Pfarrer in der Sonntagspredigt seine Gemeinde anspricht. Auch seine Haltung war fast wieder so, wie sie Karl aus guten Tagen in Erinnerung war. Er ging zum Auto und kam mit einer Ledertasche zurück.

Daraus nahm er den Kaufvertrag, den er mit Frommelt hatte abschließen müssen, und reichte ihn Krumbiegl. Der überflog den Vertrag und hielt ihn dabei so, dass auch Karl und seine Mutter mitlesen konnten. Da war zunächst das Anschreiben einschließlich der Notariatskosten. Neben der Adresse des Notars prangte das Symbol des NSRB, ein Adler mit dicker Hakenkreuzbrust, der auf einem senkrechten Schwert saß und wie zum Hohn die Waage der Gerechtigkeit präsentierte.

»Schau dir an, Magda, wer alles mit diesen Halunken gemeinsame Sache macht!«, rief der alte Krumbiegl aus. »Rechtsanwalt Dr. Fritz Steigermann! Ist also auch der schon dem braunen Truppenaufmarsch beigetreten! ... und hier«, sein Finger zeigte auf einen Passus, »die Notariatskosten trägt allein Hermann!«

Er löste die Heftklammer und legte den Kaufvertrag über das Anschreiben.

»Hermann, sag dass das nicht wahr ist!« Er machte eine kurze Pause und fuhr mehr zu sich als an die Umstehenden gewandt leise fort: »Das ist die größte

Sauerei, die mir je vor die Augen gekommen ist! Da reißt sich so ein Saukerl wie der Frommelt mit Hilfe eines studierten Schweinehundes euer Geschäft unter den Nagel, und das wird durch das neue deutsche Recht auch noch gedeckt! Pfui Teufel! Soll der Kerl doch verrecken!«

»Doch, Karl« Onkel Hermann schien sehr gefasst. »Tausendachthundert Reichsmark war mein Geschäft diesem Herrn wert ... aber das ist nur die halbe Wahrheit!«

»Wieso die halbe Wahrheit?« Krumbiegl war verwirrt.

»In Anbetracht des schlechten Zustandes der Inneneinrichtung unseres Hauses hielt der feine Herr noch vierhundert Reichsmark zurück! Bleiben uns also nach Abzug der Notarkosten noch tausendzweihundert Reichsmark!«

Das Papier fiel zu Boden. »In der letzten Zeit ist uns ja viel Niedertracht begegnet, aber das hier, das schlägt dem Fass den Boden aus!«

»Karl, wie gehst du mit diesem wichtigen Schriftstück um?« Onkel Hermann hob das Papier auf, und nun lag tatsächlich der Anflug eines Lächelns auf seinem Gesicht. »Ich muss dieses Dokument der Schande gut aufbewahren!«

Karl wollte es nicht glauben, Onkel Hermann lächelte! Er verstaute das Dokument wieder in der Ledertasche und warf sie ins Auto.

Dann kamen die Augenblicke des Abschieds.

Vater Krumbiegl öffnete die hintere Tür des Opels und legte eine Tasche auf den Sitz. »Hermann, da sind sechs Bocksbeutel des letzten Jahrgangs vom

Kiliansberg drin. Wenn ihr in Sicherheit seid« – hier konnte er seine Tränen nicht mehr zurückhalten – »dann trinkt ein Glas auf uns!«

Die beiden alten Freunde hielten sich lange in den Armen, und auch die Frauen nahmen Abschied, so wie Frauen es tun.

Aber da war noch jemand der Abschied nehmen musste. Ursula hatte die ganze Zeit hinter ihren Eltern gestanden und den Gesprächen scheinbar teilnahmslos zugehört.

Jetzt drückte sie kurz und heftig Karls Eltern und dann stand sie vor ihm. Die kleine zerbrechliche Schönheit hob die Hand und legte sie auf sein Gesicht. Sie lag da sanft wie eine warme Brise an diesem kalten Morgen auf seiner Haut und löste einen leisen Schauer in ihm aus. Er sah verlegen auf dieses Mädchen hinunter und zog sie dann, einem plötzlichen Impuls folgend, an sich. Es war das erste Mal in seinem Leben, dass er einem Mädchen so nahe kam. Da standen zwei junge Menschen, die erst im Augenblick endgültiger Trennung erkannten, wie sehr sie sich mochten, und die Welt nicht verstanden, die ihnen das antat. Dann löste sich Ursula von Karl und stieg in den Fond.

Bevor auch Onkel Hermann ins Auto stieg, kam er noch einmal zurück und reichte dem Jungen ein letztes Buch.

»Hier, Karl, dieses Buch ist den Kerlen, die unser Haus verwüstet haben, entkommen. Sie konnten wahrscheinlich nicht lesen. Lies es und verbrenne es dann! Es gehört zu den verbotenen Büchern!«

Karl nahm es in die Hand, sah auf den Einband und las »Die vierzig Tage des Musa Dagh«.

»In diesem Buch«, erklärte ihm Onkel Hermann, »schildert Franz Werfel die Vernichtung des armenischen Volkes in der syrischen Wüste während des Krieges!« Er sah Karl jetzt fest in die Augen: »Ich glaube, der Werfel beschreibt in diesem Buch etwas, was uns noch bevorsteht …!«

Onkel Hermann nahm noch einmal alle Krumbiegls bei der Hand. Dann ging er zum Auto, verharrte einen Augenblick und drehte sich noch einmal um. Und dann hörte Karl zum ersten Mal, seit er Onkel Hermann kannte, hebräische Worte aus seinem Mund: »Schalom Chaverim!«

Die Rücklichter schwenkten auf die Straße ein, wurden kleiner und verglühten schließlich wie ein Punkt im dichten Nebel.

Georg und Krumbiegl saßen noch immer, mit der Decke über ihren Schultern, auf ihrem Maulwurfshügel. Krumbiegls Stimme war am Ende nur noch ein heiseres Flüstern. Um sie herum bewegten sich die Männer im Schlaf. Die meisten Feuer waren heruntergebrannt. Jetzt, gegen Morgen, spürten sie doch, wie die Kälte langsam in ihnen hochkroch.

Krumbiegl hatte die ganze Nacht gebraucht, um die Geschichte der Weitzenfelds zu erzählen. Zuerst stockend, dabei oftmals nach Worten suchend, dann aber, als er seinen Erzählfaden gefunden hatte, kamen die Worte wie von selbst, gerade so, als lese er sie ab. Und je tiefer er in seinen Erinnerungen grub, umso mehr Einzelheiten fügten sich zusammen. Hin und wieder, wenn ihn eine Erinnerung stark berührte, unterbrach er sich mitten im Satz. Georg ließ ihm dann Zeit und bedrängte ihn nicht.

»Glaubst du, Georg, dass sie noch leben?« fragte Krumbiegl am Ende seines Berichts heiser. Georg wusste, dass ein einfaches »Ja« Krumbiegls Frage nicht beantworten konnte.

»Habt ihr denn irgendwann noch einmal etwas von den Weitzenfelds gehört?«, fragte er stattdessen.

»Ja, kurz vor Weihnachten 1938 bekamen wir einen Brief, der einen Absender aus Aachen trug. Wir kannten den Absender nicht, wir haben auch keine Bekannten in Aachen. Der Umschlag enthielt einen Brief von Onkel Hermann. Er teilte uns mit, dass sie bei der Cousine in Antwerpen untergekommen waren und sich nun um die Einreise nach Amerika bemühten. Es schien ihnen den Umständen entsprechend gut zu gehen!«

»Habt ihr danach noch einmal von ihnen gehört?«

»Nein, aber mein Vater hat an den Absender in Aachen geschrieben, um einen Weg zu finden, mit Onkel Hermann in Kontakt zu treten. Mein Vater hatte einen ganz unverfänglichen Brief formuliert, den ein Unbefugter nicht verstanden hätte. Aber der Brief kam zurück mit dem Stempel ›Empfänger unbekannt‹. Da wussten wir, dass Onkel Hermann nur diese eine Möglichkeit gehabt hatte, uns über seine sichere Ankunft in Belgien zu informieren.«

Falls die Weitzenfelds auch nach Beginn des Kriegs noch in Belgien gelebt hatten, musste man wohl das Schlimmste befürchten, dachte Georg, aber er hütete sich, das laut auszusprechen. »Wie ich das sehe«, versuchte er Krumbiegl stattdessen auf andere Gedanken zu bringen, »hast du, wenn wir hier endlich herauskommen und wieder zu Hause sind, zwei Dinge zu erledigen!«

»Ich weiß!«, Krumbiegls Stimme hatte wieder an Festigkeit gewonnen. »Zuerst versuche ich über das Rote Kreuz den Aufenthalt von Onkel Hermann und seiner Familie herauszufinden ...«

Er schwieg eine Weile. Dann stützte er seine Hände auf die Knie und streckte den Oberkörper.

»Und dann nehme ich mir die beiden Frommelts vor! Der Alte hat bis zuletzt die Leute schikaniert und vom Endsieg gefaselt. Und der Junge war bei der schwarzen SS. Der hat sich in der Etappe herumgedrückt und war mit Sicherheit an Aktionen gegen Juden beteiligt. Ich werde sie beide fertigmachen!«

Georg sah Krumbiegl an. »Du hast recht, Karl! Du musst beides versuchen, sonst erstickst du daran!«

Nach einer Weile des Schweigens fragte Georg plötzlich: »Was hast du übrigens mit dem Buch gemacht?«

»Du meinst das von Franz Werfel? Das habe ich, nachdem ich es gelesen hatte, in dem Bildstock eingemauert, der am Zufahrtsweg zu unserem Weinberg steht. Der Heilige Kilian passt darauf auf!« Dann fügte er hinzu: »Onkel Hermann hatte recht! Werfel ist ein Prophet. Er hat am Schicksal der Armenier das Schicksal der Juden in Europa im Voraus beschrieben!«

Der Distelfalter

Die Mittagssonne hatte Georg schläfrig gemacht. Er saß auf seinem Hügel und wandte der Sonne seinen mageren Rücken zu. Die Hände auf den Knien, das Kinn auf der Brust, genoss er eine leichte Brise, die ihn hin und wieder in warme Wellen hüllte und die stechende Sonne erträglich machte. Die Brise wühlte in seinen Haaren und kühlte die kleinen Schweißrinnsale, die aus allen Poren krochen.

Da spürte er eine federweiche kribbelnde Bewegung auf seiner Hand, und als er die Augen aufschlug, saß da ein bunter Falter, der sich um sich selbst drehte und dabei seine Flügel auf- und zuklappte. Georg wagte nicht, seine Hand zu bewegen, er fürchtete, den kleinen Gast dadurch zu verscheuchen. Der Falter drehte sich und entfaltete wieder seine Flügel, so, als wolle er seinem Betrachter eine Freude machen. Die schwarzen Flügelspitzen waren weiß gepunktet, die übrigen Flügel leuchteten gelbbraun und trugen schwarze Punkte.

Georg erkannte ihn als Distelfalter. Als Kind war er einmal zur Kindererholung auf Norderney gewesen. Sie hatten an einem schönen Nachmittag am Strand Sandburgen gebaut, als eine der Betreuerinnen die Kinder auf etwas aufmerksam machte. Ganz niedrig über den flimmernden Wellen der Nordsee lag eine riesige bunte, auf- und abtaumelnde Wolke. Als sie näher herangingen, erkannten sie, dass die Wolke aus Tausenden von Wanderfaltern – Admiralen, Kleinen Füchsen und Distelfaltern – bestand!

Und nun saß ein Distelfalter inmitten der grauen Ödnis um ihn herum auf seiner Hand wie ein Bote aus einer anderen Zeit und Welt.

Der Falter erkundete inzwischen seinen Handrücken. Dabei klappte er seine Flügel immer wieder auf und zu, so als wolle er bewundert werden. Georg erinnerte sich, dass einige Wanderfalterarten, wie dieser Distelfalter, im Frühjahr aus dem Mittelmeergebiet nach Mitteleuropa einflogen. Er betrachtete dieses kleine bunte Geschöpf auf seiner Hand jetzt mit anderen Augen. Es war nicht nur wunderschön! Es war trotz seines federleichten Nichts stark und mutig! Es hatte seine ganze filigrane und schwächliche Schönheit, allen widrigen Winden und Feinden zum Trotz, Hunderte Kilometer weit über die Alpen hinweg bis hierhin auf seine schwitzende Hand getragen! Und es würde sich bald von seiner Hand aus wieder aufmachen, um seinen Weg über die Nordsee, vielleicht sogar über den Strand seiner Kindheit, bis nach Island hinauf zu finden!

War es die leichte Brise oder der Entschluss des Falters, die ihn plötzlich von seiner Hand lösten und in die Höhe hoben? Die bunten Flügel tänzelten vor Georg auf und nieder, entfernten sich kurz, kamen wieder näher und schienen einen Abschiedstanz für ihn aufzuführen. Dann erhoben sie sich, von einer Brise erfasst, und taumelten in einem aus vielen Schleifen bestehenden Flug davon. Georg blickte dem Falter nach, der jetzt dem Lagerzaun zum Rhein hin entgegentänzelte. Mühelos überwand sein taumelnder Flug das Hindernis. Georg blickte auf seine leere schwitzende Hand und glaubte im Hochblicken den Falter schon weit weg über dem Rhein aufsteigen und niedertanzen zu sehen. Bald würde er das andere Ufer erreicht haben.

Er stieß Krumbiegl in die Seite. Der schreckte hoch und schaute in ein entschlossenes Gesicht.

»Karl, heute Nacht gehe ich nach Hause!«

Krumbiegl schluckte. »Gut, Georg!«, sagte er ohne Zögern. Er schluckte noch einmal, fragte Georg aber nicht, wie er zu diesem plötzlichen Entschluss gekommen war. Trotz seiner augenblicklichen Zustimmung wirkte er wie vom Donner gerührt.

Georg kam sich schäbig vor, als er bemerkte, wie es in Krumbiegl arbeitete. Er konnte sich denken, was ihm durch den Kopf ging: Der Zeitpunkt war so gut wie jeder andere und trotzdem gut gewählt. Das Wetter versprach für längere Zeit warm zu bleiben, die Aufmerksamkeit der Wachsoldaten hatte schon seit einiger Zeit nachgelassen und das Wasser des Rheins würde nun auch nicht mehr so kalt sein. Und: Die Flucht musste noch vor der drohenden Übernahme des Lagers durch die Franzosen erfolgen. Also, wenn nicht heute Nacht, wann sonst? Und doch …!

Krumbiegls Backenknochen und sein Adamsapfel bewegten sich verräterisch, als er wegschaute und Georg dann fest an den Arm griff. Dann wandte er seinen Kopf wieder Georg zu und sah ihn mit einem seltsamen Blick an, in dem sich Überraschung, Verlorenheit, Erschrecken und sogar so etwas wie Erleichterung mischten.

»Gut, Georg!«, wiederholte er mit rauer Stimme.

»Karl!« Georg sah Krumbiegl verlegen an und versuchte zu erklären. »Ich muss und ich will nach Hause! ... du verstehst das doch …? … das Ganze hier … ich halte das nicht mehr aus …!«

»Ich weiß, Georg, ich auch nicht! Ich würde ja gerne mit dir kommen … aber du weißt ja … sieh mich nur an … meine Verfassung ... ich käme erst mal gar nicht über den Rhein … ach, Scheiße … ich kann nicht!«

Krumbiegl hielt einen Augenblick inne und sagte dann leise, mehr zu sich selbst: »Ich hätte es gerne mit dir gewagt!«

»Ich weiß, Karl! Und du weißt auch …!« Georg brach ab und musste nun auch schlucken. Bilder und Ereignisse huschten durch seinen Kopf. Bilder der letzten Jahre. Bilder, die fast ein Fünftel seines Lebens ausmachten, und in allen war Krumbiegl an seiner Seite. Heute Nacht würden neue Bilder hinzukommen, vielleicht von einem anderen Leben in einer anderen Welt. In diesen Bildern würde Krumbiegl dann nicht mehr vorkommen und auch nicht die anderen um ihn herum. Sicher, die Gesichter würden mit der Zeit verschwimmen, so wie alte Fotografien verblassen, aber ihre Konturen würden sich für immer in seinem Gedächtnis eingraben.

In diesem kurzen Augenblick wurde ihm bewusst, dass er jetzt schon, noch bevor er den ersten Schritt zum Zaun gemacht hatte, Abschied nahm, und dass dieser Abschied immer eine Bruchlinie in seinem Leben sein würde.

»Wir müssen es den Kameraden sagen!«

Georg nickte.

Für die Männer kam die Ankündigung genauso überraschend wie für Krumbiegl. Nach einem Augenblick bedrückten Schweigens bekam Georg von allen Seiten Ratschläge für die Flucht. Was Georg am meisten verwunderte: Niemand wollte ihm die Flucht ausreden. Die Vorschläge zeigten ihm vielmehr, dass sich viele der Männer schon selbst mit Fluchtgedanken getragen hatten. Er war aber insgeheim erleichtert, dass sich ihm niemand spontan anschließen wollte. Mit einem gesunden Krumbiegl wäre das natürlich eine ganz andere Sache gewesen.

Er würde es also alleine machen.

Es gab da aber noch etwas, was er, sollte ihm die Flucht gelingen, für die Zurückbleibenden tun konnte. Georg holte sein Briefbündel aus der Jackentasche und suchte nach Briefen, deren letzte Seite noch unbeschriebenen Raum hatte. Es waren zwei.

»Steinmetz, ich brauch mal deinen Bleistift!«

Steinmetz rückte die Kostbarkeit heraus, und Georg ließ sich von allen Männern seiner Kompanie ihre Feldpostnummern und ihre Heimatadressen geben.

Georg sah die Männer der Reihe nach an.

»Wenn ich es nach Hause schaffe, verspreche ich euch, eure Familien zu benachrichtigen. Ich schreibe ihnen, wo ihr seid, und ich schreibe nicht, wie hundsmiserabel es euch hier geht, sondern dass es euch gut geht. Eure Leute sollen sich nicht noch mehr Sorgen machen! Sorgen haben die wahrscheinlich genug!«

»Das ist gut, Georg!« Randauer sah Georg dankbar an. »Hoffentlich gibt es ...« Er brach unvermittelt ab und verscheuchte eine imaginäres Insekt aus seinem Augenwinkel. Jeder wusste, wie der Satz zu Ende gehen sollte, und jeder dachte ihn auf seine Weise zu Ende.

Die Hitze des Tages verlor allmählich ihre Gnadenlosigkeit und bescherte dem langsam dämmernden Abend eine wohltuende weiche Milde. Aber im Laufe der Nacht würde es kälter werden, und er würde wieder frösteln. Das war dann die Zeit, zu der er sich davonmachen musste, die Zeit, in der der Mensch am tiefsten schläft und in der auch die Wachsamkeit der Wachposten schlagartig nachließ. Die Kunst bestand jetzt darin, so lange wach zu bleiben. Aber er war sicher, dass er vor lauter Aufregung ohnehin kein Auge zutun würde. Und wenn die Sonne aufging, würde er auf der anderen Seite des Rheins sein!

Es war an der Zeit, die einzelnen Schritte seiner Flucht in Gedanken durchzugehen. Hatte er erst einmal den Doppelzaun hinter sich, war das Überqueren des Rheins zwar alles andere als ein Kinderspiel, aber die Gefahr, entdeckt zu werden, wurde mit jedem Meter geringer, den er zwischen sich und dem Zaun brachte. Gefährlich konnte es aber am anderen Ufer noch einmal werden, falls eine Straßenpatrouille unterwegs war. Sobald er aber erst einmal den Weinberg drüben erreicht hatte, war die Gefahr fürs Erste gebannt. Ab da hieß es nur noch, sich irgendwie durchzuschlagen.

Aber als Erstes musste er, ohne Geräusche zu verursachen, den Todesstreifen durchqueren, den Doppelzaun überwinden und das Ufer erreichen, wo der angeschwemmte Kanister auf ihn wartete. Der Transport über den mit Steinbrocken übersäten Todesstreifen bereitete ihm dabei die größten Sorgen.

Krumbiegl fand die Lösung: Er zog aus ihrem Brennmaterialstapel ein großes Stück dicker Pappe heraus. »Schau, Georg, wenn du den Kanister auf die Pappe legst, kannst du ihn geräuschlos über den Boden ziehen!«

Georg fand in dem Stapel auch ein Stück Dachlatte und schnitt mit dem Taschenmesser eine Kerbe in eines der Enden. Mit der Latte wollte er den untersten Stacheldraht so weit hochdrücken, dass er darunter durchkriechen konnte. Währenddessen warf er immer wieder einen Blick auf die Wachposten. Die Wachablösung auf den Türmen war lustlos vonstattengegangen, und die Fußstreife ignorierte die Lagerecke.

Sie saßen wieder auf ihrem Hügel. Randauer, Steinmetz, Schulte und Vierkamp, die Übriggebliebenen, hockten sich dazu. Niemand sprach ein Wort. Hin und wieder schaute einer von ihnen zu Georg hinüber, wollte etwas sagen, schluckte dann und schaute verlegen zur Seite. Das war ihre Art, ihm Lebewohl zu sagen und Glück zu wünschen.

»Ich will mich noch einmal ein wenig umsehen und mir die Füße vertreten!«

Er schlenderte betont unschlüssig zum Sperrdraht, machte kehrt und ging auf die große Arschspalte zu. Während er urinierte, schaute er aufmerksam zum Rhein hinüber und versuchte noch einmal, die Fließgeschwindigkeit abzuschätzen. Aber da war nichts

Besorgniserregendes. Der Rhein floss breit und behäbig, wie immer in den letzten Tagen.

Als er zu den anderen zurückkehrte, verstummten die Gespräche. Sie hatten sich während seiner Abwesenheit bestimmt über ihn und seine Erfolgsaussichten unterhalten – das war ja auch nur natürlich. Vielleicht hatten sie sich auch die Frage gestellt, wie es ohne ihn in der Gruppe weitergehen sollte.

Langsam ging die Dämmerung in Dunkelheit über und löste das abendliche Ritual aus. Die Stimmen verebbten, die Männer krochen in ihre Löcher und bereiteten sich auf die Nacht vor. Auch Georgs Männer zogen sich langsam zurück, um die Wachposten nicht doch noch misstrauisch zu machen. Sie schlugen ihm zum Abschied noch einmal auf die Schulter und wünschten ihm Glück.

Georg und Krumbiegl lagen stumm nebeneinander. Inzwischen war es ganz dunkel geworden, und die ersten Sterne standen am Himmel. Da zog langsam eine dünne Wolkendecke heran und ließ die Sterne verschwinden.

Krumbiegl stieß Georg an. »Schau, Georg, du hast Petrus auf deiner Seite! Besser kann es gar nicht kommen! Du wirst heute Nacht in totaler Dunkelheit türmen können!«

Georg wartete noch eine Weile, bis einige dunkle Gestalten ihre Notdurft an der Arschspalte verrichtet hatten, nahm vorsichtig den Kanister auf, presste ihn eng an die Brust und stolperte gespielt unbeholfen auf den Latrinengraben zu. Er hockte sich nieder und schob den Kanister zum Stolperdraht.

Inzwischen war es im Lager ruhig geworden. Dafür drang das Geräusch des gleichmäßig dahinziehenden Rheins an sein Ohr. Die Wachablösungen gingen unaufgeregt vor sich, und die neuen Posten kamen ihrer Aufgabe eher lustlos nach. Das zunächst schikanöse Verhalten der Wachposten hatte sich schon seit einiger Zeit geändert. Jetzt rissen sie einfach nur noch ihre Zeit herunter.

Krumbiegl wachte mit ihm. Georg spürte, dass er genauso nervös war wie er selbst.

So intensiv wie in dieser Nacht hatte Georg das Lager noch nie erlebt. Es erschien ihm jetzt als ein riesiger schlafender Organismus, der in einem eigenartigen Rhythmus atmete. Dieses Atmen drang aus Tausenden von Gruben, die ihm wie geöffnete Gräber vorkamen, aus denen die Toten ihre letzten Seufzer loswerden wollten.

Je weiter die Nacht fortschritt, umso unruhiger wurde Georg. Nur an den immer ruhiger werdenden Schlafgeräuschen, der langsam heraufziehenden Kühle und den seltener über das Lager schleichenden Scheinwerferfingern konnte er den ungefähren Zeitstand erahnen. Er wollte noch ein wenig warten, bis es noch kühler geworden war und die ersten Feuer angezündet wurden. Die Temperatur sank weiter, und als ihn schließlich fröstelte, wusste er, dass jetzt der Zeitpunkt für ihn gekommen war. Er stieß Krumbiegl an.

»Karl, es ist soweit. Ich mache mich jetzt auf die Socken!«

Er knöpfte seinen Mantel zu, drückte die Feldmütze fest auf seinen Kopf und schnappte sich die Dachlatte und den Pappstreifen.

»In Ordnung. Ich gehe noch mit dir bis zum Sperrdraht und decke dir den Rücken!«

Georg wollte aufbegehren, aber Krumbiegl ließ es nicht zu. Er war schon aus der Grube gestiegen und ging, den Schlaftrunkenen spielend, langsam in Richtung Latrine. Georg blieb nichts anderes übrig, als ihm ebenso steifbeinig zu folgen. Um sie herum blieb alles ruhig. Fast gleichzeitig gingen sie hinter der stinkenden Rinne in Deckung. Dicht nebeneinander auf dem Boden liegend, gaben sie sich zum Abschied die Hände und hielten sie lange umschlungen. Krumbiegls ehemals kräftige Finger lagen wie ein Bündel trockener Zweige in Georgs Hand. Es tat ihm in der Seele weh, ihn in diesem Zustand zurücklassen zu müssen.

»Eines muss ich dir noch sagen, Georg«, flüsterte Krumbiegl heiser, »du bist der beste Freund, den ich je hatte ... und darum wünsche ich dir, dass du sicher nach Hause kommst ... und denk daran«, er schluckte, »wenn die Zeiten es wieder erlauben, sehen wir uns wieder ...« Georg knuffte ihn in die Seite und fühlte seine Augen feucht werden.

»So, jetzt mache ich mich aber auf die Socken, bevor die Amis mir das noch verbieten. Sieh zu, dass du wieder auf die Beine kommst, Karl! ... und wir werden uns wiedersehen, ... und noch etwas, Karl, ich habe auch nie einen besseren Freund gehabt.«

Er legte ihm die Hand auf die Schulter.

»Aber da ist noch etwas, Karl, was ich dir noch sagen muss! Erinnerst du dich, als du aus dem Lazarett zurückkamst und mir sagtest, ich hätte dir das Leben gerettet? Du hast meines hier auch gerettet!

Als du weg warst und wir alle nicht wussten, ob wir dich jemals wiedersehen würden, gab es einen Augenblick, in dem ich mich aufgeben wollte. Und da standest du plötzlich vor mir und machtest mir Vorwürfe. ›Mach keinen Scheiß, Georg, steh auf und reiß dich am Riemen!‹, hast du gesagt. Siehst du, Karl, ohne dich wäre ich jetzt gar nicht hier und würde mich nicht davonmachen können. Danke, mein Freund!«

Georg spürte in der Dunkelheit Krumbiegls fragenden Blick und schlug ihm zum Abschied auf die Schulter. »Jetzt wird es wirklich Zeit! Komm du auch gut nach Hause, Karl! Grüß die Männer von mir!«

Damit kroch er auf den Kanister zu, schob ihn vorsichtig unter dem Stolperdraht hindurch und robbte hinterher. Er hob den Kanister auf die Pappe und kroch langsam rückwärts, den Blick immer in Richtung Wachturm, auf den Zaun zu. Nur von weiter entfernten Wachtürmen fingerten hin und wieder Scheinwerfer über das Lager.

Zentimeter um Zentimeter schob er sich, den Kanister nachziehend, immer näher an den inneren Zaun heran. Als er, wie er glaubte, die Hälfte geschafft hatte, hielt er kurz inne und lauschte. Es kam ihm so vor, als halte die Nacht den Atem an, um ihm zu helfen. Von Krumbiegl war nichts mehr zu sehen. Er kroch weiter. Dann stießen seine Sohlen an ein Hindernis. Es war einer der Zaunpfähle. Georg setzte sich vorsichtig auf, versuchte seine Umgebung zu erahnen und ertastete schließlich den unteren Stacheldraht. Vorsichtig zog er die Latte aus dem Stiefel und drückte damit den Draht langsam in die Höhe. Ein Blick hinüber zum Wachturm beruhigte ihn.

Dort blieb alles ruhig, so, als wäre er gar nicht besetzt. Er presste sich ganz flach auf den Boden, zog den Mantel eng um sich, um nicht hängen zu bleiben, schob zuerst den Kanister durch den Zaun und kroch hinterher. Er lag jetzt zwischen den beiden Zäunen und spürte, wie sein Puls raste. Bleib ganz ruhig, mahnte er sich. Dann ließ für einen Augenblick den Kanister los und legte seinen Kopf auf den Arm. Er atmete tief durch.

Der Wachturm blieb weiterhin im Dunkeln, aber nun wurde es im Lager lebendig. Die heraufkriechende Morgenkälte hatte die Gefangenen geweckt. Decken und Mäntel und alles, was wärmen konnte, wurde geräuschvoll und von Flüchen begleitet fest um die Schultern gezogen. An einigen Stellen flammten kleine Feuer auf, die allmählich einen dünnen Lichtschleier über das Lager legten. Dort, wo Georg lag, herrschte weiterhin Dunkelheit. In seinem Rücken hörte er jetzt deutlich das Geräusch des fließenden Wassers. Und es klang zum Greifen nah!

Vorsichtig löste er die Latte unter dem Stacheldraht, griff wieder nach dem Kanister und schob sich weiter rückwärts kriechend auf den Außenzaun vor. Hier wiederholte er die ganze Prozedur, und nun war er jenseits des Zaunes angelangt. Er hatte es geschafft! Er hatte das Lager verlassen! Er glitt die sanfte Böschung hinunter und stieß mit dem Fuß an einen Gegenstand – den angeschwemmten Kanister!

Die Böschung deckte ihn, und die Dunkelheit machte ihn unsichtbar. Jetzt konnte er in aller Ruhe sein Kanisterfloß zusammenbauen. Er zog das Packband aus der Manteltasche und band die beiden

Kanister an den Griffen zusammen. Langsam zog er sich aus. Die Morgenkälte überzog ihn mit einer Gänsehaut und ließ seinen Körper erzittern. Er wickelte seine Kleidung in die Decke und befestigte das Bündel auf dem Kanister. Langsam, jedes Geräusch vermeidend, schob er das kleine Floß ins Wasser. Dann glitt er mit den Füßen zuerst ins Wasser, umfasste die Griffe der Kanister, streckte seinen Körper und stieß sich ab. Als er ins Wasser eintauchte, nahm ihm die Kälte für einen Augenblick den Atem.

Unterwegs

Dieppe

Der Wald hielt die Dämmerung noch fest. Georg stolperte einen schmalen Pfad entlang, der teilweise von Farn überwuchert wurde und schon lange nicht mehr begangen worden war. Ehe er sich versah, hatte er den Waldrand erreicht und stand am Rande einer großen, von Weidezäunen durchzogenen Weidefläche. In einiger Entfernung rechts vor ihm hob sich ein gedrungener Kirchturm gegen den heller werdenden Morgenhimmel ab.

Der Waldpfad ging in einen schmalen Wiesenpfad über und führte zwischen zwei Weidezäunen hindurch. Wie auseinandergezogene Watte lag niedriger Dunst kniehoch über den Koppeln. Zum ersten Mal seit Jahren war er wirklich ganz allein! Kein menschliches Wesen, das ein Wort an ihn richten konnte, niemand, an den er sich wenden konnte, niemand, der seine Bewegungsfreiheit einengte!

Er blieb stehen, bückte sich und strich mit seinen Handflächen über das taunasse Gras. Dann legte er die Hände auf seine Wangen und spürte ein kühles Prickeln auf der Haut. Dieser Augenblick der einsamen Freiheit schien ihn hier festhalten zu wollen, schien ihm den Zauber der Unschuld des Anfangs begreifbar machen zu wollen. Er legte den Kopf in den Nacken und sog die Luft ein wie jemand, der gerade aus einem muffigen Gewölbe wieder an die Oberfläche gelangt ist. Da waren die frühen Vögel, die schon beschäftigt unterwegs waren und die Stille mit ihrem Gesang erfüllten. Georg ging weiter, langsam, jeden seiner Schritte genießend. Dann schälte sich ihm etwas Dunkles, Starres aus dem Dunst entgegen. Es war eine Bank, auf der wohl schon ewig niemand mehr gesessen hatte. Eines der Rückenbretter war zerbrochen, und grünlich-weiße Flechten überzogen das grobporige Holz mit einem Polster.

Georg setzte sich und ließ seinen Blick über die vor ihm ausgebreitete erwachende Natur schweifen. Mit allen Sinnen sog er die Unschuld dieses Morgens in sich auf. Eine Lerche markierte hoch über ihm trillernd ihr Revier. Die Watteschicht hatte sich aufgelöst. Tautropfen glitzerten in der Morgensonne auf den Grashalmen. Es war ein Morgen wie zu Beginn der Schöpfung.

Ungerufen verdunkelten plötzlich die Bilder des Films im Lager diese Stimmung und verwoben ihren Leichenteppich mit anderen Toten, die, ebenfalls wie nutzlos weggeworfen, das ganze Grauen offenbarten, das Menschen Menschen antun können. Er sah sich an jenen Morgen zurückversetzt, der drei Jahre zurücklag. Es war ein Morgen wie dieser gewesen, aber eine andere Landschaft in einem anderen Teil Europas. Auch damals zog sich die Nacht gerade in ihren Dunst zurück und wollte den neunzehnten August zweiundvierzig an einen schönen Sommertag übergeben. An diesem Tag hatte er am Strand der kleinen Hafenstadt Dieppe in der Normandie das Töten gelernt.

Der milchigweiße Dunst, der wie eine dünne Watteschicht über dem Meer lag, verschmolz mit den auf den Strand zulaufenden weißgekrönten Wellenbändern zu einem einzigen mannshohen Strich. Darüber wich die Schwärze der Nacht gerade einem zunehmend heller werdenden Grau. Weiter im Osten bei Berneval, von wo Gefechtslärm zu ihnen herüberdrang, lag schon ein heller Schein auf dem Meer. Von dort her bewegten sich auch in rascher Folge lange, rötlich-gelbe Feuerzungen auf die Küste zu. Gleichzeitig rasten dunkle dröhnende Schatten über das Wasser und beteiligten sich an dem Feuerzauber. Dann jagten ebensolche Feuerzungen in die umgekehrte Richtung und hoch in die Luft, den fliegenden Schatten entgegen.

Georg lag neben Krumbiegl und Randauer, den beiden MG-Schützen seiner Gruppe, in einem betonverstärkten Unterstand am Rande der Esplanade. Schräg vor ihnen, an einem der ehemaligen Zugänge zum Strand, drohten gut getarnte Geschütze dem Meer und allem, was sich ihnen von dort her nähern sollte. Der Rest der Gruppe war in ähnlichen Unterständen um die Batterie herum postiert. Sie hatten die Aufgabe, die Geschütze vor angreifender Infanterie zu verteidigen. So wie bei ihnen sah es auch bei den anderen Strandzugängen aus. Hinter ihnen, auf der anderen Seite des Boulevards, der der gesamten Länge des Strandes folgte, hatten zwei Bataillone seines Regiments in der durchgehenden Häuserfront Maschinengewehrnester eingerichtet, die vom Strand her kaum auszumachen waren. Die anderen Bataillone des Regiments beschützten die Batterien auf den weißen Kalksteinkliffen, die den Zugang zum Hafen und zur Stadt malerisch flankierten. Von beiden Seiten aus konnte der Strand mühelos unter Kreuzfeuer genommen werden.

Georg richtete sein Fernglas auf die Wattewand und versuchte in ihr etwas zu erkennen, aber der Dunst kam dadurch nur näher an ihn heran. Das Einzige, was sein Fernglas mit scharfen Konturen erfasste, waren die gestaffelten Stacheldrahtverhaue, die den Strand überzogen.

Das Gelände vor ihm war auch bei Nacht gut zu überblicken und bot bei Tag ein ideales Schussfeld. Ein breiter Kieselstrand fiel vor der Esplanade sanft zum Meer hin ab und endete an einem niedrigen Deich, der ein Abspülen des Strandes verhindern sollte. Der gesamte Strand war etwa eineinhalb Kilometer lang und hatte vor dem Krieg im Sommer Scharen von Badegästen aus Paris und Rouen angelockt. Hier, wo einstmals Kinder herumgetobt waren, lagen sie nun in gut geschützten Stellungen, um einen direkten Angriff von See her auf die Stadt und den Hafen zu einem Fiasko werden zu lassen.

Sie waren heute Morgen um vier Uhr alarmiert worden und hatten nur zehn Minuten später ihre Stellungen besetzt. Die meisten hatten noch einen schweren Kopf vom Abend vorher. Pausbäckchen hatte an diesem gemeinsamen freien Abend mit viel Rotwein seinen Geburtstag bei Chez Henry *nachgefeiert. Die Alarmlage stellte sich anfangs etwas konfus dar. Ein bewaffneter deutscher Konvoi war nicht weit von Berneval in eine Armada von Landungsfahrzeugen hineingefahren und hatte sofort Alarm ausgelöst.*

Welchen Umfang dieses Landeunternehmen besaß, war dem Oberkommando für diesen Küstenbereich noch nicht bekannt. Jedenfalls wurde aber schon in oder um Berneval gekämpft. Und nun warteten sie darauf, dass es auch bei ihnen bald losgehen würde.

»Na, was meint ihr?«, flüsterte Randauer in die gespannte Stille, »ist das der Beginn der Invasion? Dann haben wir hier aber die Kacke am Dampfen!«

Kaum hatte er es ausgeflüstert, als auch aus Westen bei Varengeville, wo ebenfalls Küsten-Batterien eingebunkert waren, Gefechtslärm zu hören war.

»Die wollen uns hier in die Zange nehmen!«, flüsterte Randauer wieder.

Da hörten sie plötzlich hinter sich eine ruhige Stimme: »Nur ruhig, Männer, nicht nervös werden! Dazu besteht überhaupt kein Anlass! Wir bekommen hier auch bald Arbeit, und dann heißt es, ruhig Blut bewahren und sie dahin zurückzuschicken, woher sie gekommen sind!« Oberleutnant Ferner stand als dunkler Schatten hinter ihnen.

»Gebt euer Bestes. Männer! Ich sehe mir noch die anderen Gruppen an! Wenn Sie etwas entdecken, von der Beeke«, wandte er sich direkt an Georg, »dann sofort den Kompaniegefechtsstand benachrichtigen!« Damit war er in der Dunkelheit verschwunden. Georg strengte seine Augen an und suchte nun in dem durchsichtiger werdenden Dunst nach Bewegungen. Er setzt das Fernglas ab und bemerkte, dass seine Handflächen feucht waren. Zum wiederholten Male überprüfte er den Zustand seiner Maschinenpistole und vergewisserte sich, dass die Magazintaschen auch wirklich geöffnet waren. Ein weiterer Griff prüfte

den Sitz der Pistolentasche. Er hob seine Uhr an die Augen und stellte erstaunt fest, dass sie noch keine zwanzig Minuten hier lagen. Auch neben sich und vor sich erahnte er ein ständiges Hantieren an den Waffen. Die Nervosität der Männer nahm von Minute zu Minute zu. Sie schien wie ein zum Zerreißen gespannter Faden in der Luft zu vibrieren. Aus Berneval und Varengeville drang weiterhin heftiger Gefechtslärm zu ihnen herüber.

Dann ging alles sehr schnell. Donnernde und Feuer speiende Schatten jagten auf sie zu und durchpflügten den Strand vor ihnen. Von See her kamen Feuerbälle, die lange Rauchschwänze hinter sich herzogen, mit fauchendem Getöse auf sie zu und ließen Kiesfontänen vor ihnen aufspritzen. Einige Drahtverhaue tanzten plötzlich wie Wesen aus einer anderen Welt über den Strand. Weit hinter ihnen schlugen die ersten Granaten in der Stadt ein, und dort, wo noch vor wenigen Augenblicken die ungestörte Watteschicht die Sicht behindert hatte, wuchs eine hohe kantige Silhouette aus ihr heraus und schob sich auf den Strand. Die Vorderfront der Silhouette knallte auf den Boden, und heraus drängten Männer mit hochgehobenen Waffen und stürmten über den Strand auf sie zu.

Georg mochte die kleine Hafenstadt an der Mündung der Arques, die sich ihren Zugang zum Meer im Verlauf der Erdgeschichte mühsam durch die Kreideschichten geschaffen hatte. Man bekam allerdings nicht viel von der Flussmündung mit, denn sie lieferte zuvor ihr Wasser brav in dem hinteren der drei Hafenbecken von Dieppe ab.

Die Wellen des Ärmelkanals liefen gerade auf einen langen Kieselstrand zu, hinter dem sich eine lange und hohe Häuserfront präsentierte. An der linken Seite des Strandes befand sich unterhalb eines weißen Kliffs die Hafeneinfahrt. Von der Höhe herab grüßte weithin sichtbar eine Kapelle die einlaufenden Schiffe und versprach ihnen, dass sie jetzt in Sicherheit waren. Auf der anderen Seite des Strandes schaute eine Burg von der Steilküste auf das Meer hinunter. Hinter der langen seeseitigen Häuserfront erhoben sich die Türme zweier Kirchen. Bei seinen Streifzügen durch die Stadt, die er in seiner dienstfreien Zeit mit den Kameraden unternahm, hatte sie ihm nach und nach ihren besonderen Charme enthüllt. Da gab es die vielen kleinen Plätze, die Quais der Hafenfronten, den Hafen selbst mit seiner trotz des Krieges bestehenden Betriebsamkeit. Auf einem dieser Streifzüge hatten sie ein kleines Bistro in der Nähe des Fischerhafens entdeckt. Vor der weit geöffneten Eingangsfront, durch die man mit einem Blick den ganzen Innenraum überblicken konnte, standen kleine Tische mit Stühlen. Als sie an einem der Tische Platz nahmen, erhoben sich die anderen Gäste, offensichtlich Fischer, ließen ihre noch halbvollen Gläser stehen, warfen ein paar Münzen auf den Tisch und gingen über den Quai zu ihren Booten.

»Wir scheinen wohl die Pest zu haben!« Krumbiegl war verärgert.

»Wundert dich das?« Georg fühlte sich auch nicht wohl. »Besatzer waren noch nirgendwo willkommen!«

Sie rührten sich nicht und taten so, als wäre Warten das Natürlichste auf der Welt für sie.

Schließlich kam der Wirt doch heraus, sammelte umständlich die Gläser von den Nachbartischen ein und klaubte die Münzen auf. Steinmetz, der als einziger von ihnen etwas Französisch sprach, bestellte für jeden von ihnen einen café au lait. *Der Wirt, ein kleiner, dunkelhaariger Mann, der so gar nicht zu den normannischen Gesichtern dieser Gegend passen wollte, ließ ein geschäftsmäßiges »Oui, Monsieur« vernehmen und verschwand wieder. Es dauerte eine ganze Weile bis er zurückkam und vor jeden seiner ungebetenen Gäste eine große Tasse abstellte.*

Steinmetz hatte die Zeit genutzt und seinen Skizzenblock hervorgezogen, den er auf seinen Streifzügen durch die Stadt immer mit sich herumtrug. Mit schnellen, sicheren Strichen zauberte er die Szene, die sich ihnen im Hafen bot, auf das Papier. Da stand eine kleine Gruppe Fischer vor einem Wald aus Masten und blickte dem Betrachter entgegen. Das Gesicht des Wortführers war besonders deutlich zu erkennen. Als sie bezahlten, drückte er dem verblüfften Wirt die Skizze mit einem »Pour vous, Monsieur« in die Hand.

Beim nächsten Besuch des Bistros – über der Markise schwebten ein paar verblasste Buchstaben, die den Namen Chez Henry *erkennen ließen – blieben die Fischer sitzen. Auch der Wirt kam ungerufen heraus, wenn auch nicht übermäßig bemüht, und wartete auf ihre Bestellungen. Diesmal fertigte Steinmetz eine Skizze des Bistros an, die auch den Wirt mit seiner langen weißen Schürze und einem Tablett in der Hand davor zeigte. Von nun an herrschte zwischen den Fischern und den Männern aus Georgs Gruppe eine Art gleichgültigen Nebeneinanders.*

So wie ihnen erging es vielen deutschen Soldaten in Dieppe. Überall in der Stadt hatten sich kleine Gruppen von Soldaten ihre Stammlokale gewählt. Nur die Gegend um die Place du Puits-Salé wurde von den einfachen Soldaten gemieden, um nicht ständig die Hände zum Grüßen hochreißen zu müssen. Dieser Platz befand sich im belebtesten Teil von Dieppe. Er saß wie eine Spinne im Netz und sammelte sechs Straßen ein, die auf ihn zuliefen. Dort verkehrten die Offiziere in einem Café, das mit seiner weißen Giebelfassade den ganzen Platz beherrschte.

Georg war meistens mit Krumbiegl, Randauer, Schulte und Steinmetz unterwegs. Für Steinmetz war die Stadt eine architektonische Offenbarung. Er sah die Gebäude mit anderen Augen als die Kameraden und verstand es, ihnen in wenigen Sätzen die unterschiedlichen Baustile zu erklären. Dabei flitzte sein Zeichenstift über das Papier und erfasste Fassaden und Details mit einer Genauigkeit, die an Zauberei grenzte.

Am meisten war Steinmetz aber von der Kirche Saint-Jacques beeindruckt. Vom Chez Henry *aus führte eine Gasse direkt auf sie zu. Er hatte schon einen ganzen Skizzenblock mit Detailzeichnungen ihrer vielgliedrigen Fassaden angefertigt, als er Georg und Krumbiegl eines Nachmittags wie ein Verschwörer bedrängte, er müsse ihnen an Saint-Jacques unbedingt etwas Ungewöhnliches zeigen. Georg glaubte, er hätte ihnen schon bereits alles Wissenswerte über die verschiedenen Baustile der Kirche von der Roma-*

nik bis zur Renaissance erklärt, aber Steinmetz ließ nicht locker und versprach: »Ihr werdet schon sehen!« Er führte sie um die Kirche herum und wies dabei auf die Strebepfeiler, die das Dach des Hauptschiffes und die niedrigeren Dächer der Seitenschiffe stützten und trugen.

In Höhe der Dachtraufen reckten sich lange schmale Wasserspeier aus den Gesimsen heraus und erweckten den Eindruck, als wollten sie jeden Augenblick herunterstürzen. Sie besaßen die Gestalten von Fabelwesen, die ihre Schöpfer aus dem Reich ihrer Phantasie zu Stein hatten werden lassen. Keines der Wesen glich dem anderen. Manche Figuren glichen Vögeln, andere wiederum Reptilien und wieder andere schienen Mischwesen aus beiden Welten zu sein. In ihren Gesichtern vermeinte man sogar menschliche Züge zu entdecken, einige lachend, andere verzweifelt, zornig, böse oder geheimnisvoll blickend.

Steinmetz glühte vor Begeisterung, als er die ausdrucksstärksten von ihnen skizzierte: »Es sollen weit über hundert Wasserspeier sein! Und keiner ist wie der andere! Ja, das waren noch wirkliche Künstler damals, diese Steinmetze! Wahrscheinlich war einer meiner Vorfahren auch so einer! Mein Gott, wenn ich daran denke, dass mein Vorfahr vielleicht auch hier gearbeitet haben könnte ... vielleicht ist ja der mit dem lachenden Vogelkopf da oben von ihm!« Er wies auf einen der Wasserspeier über ihm. »Die Steinmetze wanderten nämlich von Kirchenbau zu Kirchenbau und gehörten Geheimbünden an, die jedem ihrer Zunft beistanden, der in Not geriet!« Er geriet geradezu ins Schwärmen.

Eines Abends, die Fischer machten ihre Boote zum Auslaufen klar, kamen wie üblich deutsche Feldgendarmen, um die Boote vorher zu inspizieren. Das Gleiche geschah, wenn sie wieder mit ihrem Fang zurückkehrten. Bisher war das immer routiniert und reibungslos, wie eine lästige Übung, abgelaufen. Die Fischer nahmen die Kontrollen gelassen hin. An diesem Abend tauchte aber eine neue Truppe auf.

Georg saß mit seinen Männern vor dem Chez Henry, und sie bestellten gerade die üblichen café au laits. Randauer bemerkte das rüde Verhalten der Feldgendarmen zuerst.

»Nun schaut euch mal da drüben die Kettenhunde an!« So wurden die Feldgendarmen wegen der nierenförmigen Metallplatte genannt, die sie von einer Kette gehalten um den Hals trugen. »Die machen ja einen ganz schönen Rabatz! Das müssen Neue sein! Bisher hatten wir es immer schön ruhig hier, und nun legen sie sich mit den Fischern an!«

Die Kettenhunde stießen auf den Booten Körbe und Kisten um und bedrängten die Fischer mit lautstarken Drohungen. Der Kommandoführer war wie Georg ein Unterfeldwebel. Man sah ihm an, dass er die Machtbefugnisse genoss, die ihm sein Aufgabenbereich verlieh. Als sie ihre Aktion beendet hatten und sich schon zum Abmarsch bereit machten, zögerte der Unterfeldwebel einen Augenblick, als er Georgs Truppe vor dem Chez Henry sitzen sah. Dann gab er einen kurzen Befehl und kam mit seinem Kommando auf sie zu.

Krumbiegl stieß Georg an: »Das sieht nach Ärger aus! Schau dir nur Seine Wichtigkeit an!«

»Nur ruhig, Männer, lasst euch zu nichts hinreißen! Unterhaltet euch ganz normal weiter!«

Inzwischen waren die Kettenhunde herangekommen und bildeten eine lockere Reihe vor dem Chez Henry. *Der Unterfeldwebel baute sich vor Georgs Gruppe auf, hob die rechte Hand und schmetterte ihnen den Nazigruß entgegen. Er wandte sich an Georg, der sich langsam erhob und den Gruß lässig erwiderte.*

»Was gibt's?« Georg versuchte seine Worte genauso unbeteiligt wirken zu lassen, wie es auch seine ganze Haltung zum Ausdruck bringen sollte. Dabei wurden immer, wenn er es mit Leuten der Feldgendarmerie zu tun bekam, seine Handflächen feucht, und er musste jedes Mal an sich halten, um nicht aus der Haut zu fahren. Er hatte schon zu oft miterlebt, wie diese Truppe mit Kameraden umgesprungen war. Und dieser Verein schien einer von der ganz unangenehmen Sorte zu sein.

Der Unterfeldwebel sah an der Haltung seines Gegenübers, dass seine Autorität in Frage gestellt wurde. Er reckte sich zu voller Größe und musste trotzdem zu Georg aufschauen. Dann schnarrte er: »Soldbuchkontrolle und Urlaubsscheinkontrolle! Wird's bald?«

In diesem Augenblick erschien Henrys Frau mit einem Tablett café au lait *in der Tür. Das löste in der Reihe der Kettenhunde bewundernde Pfiffe und »Oh là là«-Rufe aus, es fielen anzügliche Bemerkungen. Georg ließ das Soldbuch stecken, das er gerade hatte hervorholen wollen. Er wandte sich nach Henrys*

Frau um, nahm ihr das Tablett aus den Händen und stellte es auf den Tisch.

»Merci, Madame!« Er schaute sie an und gab ihr mit einem Kopfnicken zu verstehen, dass es für sie ratsam wäre, wenn sie wieder hineinginge. Dann wandte er sich wieder seinem Kontrahenten zu.

»Sie sollten Ihrer Truppe ein bisschen mehr Respekt vor den Damen dieser Stadt beibringen! Wir sollten die Bewohner nicht unnötig gegen uns aufbringen, ... Herr Unterfeldwebel!« Er holte sein Soldbuch heraus und gab es ihm.

Das schmeckte seinem Kontrahenten sichtlich gar nicht. Er ging aber nicht direkt darauf ein, sondern rächte sich auf seine Weise: Er nahm Georgs Soldbuch und prüfte umständlich alle möglichen Eintragungen darin. Als es nichts mehr zu prüfen gab, notierte er sich wichtigtuerisch Georgs Namen in einem Notizbuch. Mit den anderen verfuhr er genauso. Als das Kommando schließlich abzog, war ihr Kaffee kalt geworden.

»Kameraden«, meldete sich Schulte, als sich die Aufregung allmählich gelegt hatte, »der Abgang muss gefeiert werden! Ich gebe einen aus! Ich hatte doch am Samstag Geburtstag, das können wir jetzt in Ruhe nachfeiern!«

Der Vorschlag wurde begeistert angenommen.

Es war Dienstagabend, der achtzehnte August zweiundvierzig.

Instinktiv ging Georg in Deckung und warf einen flüchtigen Blick auf seine Uhr. Sie zeigte zwanzig Minuten nach fünf. Er griff zum Hörer des Feldtele-

fons und drehte an der Kurbel. Die Verbindung kam augenblicklich zustande, und er hörte durch das Knacken hindurch Oberleutnant Ferners Stimme: »Danke, von der Beeke, wir haben schon von mehreren Seiten Meldung. Halten Sie Ihren Abschnitt sauber, also Feuer frei! Und … von der Beeke – schicken Sie die Kerle zum Teufel! Viel Glück!« Damit endete das Knacken.

Georg wandte sich an seine beiden MG-Schützen. »Macht euch fertig! Wenn ihr lohnende Ziele seht, sofort feuern! Lasst sie nicht herankommen!«

Krumbiegl hatte schon durchgeladen und drückte seine Schulter fest in die Schulterstütze. Randauer hockte neben ihm und hielt den Patronengurt zur reibungslosen Patronenzuführung auf seinen Handflächen bereit. Obwohl Georg dies schon Hunderte Male gesehen hatte, kam es ihm diesmal wie bei einem Kellner vor, der ein volles Tablett sicher durch einen überfüllten Raum trägt.

Durch Zurufe wies er auch die anderen Männer seiner Gruppe an. Rechts vor ihm knieten Steinmetz, Schulte und Vierkamp ellbogenweit voneinander entfernt in ihrem Unterstand. Vierkamp hatte eine ganze Reihe Stielhandgranaten fächerförmig vor sich ausgebreitet. Er war der beste Handgranatenwerfer der Kompanie, und das betraf sowohl die Weite seiner Würfe als auch ihre Zielgenauigkeit. Den kleinen Peters hatte Georg in einem der rückwärtigen Unterstände zum Munitionstransport eingesetzt. Da war er einigermaßen sicher. Georg lud seine Maschinenpistole durch und entsicherte sie. Dann nahm er zwei lange Magazine aus seinen Magazintaschen und legte sie griffbereit vor sich hin.

Immer wieder tauchten jetzt dröhnende Schatten aus dem Dunst vor ihnen auf, flogen über sie hinweg und beharkten den Strand und die Esplanade vor ihnen. Aber sie wühlten nur den Boden auf und richteten keinen großen Schaden an. Bisher hatten sie in ihrem Abschnitt noch nicht in den Kampf eingreifen müssen. Mit einem Auge bekam er auch die hektische Betriebsamkeit vor sich in der Artilleriestellung mit, aber die Geschütze schwiegen noch. Am westlichen Ende des Strandes hingegen brach bereits die Hölle über die gelandeten britischen Soldaten – es konnte sich nur um eine britische Operation handeln! – herein. Die Angreifer versuchten sofort nach der Landung, den Strand im Laufschritt zu überqueren und sich dann festzusetzen, um nachfolgenden Einheiten Feuerschutz zu geben, stürmten aber direkt in ein gnadenloses Abwehrfeuer, das ihnen aus dem Kasino entgegenschlug.

Das Kasino war ein zweistöckiger Klotz, der in einen Festungsbau verwandelt worden war. Er lag etwas zurückversetzt neben dem alten Stadttor und überblickte den gesamten westlichen Teil des Strandes und der Esplanade. Georg konnte von seinem leicht erhöhten Standort, wie von einem Logenplatz, das Drama mit ansehen, das sich dort gerade abspielte. Die deutsche Artillerie machte aus dem Landungsboot einen Schrotthaufen. Er war in wabernden Dunst gehüllt, der sich aus auflösendem Morgennebel, dem Rauch der Geschosse und dem dicken schwarzen Qualm der getroffenen Treibstofftanks ineinanderwob und ihn zu einem ständig die Form wechselnden Wesen werden ließ, das sich im Todeskampf hin- und herwand. Ein Teil der Angreifer war nicht einmal über die Landeklappe hinausgekommen. Die Granaten zerfetzten ihre Körper und stopften sie dem Schrottungeheuer in den aufgerissenen Rachen zurück. Für einen Augenblick glaubte Georg sogar, einen roten Vorhang davor zu sehen. Denjenigen Angreifern, denen es gelungen war, die Landeklappe zu verlassen und auf den Strand zu stürmen, blieben nur noch wenige Schritte im Leben. Schweres Maschinengewehrfeuer aus dem Kasino mähte sie wie eine Sense nieder, die in reifes Getreide schneidet. Dann herrschte für einen Augenblick eine seltsame Stille, als hole der Tod nur neuen Atem. Und er gab sich mit dem, was gerade geschehen war, nicht zufrieden. Die Toten am Strand waren an diesem Morgen erst seine Vorspeise.

Georg schaute auf seine Uhr und glaubte zunächst, sie sei stehen geblieben. Als er aber sah, dass sich der Minutenzeiger weiterbewegte, wurde ihm klar, dass das ganze Geschehen unten am Strand nicht länger als zehn Minuten gedauert hatte. Bevor er sich darüber weiter Gedanken machen konnte, kam in die gesamte Küstenlinie am Strand Bewegung. Aus dem sich allmählich lichtenden Dunst tauchte ein Landungsboot neben dem anderen keine zweihundert Meter von ihm entfernt auf. Durch das Geräusch anspringender Motoren und herabrasselnder Ketten waren englische Kommandorufe zu hören. Bevor er den Feuerbefehl an seine Gruppe geben konnte, rumste es vor ihm. Die Artillerie hatte in seinem

Abschnitt den Kampf eröffnet und wie schon zuvor ihre Kameraden am Kasinostrand eines der Landungsboote voll getroffen. Sofort stieg dicker Qualm in die Höhe.

»Feuer frei auf klar erkennbare Ziele!« Georgs Stimme überschlug sich beinahe. Einen solchen Ton hatte er noch nie aus seinem eigenen Mund gehört. Krumbiegl kroch förmlich in die Schulterstütze seines Maschinengewehrs hinein und tastete sich mit mehreren Feuerstößen an die beweglichen Ziele heran, die auf sie zugestürmt kamen. Aber diese Ziele kamen nicht weit. Krumbiegl ließ es nicht zu.

Die ganze Längsseite der Esplanade verwandelte sich jetzt in eine einzige Feuerwand. Alles, was eine moderne Vernichtungsindustrie zur Verfügung stellen konnte, schlug den Angreifern am Strand entgegen. Sturmgeschütze, Maschinengewehre und Handfeuerwaffen vereinigten sich zu einem Orchester, das nur dumpfe Paukenschläge, ratternde Trommelwirbel, schrille Trompetenstöße und sausendes, anschwellendes Pfeifen hervorbrachte. Der Tod war in seinem Element, er rieb sich die Hände.

Georgs Bataillon bildete gemeinsam mit den Geschützen die erste Verteidigungslinie im Bereich der Esplanade. Sie mussten die erste Abwehrarbeit leisten. Aus den rückwärtigen Stellungen in der Häuserfront des Boulevards kam gleichzeitig unterstützendes Feuer, sodass die Angreifer aus zwei Ebenen unter Beschuss lagen. Dazu kamen noch die Batterien auf den Kliffen, die sie von den Seiten her in die Zange nahmen. Der Strand bot absolut keine Deckung.

Inzwischen war es schon so hell geworden, dass man Einzelheiten erkennen konnte. Der Morgendunst hatte sich gelichtet und gab den Blick auf das Meer frei. Auf dem Wasser lag jetzt der gleiche helle Schein, der schon zuvor das Geschehen bei Berneval beleuchtet hatte, und zeigte, was da alles auf die Küste zukam. Unzählige größere und kleinere dunkle Umrisse bewegten sich auf die Verteidiger zu. Die kleineren näherten sich schnell und schoben eine hohe weiße Bugwelle vor sich her, die größeren bewegten sich kaum oder nur langsam und schickten rot glühende Blitze in ihre Richtung, aber ohne größeren Schaden bei ihnen anzurichten. Aus den geöffneten Landeluken der Landungsboote stürmten jetzt Dutzende Angreifer mit den typischen Tellerhelmen der Engländer auf den Strand. Gleichzeitig drängten Panzer über die Landeklappen und versuchten ihrer Infanterie Feuerunterstützung zu geben, aber ihre Geschützrohre konnten dazu erst gar nicht auf Gefechtshöhe gebracht werden. Mit ihren Ketten wühlten sich die Panzer immer tiefer in den kiesigen Untergrund und waren nicht mehr manövrierfähig. Sie lagen da wie riesige Meeresschildkröten, die verzweifelt versuchten, über den kleinen Deich zu kriechen. Ihre Geschützrohre pendelten Hilfe suchend, wie die Hand eines Ertrinkenden, in der Luft. Die deutschen Kanoniere hatten alle Zeit der Welt, sich ihr Ziel auszusuchen, anzuvisieren und mit einem gezielten Schuss außer Gefecht zu setzen. Einigen wenigen Panzern gelang es dennoch, den kleinen Deich unbeschadet zu überwinden und auf den Strand vorzudringen. Im Schutze dieser Panzer ver-

suchte die Infanterie Boden zu gewinnen. Aber Krumbiegls MG und die aus den Stellungen jenseits des Boulevards machten ihre Versuche zunichte. Die Angreifer kamen nicht einmal dazu, selber einen Schuss abzugeben.

Georg hatte schon drei Magazine leergeschossen und ließ den Lauf seiner MPi für einen Moment abkühlen. In dem Unterstand vor ihm teilten sich Steinmetz und Vierkamp ihre Ziele zu. Georg hörte durch das Geknatter der Schüsse Steinmetz' Stimme: »Ich nehme den links an dem Panzer vor uns, den mit den Winkeln am Ärmel. Nimm du den anderen mit dem Gerät auf dem Rücken!«

Georg schaute hinüber und sah die beiden Ziele zu Boden gehen. Die Schüsse hatte er in dem allgegenwärtigen Gefechtslärm gar nicht gehört. Aus allen Unterständen, in denen die Männer seiner Gruppe lagen, drang das typische Kammerstängel-Stakkato an sein Ohr. Immer wenn die Schützen einen Schuss abgefeuert hatten und nachladen mussten, machte es klick-klack, klick-klack, bis zum nächsten Schuss.

Inzwischen hatten sich auch die noch fahrtüchtigen Panzer mit ihren Ketten in dem kiesigen Untergrund festgefressen oder waren an den Panzersperren hängen geblieben. Sie waren nicht mehr in der Lage, sich in irgendeine Richtung zu bewegen, und wurden für die Pak-Geschütze zu leichten Opfern. Einer dieser Panzer schlingerte direkt auf Georgs Unterstand zu. Keine fünfzig Schritt von ihm entfernt traf ihn eine Granate. Die Wucht des Treffers hob ihn ein Stück vom Boden und löste dabei eine der Ketten wie eine Peitschenschnur von den Laufrädern. Dabei erschlug sie zwei Infanteristen, die mit anderen in seinem Schutz vorgestürmt waren. Die anderen schoss Georg mit mehreren Feuerstößen nieder. Die ganze Strandlinie war nun eine einzige Feuerwand, aus der schwarze Qualmwolken in den strahlenden frühmorgendlichen Sommerhimmel stiegen. Verzweifelt versuchten die britischen Kriegsschiffe vor der Küste, den bedrängten Landungstruppen mit ihren Geschützen beizustehen. Aber ihr Feuer erzielte keine Wirkung, denn sie mussten sich jetzt auch gegen heftige deutsche Luftangriffe zur Wehr setzen.

Die britische Luftwaffe konnte ihre Soldaten am Strand von Dieppe auch nicht unterstützen, denn sie wurde in eine mörderische Luftschlacht verwickelt und musste sich selbst ihrer Haut wehren, wie Georg sah, als er nach oben blickte. In den Gefechtslärm am Boden drangen nun die Obertöne eines Spektakels, wie er es noch nie erlebt hatte. Hunderte von Flugzeugen schwirrten wie ein riesiger, vor Wut dröhnender Bienenschwarm in tödlichen Schwänzeltänzen umeinander herum. Britische Spitfires und deutsche Messerschmitts umkurvten einander, rutschten über eine Tragfläche ab, gingen gleich darauf wieder in einen waghalsigen Steilflug über oder drehten sich um die eigene Achse, um sich wieder in eine günstige Angriffsposition zu bringen. War der Gegner ausmanövriert, zeigte sich plötzlich eine lange schwarze Rauchfahne, und das getroffene Flugzeug raste heulend auf die Wasseroberfläche zu, wo es mit einem Knall aufprallte und zerbrach. In dieser Phase der Luftschlacht stürzten Flugzeuge fast im Minutentakt vom Himmel. Die meisten, die Georg ausmachen konnte, trugen eine blau-weiß-rote Kokarde am Rumpf. Viele brachen schon nach den Treffern in der Luft auseinander und stürzten als Einzelteile ins Meer. Nur ganz selten schwebten nach einem Abschuss Fallschirme nieder.

Unterdessen ging das Gemetzel am Strand weiter. Die Überlebenden des gescheiterten Angriffs versuchten, hinter dem Deich in Deckung zu gehen. Vergeblich. Die Geschütze pflügten ganze Schneisen in den Deich und machten es unmöglich, Deckung zu nehmen. Dazu verwandelten sie die Kieselsteine des Strandes in unberechenbare Geschosse. Viele der verzweifelt Hin- und Herflüchtenden wurden von solchen Kieselgeschossen getroffen und stürzten zu Boden. Es gab unter ihnen auch niemanden mehr, der in der Lage gewesen wäre, vernünftige Befehle an die herumirrenden Soldaten zu geben. Sie stolperten herum, fielen auf die Knie, verloren dabei ihre Waffen, richteten sich wieder auf und suchten nach irgendetwas, was sie zwischen sich und den Feuerhagel bringen konnten. Zunächst hatten diejenigen Glück, denen es gelungen war, sich hinter einem der abgeschossenen Panzer zu verbergen. Aber auch diese Deckung blieb ihnen nicht lange erhalten. Die Geschütze nahmen sie jetzt ins Kreuzfeuer und zerlegten die zu Schrott gewordenen Panzer in weitere kleinere Schrotthaufen. Und wieder irrten die Verzweifelten über den Strand und wurden Opfer des Maschinengewehrfeuers.

Krumbiegl stellte plötzlich sein Feuer ein und machte sich umständlich an seinem MG zu schaffen. Georg wollte ihn gerade fragen, was los sei, da hörte er hinter sich die Stimme Oberleutnant Ferners: »Was ist los, Obergefreiter?«

Krumbiegel drehte seinen Kopf halb herum.

»Das Rohr ist heiß geschossen, Herr Oberleutnant, und jetzt klemmt auch noch der Deckel!«

»Dann bringen Sie das Ding wieder in Ordnung, Obergefreiter Krumbiegl! Wenn wir da drüben säßen, hätten die mit uns auch kein Mitleid!«

»Jawoll, Herr Oberleutnant!« Krumbiegl bemühte sich und bekam endlich den Deckel auf.

Dann zog er ein paar Mal an dem Patronengurt, nahm ihn heraus und ließ das heiß geschossene MG-Rohr herausgleiten. Oberleutnant Ferner legte seine Hand auf Georgs Schulter.

»Sie machen Ihre Sache hier gut, Unterfeldwebel von der Beeke!«

Damit verließ er ihren Unterstand und ging weiter zum nächsten.

Einer hatte seine Sache bisher allerdings nicht gut gemacht. Leutnant Kellner lag mit seinem Zug links von Georgs Gruppe hinter einer kleinen Mauer, die in die Unterstandsbefestigung einbezogen worden war. Georg hatte während des Kampfes hin und wieder einen Blick hinübergeworfen, um zu sehen wie es beim Nachbarzug stand. Dabei war nicht zu übersehen gewesen, dass Leutnant Kellner, der für seine Schikanen bei den Männern verrufen war, während des ganzen Kampfes hinter der Mauer gehockt hatte, ohne auch nur einmal in das Kampfgeschehen einzugreifen oder seine Unteroffiziere anzuweisen. Als sich jetzt Oberleutnant Ferner seiner Stellung näherte, hob er zum ersten Mal den Kopf über die Mauer und gab ungezielte Schüsse aus seiner Maschinenpistole in Richtung Strand ab. Dann rief er irgendetwas, das Georg in dem Gefechtslärm nicht verstehen konnte, den Männern seines Zuges zu. Oberleutnant Ferner ging langsam neben Kellner in die Hocke und redete auf ihn ein. Dabei wippte seine rechte Hand heftig auf und nieder.

Georg spürte plötzlich einen heftigen Schlag auf seiner linken Backe und fuhr automatisch mit der Hand darüber hin. Als er sie zurückzog, waren seine Finger voller Blut. Er strich sich noch einmal über die Backe und erspürte einen Riss, der von einem Betonsplitter herrühren musste, den wohl eine verirrte Kugel aus dem Unterstand herausgesprengt hatte.

Krumbiegl hatte sein MG wieder schussfertig gemacht und verschoss ein paar ungezielte Salven.

Während Georg seine leer geschossenen Magazine wieder auffüllte, wanderten seine Augen über das Schlachtfeld. Und da begriff er plötzlich die ganze Bedeutung dieses Wortes: Schlachtfeld!

Es war ein grausiger Anblick, der sich ihm bot. Vor der Kulisse der brennenden und qualmenden Landungsboote und Panzer war der ganze Strandabschnitt, soweit er ihn überblicken konnte, mit toten und sterbenden Soldaten bedeckt. Über allem lag in dicken Schwaden das Parfüm des Todes, dieser beißende Gestank nach Kordit, der ihm die Tränen in die Augen trieb und den ganzen vor ihm ausgebreiteten Schrecken ineinanderfließen ließ. Trotz des frühen Morgens rann ihm der Schweiß in Strömen unter dem Stahlhelm hervor, vermischte sich mit den Tränen und dem Blut auf seinem Gesicht und brannte in der Schramme.

Wieder hatte er Oberleutnant Ferner nicht kommen hören.

»Wie steht es bei Ihnen, von der Beeke?«

Georg machte Meldung und konnte berichten, dass es in seinem Abschnitt unter seinen Männern keine Ausfälle gab.

»Das ist gut! Was ist mit Ihrem Gesicht, von der Beeke?«

»Nicht der Rede wert, Herr Oberleutnant!«

Der Oberleutnant nickte dazu. »Das ist auch gut!« Er suchte dann den Strandabschnitt vor sich mit dem Fernglas ab. Ohne das Glas abzusetzen fragte er plötzlich unvermittelt, fast beiläufig: »Was studieren Sie eigentlich, von der Beeke?«

Georg glaubte sich verhört zu haben. Eine solche Frage in einem solchen Moment in einer solchen Situation! Oberleutnant Ferner schaute weiter durch das Fernglas. Georg konnte nicht sofort antworten, dann quetschte er »Tiermedizin, Herr Oberleutnant!« heraus. »Sehen Sie, von der Beeke« – der Oberleutnant nahm das Glas von den Augen und wies damit auf den Strand – »das, was hier geschieht, würden Tiere einander nie antun!« Er machte eine Pause und fuhr dann fort: »Wer immer bei denen da drüben dieses Wahnsinnskommando zu verantworten hat, für den wäre es besser, er befände sich auch unter den Toten! Wenn nicht, möge Gott ihm das verzeihen!«

Georg hatte Oberleutnant Ferner von Anfang an geschätzt, denn er war keiner von diesen sturen Kommissköppen, die er zur Genüge kennengelernt hatte. Aber dass ein deutscher Offizier, noch dazu in einer solchen Lage, Mitleid mit dem geschlagenen Feind vor einem Unteroffizier zeigte, das verschlug ihm die Sprache. Und dann rutschte ihm beinahe ungewollt »Uns aber auch!« heraus.

Oberleutnant Ferner drehte sich langsam zu Georg um, nahm seinen Helm ab und wischte sich mit einer fahrigen Handbewegung Schweiß von der Stirn. Dann blickte er Georg lange an und nickte endlich mit dem Kopf. Es war mehr ein Flüstern, als er Georg beim Verlassen des Unterstandes an die Schulter fasste und mit einem gequälten Lächeln sagte: »Ja, uns auch!« Damit verließ er den Unterstand und ließ einen verblüfften Georg zurück.

Die Geschütze und MG-Garben belegten die hinter dem Deich verschanzten Soldaten weiterhin mit Dauerfeuer, bis gegen halb neun ein neues Landungskommando einen Entlastungsangriff am östlichen Strandabschnitt in der Nähe der Hafeneinfahrt unternahm. Dieser Abschnitt war von Georgs Standort zu weit entfernt, um Einzelheiten wahrzunehmen, aber nach einer Viertelstunde endete auch dieses Unternehmen wie der Angriff in seinem Strandabschnitt.

Und noch einmal versuchte ein Kommando aus einer künstlichen Nebelwand heraus, den Strand zu stürmen. Es war der letzte Versuch. Auch er wurde zusammengeschossen und vergrößerte den Teppich lebloser Körper, die den ganzen Strand bedeckten.

Georgs Kompanie durchkämmte den Strand nach Überlebenden. Sie ließen sich widerstandslos gefangen nehmen und wurden von Begleitkommandos zu einem Gefangenensammelplatz getrieben. Es waren viele

Leichtverwundete darunter. Georg konnte nun das Werk ihrer Zerstörung aus nächster Nähe betrachten, und auf das, was er jetzt vor sich sah, war er nicht vorbereitet gewesen. Von seinem Unterstand aus gesehen waren die Getroffenen nicht größer als Puppen gewesen. Als sie beim Vorwärtsstürmen getroffen wurden, hatten sie plötzlich in der Bewegung innegehalten und waren dann umgefallen und liegen geblieben. Und nun lagen sie hier lebensgroß, wie weggeworfen, von einem Augenblick zum anderen vom Leben verlassen.

Georg vermied es, den Toten ins Gesicht zu sehen. Er ging auch wie alle anderen um die Toten herum. Als sie den halben Strand hinter sich hatten und immer noch Verwundete fanden, um die sich dann Sanitätssoldaten kümmerten, überkam Georg ein eigenartiges Gefühl. Er war beschämt über das, was hier geschehen war, aber auch seltsam erleichtert. Er könnte jetzt genauso gut hier liegen, und dann würden andere an ihm vorbeigehen, als wäre er nichts. Erst jetzt nahm er den Leichengeruch wahr, der über dem Strand lag. Dieser Geruch war nicht mit dem zu vergleichen, den Georg während seines Studiums in einem Schlachthof kennengelernt hatte. Die mittägliche Sommerhitze beschleunigte die Verwesung und mischte den Leichengeruch mit den brennenden Benzinschwaden und dem Korditgeruch zu einem ekelerregenden Luftgebräu. Eine nach Meer und Salz schmeckende Luft gab es hier nicht mehr.

Georg stolperte. Er wollte schon weitergehen, als er sah, über was er gestolpert war – genauer gesagt, war er gar nicht gestolpert! Eine blutverschmierte Hand hielt seinen Stiefel umklammert. Vor ihm auf dem nackten Strand lag lang hingestreckt ein junger Soldat. Die blutige Mitte seines Körpers passte so gar nicht zu dem friedlichen Gesichtsausdruck. Große, weit aufgerissene Augen sahen zu ihm auf und schienen ihn doch nicht zu sehen. Sie sahen etwas jenseits dieses Ortes, etwas, das in weiter Ferne lag, etwas, das er hier herwünschte, und sei es auch nur für einen Augenblick tröstender Nähe. Die Lippen des Sterbenden formten immer wieder ein Wort: »Mom, ... Mom, ... Mom ...« Dann ließ die Hand seinen Stiefel los und die Augen blickten starr.

Irgendetwas in Georg drückte ihn auf die Knie neben den Toten. Er nahm seine Hände und fügte sie ihm über der grässlichen Wunde auf der Brust zusammen. Dann schlug er wie unter einem inneren Zwang das Kreuzzeichen über das junge tote Gesicht und sprach die Worte, die Pfarrer Hülsenbeck immer bei einer Beerdigung gebraucht hatte: »Möge der barmherzige Gott, unser Herr, dich in seine ewige Herrlichkeit aufnehmen! Amen.«

Er hatte an diesem Tag zum ersten Mal einen Menschen sterben sehen.

Die Maschinenpistole im Anschlag bewegte sich Georg eng an die hohen Häuserfronten gepresst mit seiner Gruppe auf die Grande-Rue zu. Zwei Kompanien seines Bataillons hatten den Auftrag, das Stadtgebiet hinter dem Strand und den Hafenbereich nach versprengten britischen Soldaten zu durchsuchen. Er sollte mit seiner Gruppe jenseits der Grande-Rue dem Quai bis zum Ende des Fischerhafens folgen und auf der anderen Seite des Hafens zurückkehren. Ober-

leutnant Ferner hatte seinen Unteroffizieren bei der Befehlsausgabe gesagt: »Nehmen Sie die Tommies nach Möglichkeit gefangen. Es ist heute schon genug Blut geflossen! Die werden froh sein, wenn sie ihre Gewehre abgeben dürfen!«

Die englischen Schiffsgeschütze hatten ebenso wie vereinzelte Fliegerbomben an den Fassaden einiger Häuser Schäden verursacht. Steinmetz verfluchte die Tommies, weil sie aus einem normannischen Fachwerkhaus die Vorderfront herausgeschossen hatten. Es wirkte jetzt wie ein überdimensionales Puppenhaus. In den Schutthaufen wühlten die verstörten Bewohner nach Gegenständen, die daraus hervorschauten.

Georg führte seine Gruppe ruhig und umsichtig. Jeder Hauseingang und jede Einfahrt wurden systematisch gesichert und überprüft. Die letzten vier Soldaten hatten die Aufgabe, die Fensterbänder zu beobachten. Hin und wieder hörten sie in benachbarten Straßen kurzes Gewehrfeuer aufflackern. Sie unterschieden deutlich die verschiedenen Gewehrtypen, das kurze bellende Knallen der britischen Lee-Enfield-Gewehre und dazu den scharfen Knall des deutschen Karabiners. Die Karabiner waren deutlich in der Überzahl, und die Schießereien hörten bald auf.

Sie hatten die Grande-Rue überquert. Krumbiegl, der mit dem MG hinter Georg ging, rief ihm zu: »Georg, schau da vorne, bei Chez Henry *steigt Rauch auf, und da liegt Schutt auf der Straße!«*

Georg befahl die ganze Gruppe auf die rechte Straßenseite zur Häuserfront. Schweiß rann in Bächen unter seinem Stahlhelm hervor und drang ihm in die Augen. Zur Linken konnten sie jetzt den Hafen überblicken. Einer der Kutter lag mit Schlagseite im Wasser. Die Gruppe arbeitete sich vorsichtig den Quai entlang und erreichte den Platz, auf dessen anderer Seite das Chez Henry lag. Georg schickte zwei Männer auf die kleine Brücke, die hinüber ins alte Fischerviertel von Dieppe führte und von wo aus man einen direkten Blick zum Chez Henry hatte. Die Männer signalisierten, dass drüben alles ruhig war, und kamen zurück.

Und dann standen sie vor dem Chez Henry.

»Scheiße«, fluchte Randauer.

Dort, wo sie immer gesessen hatten, bildeten umgestürzte Tische und Stühle und die nach außen herausgefallene hölzerne Türfront ein unentwirrbares Durcheinander. Die Markise hing halb heruntergerissen in Fetzen darüber. Georg schaute nach oben und stellte erstaunt fest, dass das Haus über dem Bistro keine Schäden davongetragen hatte. Der Rauch und der Staub stiegen aus dem Haus auf, das neben dem Chez Henry stand – oder besser gestanden hatte. Eine Fliegerbombe hatte das ganze Haus durchschlagen und das Untergeschoss herausgesprengt. Die Mauerreste lagen jetzt mannshoch auf der Straße. Von den Bewohnern war nichts zu sehen.

Auf dem Rückweg machte Georgs Gruppe zwei Gefangene. Sie hatten sich nach der Schießerei mit einem deutschen Suchtrupp, die Georg auf dem Hinweg gehört hatte, in einem schmalen Hausdurchgang versteckt. Als Steinmetz und Schulte sie entdeckten, hielten sie ihnen sofort ihre Gewehre mit dem Lauf nach unten gerichtet entgegen und ließen sich mit schreckensbleichen Gesichtern gefangen nehmen. Erstaunt stellte Georg fest, dass es sich nicht um Engländer, sondern um Kanadier handelte.

Der Gefangenensammelplatz war auf einem kleinen Platz eingerichtet worden, auf dem die Gefangenen dicht gedrängt auf dem Pflaster saßen. Die gefangenen Offiziere, es mussten Dutzende sein, standen bereits aufgereiht vor einem eilends herbeigebrachten Tisch mit Stühlen dahinter, um einer ersten Befragung unterzogen zu werden. Ihren Gesichtern sah man deutlich an, dass sie noch nicht so recht begriffen hatten, was ihnen an diesem Morgen zugestoßen war. Viele Mienen drückten aber auch Erleichterung darüber aus, mit dem Leben davongekommen zu sein.

Der Platz wurde zu einer Seite hin von einer Reihe kurz gestutzter Parkbäume eingefasst, hinter denen sich eine halbhohe Mauer entlangzog, die mit einem hohen Gitter gekrönt war. Das gab ihm jetzt mit den vielen Gefangenen davor ein gefängnishaftes Aussehen.

Georg lieferte seine Gefangenen ab, die dann unschlüssig nach überlebenden Kameraden Ausschau hielten. Zu seiner Überraschung stellte Georg fest, dass auch der größte Teil der anderen Gefangenen aus Kanadiern bestand. Unter einem der Bäume machte er auch ein paar Amerikaner aus. Gerade als ihr Kompaniefeldwebel die Kompanie zum Antreten herbeibrüllte, stieß Krumbiegl Georg an.

»Schau mal, da drüben bei den Gefangenen, unser schneidiger Leutnant Kellner!«

Der Leutnant stolzierte in seinen kniehohen Stiefeln und den sich darüber aufbauschenden Breeches zwischen zwei Reihen hockender Gefangener hindurch. Dabei hielt er seine Hände auf dem Rücken verschränkt und klatschte sie rhythmisch ineinander. Er blickte auf das auf der Erde hockende Elend hinunter und trat den Gefangenen, wenn sie nicht schnell genug reagierten, auf Hände und Füße.

»Guck dir diesen Gockel an! Heute Morgen hat er sich noch in die Hose gemacht, und nun spielt er den großen Helden«, zischte Krumbiegl durch die Zähne.

In diesem Augenblick erschien Oberleutnant Ferner, um die Meldung des Kompaniefeldwebels entgegenzunehmen. Er hatte der angetretenen Kompanie noch den Rücken zugekehrt und schaute interessiert zu den Gefangenen hinüber. Der Kompaniefeldwebel wartete noch mit dem Kommando zum »Stillgestanden«, da hörten sie Oberleutnant Ferners Stimme: »Leutnant Kellner, sofort zu mir!«

Der unterbrach seine Attacken, kam schnurstracks auf Oberleutnant Ferner zu und baute ein tadelloses Männchen mit einem zackigen Nazi-Gruß. Oberleutnant Ferner trat nahe an ihn heran, senkte seine Stimme und sprach kurz mit ihm. Dann machte Leutnant Kellner eine nicht mehr ganz so zackige Kehrtwende und marschierte in Richtung Bataillonsgefechtsstand.

»Oha«, flüsterte Krumbiegl. »Ein Anschiss freihändig stehend vor versammelter Mannschaft. Das muss sein Zug wohl wieder ausbaden!«

Als der Kompaniefeldwebel dann seine Meldung machte, erfuhr die Kompanie durch die gemeldete

Zahl, dass sie nur drei Ausfälle in den Kämpfen dieses Morgens zu beklagen hatte. Es gab nur einen Schwerverwundeten und zwei Leichtverwundete.

Auch an diesem Abend stand die Sonne an einem strahlendblauen Himmel über Dieppe. Die Qualmwolken hatten sich am Strand verzogen, aber der Geruch nach Tod und Zerstörung hielt sich hartnäckig. Die Gefangenen hatten ihre toten Kameraden vom Strand geborgen und waren dann mit Lastwagen ins Hinterland gebracht worden. Nur die ausgebrannten Landungsboote und die zerstörten Panzer erinnerten an die Tragödie dieses Morgens. Die Mannschaften saßen wieder in ihren Unterkünften, reinigten ihre Waffen und brachten ihre Ausrüstung in Ordnung. Die Unterstände am Strand waren wieder von den normalen Wachkommandos besetzt worden.

Oberleutnant Ferner hatte alle Zugführer und Gruppenführer seiner Kompanie in den kleinen Raum, der als Kompaniegefechtsstand diente, um sich versammelt. Nur Leutnant Kellner fehlte. Der Oberleutnant informierte seine Unterführer kurz und knapp über die Geschehnisse des Tages und er verhehlte ihnen nicht, dass die rechtzeitige Alarmierung durch den Konvoi der Schlüssel zu diesem überwältigenden Sieg gewesen sei.

»Aus den Verhören der gefangenen Offiziere ergibt sich im Augenblick folgendes Bild«, fuhr er mit seinem Bericht fort. »An diesem Landeunternehmen waren, soviel wissen wir inzwischen, weit über zweihundert alliierte Schiffe und etwa siebentausend Mann an Truppen beteiligt. Das Hauptkontingent bestand aus Einheiten der zweiten kanadischen Divi-

sion. Aber das ist Ihnen sicher schon an den Gefangenen aufgefallen! Dazu kamen noch einige britische Kommandos und eine kleine Einheit Amerikaner. Nach den ersten Zählungen haben die Alliierten hier heute über viertausend Mann verloren ...« Er hielt einen Augenblick inne und fixierte einen Punkt an der Decke des Raumes. »... darunter sind mehr als zwölfhundert Gefallene!« Er machte wieder eine Pause. »Der Rest ist verwundet oder gefangen genommen worden.« Nach einer weiteren Pause fuhr er fort: »Wir haben dreihundert gefallene Kameraden zu beklagen. Und ..., Gott sei Dank, unsere Kompanie wurde damit verschont!« Es war jetzt ganz still im Raum geworden. Nach einer Weile hob einer der Zugführer zögernd die Hand.

»Ja, Oberfeld Gernlein! Fragen Sie!« Oberleutnant Ferner nickte in die Richtung der erhobenen Hand.

»Warum wurden wir hier angegriffen, und warum Kanadier?«

»Tja«, Oberleutnant Ferner rieb sich die Stirn, »das sind zwei gute Fragen, auf die wir auch noch keine richtige Antwort haben! Es wäre aber denkbar, dass Mister Churchill in der Bredouille ist und seinen Genossen Stalin mit diesem Angriff bei der Stange halten will.«

Er zuckte mit den Schultern. »Und warum ausgerechnet Kanadier? Auch da gibt es nur eine Vermutung. Von Dieppe aus sind vor ein paar Hundert Jahren die Schiffe nach Französisch-Kanada ausgelaufen, um es zu kolonisieren. Und nun hat der romantische historische Spleen des Mister Churchill – Kanadier erobern ihren Heimathafen zurück! – die Männer das Leben gekostet!«

Als keine weiteren Wortmeldungen erfolgten, erklärte er den augenblicklichen Stand der Erkenntnisse. »Das Landeunternehmen hatte den Auftrag, unsere Küstenbatterien in Berneval und Varengeville auszuschalten und dann durch den Frontalangriff bei uns bis nach Arques-la-Bataille vorzustoßen, um unseren Divisionsgefechtsstand auszuschalten. Wenn ihnen das gelungen wäre …« Hier unterbrach er sich wieder. »… würden wir jetzt nicht hier sitzen. Unsere Truppe hat sich hier hervorragend geschlagen. Wir mussten nicht einmal die Reserven und unsere Panzerdivision einsetzen. Das gleiche Bild ergibt sich auch für Berneval. Nur bei Varengeville konnte ein britisches Kommando kurzfristig eine Batterie lahm legen. Aber dann wurden sie auch von dort vertrieben. Insgesamt gesehen«, schloss er seine Erklärungen ab, »war es für die Alliierten ein großes Fiasko. Gehen Sie jetzt wieder zu ihren Leuten und …« Er verhielt noch seinen Schritt. »… geben Sie ihnen die Gelegenheit, sich darüber zu freuen, dass sie den Tag überlebt haben!«

Nein, er hatte an jenem Abend in Dieppe nicht feiern können. Freude spürte er nicht, nur dieses grenzenlose Gefühl der Erleichterung, davongekommen zu sein. Immer wieder war das junge Gesicht des sterbenden Kanadiers vor seinen Augen erschienen. So also sah der Krieg in seiner brutalsten Form aus! Dieppe war so ganz anders gewesen als zwei Jahre zuvor die Einkesselung der französischen Armee und des britischen Expeditionskorps bei Dünkirchen. Damals waren sie am Strand von Dünkirchen an endlos aufgereihtem und vernichtetem Kriegsmaterial der Alliierten vorbeimarschiert und hatten die sich widerstandslos ergebenden alliierten Soldaten im Vorbeimarsch gefangen genommen.

Auch Krumbiegl war an jenem Abend in Dieppe seltsam abwesend gewesen. Es war dieser Tag und der darauf folgende Abend gewesen, als er Krumbiegl als jemanden gleichen Geistes erkannt hatte. Und das hatte ihn froh gemacht.

Georg stand auf, lüftete die Mütze, als wolle er die dunklen Gedanken davonfliegen lassen, drückte sie wieder auf den Kopf und folgte dem Pfad zwischen den Zäunen, bis er ihn auf einen breiten Fahrweg führte.

Unterschlupf

Der Fahrweg endete nach wenigen hundert Schritten an einer schmalen Straße, die leicht bergauf zu dem kleinen Ort führte, dessen Kirchturm ihm den Weg gewiesen hatte. Zu dieser frühen Morgenstunde war weit und breit noch keine Menschenseele zu sehen, und der Ort machte nicht den Eindruck, dass sich dies im Laufe des Tages noch ändern würde.

Während Georg langsam der Straße zum Ort hin folgte, überlegte er, wie er vorgehen sollte. Am einfachsten würde es wohl sein, irgendwo anzuklopfen und den Leuten seine Situation zu erklären. Eines würde er sicher tun: Er würde um Essen betteln. Die Morgenfrische mit ihrem intensiven Geruch nach taunassem Gras ließ seinen leeren Magen krampfen und löste ein Würgen im Hals aus.

Der Ort bestand aus einer Anzahl eng aneinandergerückter kleiner bäuerlicher Anwesen. Die Kirche überragte die Häuser mit ihrem dicken gedrungenen Turm wie eine Glucke, die ihre Küken um sich versammelt hat. Alle Gebäude bestanden aus dunklem Sandstein und schienen aus der Erde herauszuwachsen. Georg sah nirgendwo Zerstörungen. Der Krieg hatte diesen Ort offensichtlich links liegen gelassen.

Er ging auf das erste Haus zu und blieb überrascht stehen. Wie ein Relikt aus einer anderen Zeit sah es ihm mit seinem eingehegten Bauerngarten entgegen. Blumen! Ihr unverhoffter Anblick überwältigte ihn. Sie gehörten einer Zeit vor der Zerstörung und vor dem Grau an, das unten im Tal hinter ihm lag. Blumen, sie hatten auch die Häuser am Lennebogen umgeben. Und nun begrüßten ihn an diesem seinem ersten Morgen in Freiheit die unschuldigsten Geschöpfe der Welt mit ihrer verschwenderischen Pracht! Weiß blühende Waldrebe hatte Teile des Lattenzaunes erobert. Blaue und gelbe Lupinen zwängten ihre Kerzen durch die Zaunlatten. Mannshohe Eisenhüte und Königskerzen streckten sich der Sonne entgegen. Gelbe Arnika und blauviolette Akelei bildeten kleine Büschel. Der Weg, der zur Haustür führte, wurde von weißen und roten Bartnelken gesäumt. Dahinter standen in sauber gezogenen Reihen Küchenkräuter, Salate und Kohlarten. Georg wollte sich gerade hinabbeugen, um den würzigen Duft der Nelken einzuatmen, als sich die Tür des Hauses mit einem Quietschen öffnete. Er verharrte in der Bewegung und sah, dass eine ältere Frau in einem geblümten Kleid ins Freie trat. Sie wandte sich nach rechts, um in die Richtung des Gebäudes zu gehen, das Georg für einen Stall hielt, als sie zu ihm herüberblickte und überrascht stehen blieb. Dann lief sie ihm ein paar Schritte entgegen, blieb abrupt stehen, schlug die Hände vor das Gesicht, öffnete die Finger einen Spalt breit, um ihn dadurch anzusehen und rief ihm fragend einen Namen zu.

Georg richtete sich auf und starrte die Frau an.

»Leo … bist du es wirklich?« Die Hände rutschten von ihrem Gesicht herunter und streckten sich ihm entgegen. Georg blieb wie angewurzelt stehen, unfähig, sich zu bewegen oder etwas zu sagen. Die Augen der Frau füllten sich mit Tränen und schauten ihn aus einem schönen alten Frauengesicht an, in das die Jahre ihren Kummer eingegraben hatten. Sie sah zu ihm hoch und fuhr mit ihrer Hand über die Narbe auf seiner Backe. Er ließ es geschehen. Ihre Hand fühlte sich wie die seiner Mutter an. Sie zog ihre Hand zurück und wischte sich die Tränen aus dem Gesicht.

»Nein, du bist nicht mein Leo«, klagte sie enttäuscht, »aber wie du da so gestanden bist, sahst du ihm sehr ähnlich ... Kennst du meinen Leo? Kommst du von ihm? Weißt du etwas über ihn?«

Angst lag in ihrer Stimme.

Georg schüttelte verlegen den Kopf und suchte nach Worten.

»Es … es tut mir leid, aber ich habe keinen Kameraden, der Leo heißt!« Einem inneren Gefühl folgend antwortete er in der Gegenwartsform.

»Aber du bist doch ...«, sie verbesserte sich, »… du warst doch auch bei der Infanterie!« Dabei wies sie auf seine Kragenspiegel. »Darum dachte ich, dass du ein Kamerad von meinem Leo bist, und dass du mir eine Nachricht von ihm bringst, wie es ihm geht und ob er …« Wieder füllten sich ihre Augen mit Tränen.

Georg sah jetzt die andere Seite des Lagerzaunes vor sich stehen. Er sah eine Mutter, die genauso verzweifelt auf eine Nachricht ihres Sohnes wartete, wie er und seine Kameraden es sich Tag und Nacht bei ihren Angehörigen vorgestellt hatten. Klümpers Verzweiflungstat kam ihm in den Sinn. Es musste tausendfach Mütter wie diese geben, die jeden neuen Tag mit der Ungewissheit über das Schicksal ihrer Söhne verbrachten. Er wischte die Gedanken beiseite und hörte sich selbst fragen: »Wo war Ihr Sohn denn zuletzt?«

»Sein letzter Brief kam aus Italien nach den Kämpfen bei Anzio und dem Fall von Monte Cassino. Da ging es ihm noch gut. Dann haben wir nichts mehr von ihm gehört!«

»Das liegt daran«, versuchte er sie zu beruhigen, »dass die Feldpost nicht mehr durchkam. Bei uns war das genauso. Ich weiß auch nicht, wann meine Familie den letzten Brief von mir bekommen hat!«

Ein Hoffnungsschimmer huschte über ihr Gesicht. »Wirklich?«

»Ja, das wird wohl der Grund sein. Und wenn er da unten in amerikanische oder englische Gefangenschaft geraten ist, geht es ihm auf jeden Fall besser als uns da unten! Nur schreiben kann er dann auch nicht!«

Georg wies mit der Hand in die Richtung in der das Lager liegen musste. »Ich bin heute Nacht aus dem Lager auf der anderen Rheinseite geflohen, weil ich nach Hause will und die Ungewissheit, wie es meiner Familie geht, nicht mehr ertragen kann! ... Und«, er holte tief Luft, »dann habe ich diesen Ort gefunden und hoffe, dass ich hier etwas zu essen bekomme. Darum bin ich hier!«

Ihre Augen weiteten sich vor Schreck, und sie schlug eine Hand vor den Mund. Dann zeigte sie in die gleiche Richtung, in die seine Hand noch immer wies.

»Aus dem Lager da unten? Mein Gott, was musst du da durchgemacht haben!«

Sie fasste ihn an einen Ärmel und zog ihn hinter sich her durch die Bartnelkengalerie zur Haustür. Ihre Traurigkeit schien mit einem Male verschwunden. Sie öffnete die Tür und rief laut ins Haus hinein: »Josef …, Josef, komm doch mal schnell!« Dann zog sie Georg in den Raum, schloss die Tür hinter sich und forderte ihn auf, sein Bündel abzulegen.

Der Raum, in dem er stand, kam ihm seltsam vertraut vor. In seiner Größe und Einrichtung glich er der großen Küche in seinem Elternhaus. Auch hier bildete ein großer Tisch mit stabilen Stühlen den Mittelpunkt. Eine Ecke des Raumes wurde von einer Eckbank eingenommen, auf der dicke Kissen lagen. An den Wänden darüber hingen ein Kruzifix und ein Madonnenbild und zwei gerahmte Fotografien. Dann gab es noch einen großen Schrank mit einer Anrichte. In einer anderen Ecke stand ein Kohleherd mit emaillierten Fronten, auf dem ein Wasserkessel summte. Daneben befand sich ein Spülstein mit einem Handtuchbrett darüber, von dem ein gestickter Vorhang herabhing. Neben einer Tür stand noch ein Sessel aus Peddigrohr, der wohl dem Hausherrn vorbehalten war. Auf einem Tischchen daneben befand sich ein Volksempfänger aus Bakelit. Mitten auf dem Tisch stand eine Vase mit Gartenblumen. Georg überkamen Heimatgefühle.

Die Tür wurde aufgerissen und herein stürzte ein Mann, der seinen Schwung mit der Türklinke abbremste. Er war groß und hager und man sah ihm an, dass sich sein Leben im Freien abspielte.

»Agnes, wo brennt's …« Er blieb wie angewurzelt in der Tür stehen und seine Hand, die die Klinke umklammert hielt, begann zu zittern »Leo?«, fragte er unsicher, doch er bemerkte, noch bevor er den Namen ganz ausgesprochen hatte, seinen Irrtum. »Mein Gott, ich dachte, da steht mein Sohn! ... Hast du eine Nachricht von meinem Sohn?« Er schaute zu seiner Frau hinüber, so, als kenne sie die Antwort schon. Bevor Georg antworten konnte, wandte sie sich an ihren Mann.

»Stell dir vor, Josef, dieser Soldat war Gefangener in einem der Rheinwiesenlager da unten. Er ist heute Nacht von dort geflohen, und er will nach Hause!«

Josef reagierte darauf genauso wie schon zuvor seine Frau. Und natürlich wollte auch er wissen, ob er nicht doch seinen Sohn kenne. Er nahm eines der Fotos von der Wand und hielt es Georg hin. Das Gesicht hatte tatsächlich eine gewisse Ähnlichkeit mit ihm. Es war noch glatt und lächelte aus einer Zeit herüber, in der ihm das Grauen des Krieges noch unbekannt war.

»Das ist unser Leo! Hast du ihn wirklich nicht irgendwo gesehen?« In seiner Frage schwang Hoffnung mit.

»Nein.« Georg schüttelte bedauernd den Kopf. »Ihre Frau sagte mir, dass Ihr Sohn in Italien ist« – wieder vermied er die Vergangenheitsform –, »und ich war während des ganzen Krieges in Frankreich. Ich wurde im Ruhrkessel gefangen genommen und dann auf die Rheinwiesen gebracht. Ich weiß nicht einmal, wo ich jetzt bin!«

»Und du bist wirklich von drüben getürmt? Alle Achtung! ... Wo du hier bist, willst du wissen? Das zeige ich dir gleich mal auf der Karte, dann kannst du dir selber ein Bild machen. Aber erzähl uns doch, wie es da unten im Lager zugeht und wie dir die Flucht gelungen ist! Setzt dich doch erst einmal hin!« Josef wies auf einen der Stühle am Tisch.

Georg kam Josefs Bitte nach. Langsam und stockend versuchte er das Leben im Lager zu beschreiben. Aber es fiel ihm schwer, für die demütigenden Bedingungen, unter denen er dort gelebt hatte, Worte zu finden. Etwas wie Scham hinderte ihn daran, das Erduldete beim Namen zu nennen und damit seine verletzte Seele zu öffnen. Die beiden Menschen, mit denen er jetzt hier am Tisch saß und die gebannt seinen Worten lauschten, erfuhren dennoch genug, um sichtlich betroffen von dem zu sein, was er erlebt hatte. Von all den Ängsten, die er durchlitten hatte, konnte er ihnen aber nichts erzählen. Das, wurde ihm bewusst, während er weiter nach Worten suchte, würde er auch immer tief in seiner Seele verschlossen halten. Nur über eines konnte er unbefangen reden, und das war der ständige Hunger, an dem er gelitten hatte. Als Georg von der katastrophalen Ernährungslage im Lager sprach, sprang Agnes beschämt auf.

»Mein Gott, wir lassen dich vom Lager erzählen, dabei musst du doch schrecklichen Hunger haben!«

Sie schlug die Tischdecke zurück, legte ein dickes Holzschneidebrett darauf und begann, Zwiebeln und Speck in Würfel zu schneiden. Dann vernahm Georg Geräusche, die aus einer, wie ihm schien, längst vergangenen Zeit auf den Herd in diese Küche für ihn zurückgekehrt waren. Als Agnes mit einer Pfanne auf den Ringen des Herdes herumklapperte, wagte er nicht hinzuschauen, aus Angst, diesen magischen Augenblick zu zerstören. Dann zischte Fett in der Pfanne, und brutzelnder Speck und Zwiebeln verbreiteten einen Duft, der ihm das Wasser im Munde zusammenlaufen ließ. Er hörte, wie Agnes Kartoffeln in Scheiben hineinschnitt und schließlich, wie drei Mal eine Eierschale eingeschlagen wurde und die Eier unter die Kartoffeln gerührt wurden. Als dann ein dampfender Teller mit richtigem Besteck und einer großen Tasse Muckefuck mit Milch vor ihm stand, konnte er sein Glück nicht fassen. Er genoss jeden Bissen und ließ sich mit dem Essen Zeit. Leos Eltern sahen ihm dabei zu und freuten sich, dass es ihm schmeckte. Als Georg sein Mahl beendet hatte und den Teller mit einem »So etwas Gutes habe ich schon lange nicht mehr gegessen!« von sich schob, stand Josef auf und kramte aus einer Schublade der Anrichte ein paar Faltkarten hervor. Er machte den Tisch frei und breitete darauf die Gau-Karten von Köln-Aachen, Moselland und Westfalen-Süd so aus, dass sie einen zusammenhängenden Überblick erlaubten. Agnes hatte inzwischen die Küche verlassen, um die Hühner und Schweine zu füttern.

Josef wies mit seinem Zeigefinger auf einen Punkt auf einer der Karten.

»Du befindest dich jetzt hier, etwas östlich von Linz. Wie du siehst, sind wir nur ein kleiner Ort. Man muss schon genau hinsehen, um ihn zu finden. Und nun zeig mir mal, wo du hin musst!«

Georg hatte sich schon über die nächste Karte gebeugt und fuhr mit dem Finger dem Lauf der Lenne nach.

»Hier, sehen Sie ...« Hier unterbrach ihn Josef.

»Nein, mein Junge, lassen wir doch diese steife Anrede! Wir sind Agnes und Josef! Klar?«

Georgs Finger blieb auf dem Ort auf der Karte liegen, der seinem Zuhause am nächsten lag.

»Hier muss ich hin!«

Josef schüttelte bedenklich den Kopf. »Na ja, marschieren habt ihr ja alle gelernt! Aber in deinem Zustand!«

Er kramte noch einmal in der Schublade herum und kam mit einem Lineal und einem Bleistift zurück. Dann verband er die beiden Punkte auf der Karte miteinander und überschlug die Entfernung.

»Also, über den Daumen gepeilt sind es Luftlinie etwa hundertundfünfzig bis hundertundsechzig Kilometer. Luftlinie wohlgemerkt! Du musst also noch mindestens die Hälfte an Kilometern dazurechnen, und dann geht es auch noch immer rauf und runter!« Er kratzte sich anhaltend hinter dem Ohr und sah Georg eine ganze Weile nachdenklich an. Dann schien er einen Entschluss gefasst zu haben.

»Ich mache dir jetzt einen Vorschlag, mein Junge! Ich glaube, Agnes wird darüber genauso denken wie ich. Es ist mir klar, dass du so schnell wie möglich nach Hause willst. Aber schau dir die Strecke an, und schau dich an!« Er unterbrach sich einen Augenblick und sprang dabei mit seinem Zeigefinger zwischen den beiden Punkten auf der Karte hin und her. Dann sah er Georg an und fuhr eindringlich fort: »Du bleibst ein paar Tage hier bei uns, futterst dir erst einmal wieder ein paar Pfunde an und erholst dich. Dafür sorgt Agnes schon! Und dann sehen wir weiter.«

Josef stützte sich mit beiden Händen auf die Karte und sah Georg fragend an.

Georg war zunächst sprachlos. Da war ihm erst ein paar Stunden zuvor mit viel Glück die Flucht gelungen, und nun wurde ihm schon im ersten Haus, auf das er gestoßen war, unverhofft und umfassend Hilfe angeboten! Er beugte sich über den Tisch und legte seine Hände auf Josefs Hände, die noch immer die Karten glatt hielten.

»Das würdet ihr für mich tun? Da kann ich mich nur ganz herzlich bedanken! Aber dafür helfe ich euch auch auf dem Hof!«

»Na«, lachte Josef, »das muss nicht sein. Komm erst einmal wieder zu Kräften!«

»Warum wollt ihr das denn für mich tun? Ich bin doch ein Fremder für euch!«

Josef kratzte sich verlegen am Kinn: »Ja weißt du, ich will den lieben Gott da oben ein bisschen bestechen. Vielleicht hilft er dafür auch unserem ...« Er brach ab und wandte den Kopf zur Seite, als seine Frau zur Tür hereinkam »Agnes, ich habe Georg gerade vorgeschlagen, erst einmal ein paar Tage bei uns zu bleiben, bis er sich ein wenig erholt hat.«

»Das ist gut. Mir ging der Gedanke auch schon durch den Kopf. Herzlich willkommen bei den Wenebachs!« Dabei drückte sie ihm die Hand.

Georg schaute sich in dem Zimmer um, in das Agnes ihn geführt hatte. Wieder kam dieses eigenartige Gefühl in ihm auf, zu Hause zu sein. Das Zimmer war nicht sehr groß – er konnte es mit fünf, sechs Schritten durchqueren – und genauso spärlich möbliert wie sein eigenes. Ein Bett, ein Schrank, eine Waschkommode und ein ähnlicher Peddigrohrsessel wie in der Küche, dazu ein Bücherbrett, auf dem einige Karl-May-Bände und Bücher über Flugzeuge standen. Unter der Zimmerdecke schwebten von Fäden gehalten zwei große Segelflugzeuge. Das Zimmer strahlte eine Sauberkeit aus, die ihm nach der langen Zeit im Dreck fremd und unwirklich vorkam.

»Das ist das Zimmer unseres Leo, hier kannst du schlafen«, holte Agnes' Stimme ihn zurück in die Wirklichkeit. »Bis vor ein paar Wochen hat hier Jean-Paul gewohnt«, fuhr sie fort, »Jean-Paul war unser Fremdarbeiter, ein lieber Junge, er kam aus dem Elsass und sprach recht gut Deutsch. Er ist bei Dünkirchen in Gefangenschaft geraten und hat die ganze Zeit hier auf dem Hof gearbeitet.«

Es ist schon seltsam, ging es Georg durch den Kopf, für diesen Jungen war der Krieg in Dünkirchen vorbei, und für mich hat er dort erst begonnen.

»Wie wäre es denn, wenn du dir mit einem schönen heißen Bad den Lagerdreck vom Körper schrubbst«, schlug Agnes vor, »damit du dich wieder als Mensch fühlen kannst?«

Sie ging ihm voraus in die Waschküche. Dort klappte sie eine lange Zinkbadewanne von der Wand, füllte den Waschkessel mit Wasser und heizte die Feuerung darunter an. Von Zeit zu Zeit prüfte sie die

Wassertemperatur mit dem Ellbogen. »Jetzt kannst du das Wasser einfüllen. Ich suche dir inzwischen ein paar ordentliche Kleidungsstücke heraus. Mit diesen Lumpen« – sie zog an seiner Uniformjacke – »kannst du nicht weiter herumlaufen. Damit fällst du nur auf.«

Nach einer Weile, Georg hatte gerade das Wasser aus dem Kessel in die Wanne laufen lassen, kam Agnes mit einem Kleiderbündel zurück und legte es auf einen alten Stuhl.

»Diese Sachen müssten dir passen. Hier hast du eine Hose und eine Jacke von unserem Leo. Das Hemd ist von Josef, das müsste auch etwa deine Größe sein.« Obenauf legte sie noch Socken und Unterwäsche. »Und das Zeug hier« – sie zog wieder an Georgs Uniform – »verbrennen wir am besten.«

Mit geschlossenen Augen lag Georg in der Wanne und genoss die warme Wasserhülle. Die Oberfläche des Wassers hatte durch seine Bemühungen mit Bürste und Seife eine schmutziggraue Farbe angenommen. Angewidert sah er auf den im Wasser aufgelösten Lagerdreck, der wochenlang seine zweite Haut gewesen war. Selbst das Wasser des Rheins hatte ihn nicht davon befreien können. Es war ihm, als habe der ganze Schmutz und Abfall des Lagers mit all seinem Gestank in jeder Faser seines Körpers gesteckt.

Auf der Waschkommode in seinem Zimmer hatte er neben der Waschschüssel eine Rasierklinge gefunden. Nun stand er vor dem ovalen Spiegel und kratzte sich den Bart aus dem Gesicht. Wann er sich zum letzten Mal in einem Spiegel gesehen hatte, wusste er nicht mehr. Das Gesicht, das ihn jetzt daraus anschaute, kam ihm fremd vor. Nichts von alledem, was er glaubte, einmal gewesen zu sein, fand er in diesem Gesicht wieder. Das war nicht mehr der unbekümmerte junge Student, der ihn da anblickte. Da war jetzt ein langes, schmales, auf eine seltsame Weise alt gewordenes Gesicht unter dicken nassen Haaren. Über die linke Wange zog sich ein langer weißer Narbenstreifen durch das sonnenverbrannte Gesicht. Das spitze Kinn mit dem ausgeprägten Grübchen und die eingefallenen Wangen von Bartstoppeln überwuchert, eine lange gerade Nase, das war er. Dann schaute er sich selbst in die Augen. Sie waren ihm fremd. Er versuchte seinen eigenen Blick auszuhalten, sich darin wiederzufinden, versuchte sich anzulächeln, aber zustande kam nur ein gequältes Hochziehen der Mundwinkel, ein Lächeln, das im Versuch stecken blieb und nicht den Grund seine Seele erreichte. Als er die letzten Seifenschaumreste aus dem Gesicht wischte, sprach er sein Gegenüber im Spiegel an: »Aber du lebst noch, Georg von der Beeke!«

Die Kleidungsstücke, die Agnes ihm gegeben hatte, passten tatsächlich. Aber wahrscheinlich hätte seinem abgemagerten Körper alles gepasst. Georg stand vor dem Spiegel und trat ein paar Schritte zurück, um sich in voller Größe darin anschauen zu können. Wie schnell doch Kleider einen anderen Menschen aus einem machen, dachte er, als er sich um die eigene Achse drehte. Sein Blick wanderte zwischen dem Spiegel und der Kleidung an seinem Körper hin und her. Er trug jetzt eine braune Hose und eine Jacke mit einem Pfeffer-und-Salz-Muster. Im Spiegel stand ihm ein fremder junger Mann mit einem verlegenen Gesicht gegenüber, der in nichts mehr dem Unterfeldwebel Georg von der Beeke glich.

Sein Blick ging hinüber zu dem Bett, in dem er den ganzen Nachmittag verschlafen hatte. Er hatte sich zunächst nicht getraut, die glatten, sauber bezogenen Decken und Kissen, die einen frisch gewaschenen Duft verbreiteten, in Unordnung zu bringen. Minutenlang war er mit der Hand über die glatten Laken gefahren. Dann hatte ihn aber die Müdigkeit übermannt, und er war in diese weiße duftende Frische gefallen und gleich darauf eingeschlafen. Es war ein tiefer, traumloser Schlaf gewesen, den Agnes durch ihr Klopfen an der Tür mit der Einladung zum Abendessen unterbrochen hatte.

Sie nahmen das Essen schweigend ein. Zuvor hatte Josef ein Tischgebet gesprochen, an das er die Bitte anschloss, Gott möge ihrem Gast Kraft für eine glückliche Heimkehr geben. Als das Gebet beendet war, bekam Georg nur ein gekrächztes »Amen« heraus.

Agnes räumte den Tisch ab, und Josef verschwand mit einem »Ich muss mal eben in den Keller«. Als er zurückkam, hielt er eine Flasche Wein in der Hand und stellte drei Gläser auf den Tisch.

»Zur Feier des Tages«, sagte er, als er die Gläser einschenkte. »Wenn unser Leo nach Hause kommt, feiern wir das genauso!«

Bevor Georg etwas sagen konnte, hob Josef sein Glas. »Prost! Auf dass du gesund nach Hause kommst!«

»Das wünsche auch ich eurem Sohn und euch aus ganzem Herzen«, sagte Georg mit belegter Stimme und zwang sich, seine Augen nicht feucht werden zu lassen. Und es gab nichts in seinem Leben, außer dem Satz »Ich liebe dich« zu Marie, was ihm jemals ehrlicher über die Lippen gekommen war. Er sah die Not dieser beiden Menschen und kam sich dabei schäbig vor, denn er fühlte sich als Nutznießer einer Sehnsucht, die einem anderen galt. Seine Gedanken wurden von dem Flackern der Küchenlampe unterbrochen.

»Ach, schon wieder diese Stromschwankungen«, hörte er Agnes sagen, »das passiert ein paar Mal am Tag! Manchmal bleibt der Strom auch für ein paar Stunden weg. Seit dem Zusammenbruch hat das zugenommen!«

Zusammenbruch. Dieses Wort hörte Georg an jenem Abend zum ersten Mal. Ein treffenderes hätte er sich für das Ende des Dritten Reiches aber kaum vorstellen können. Zerstörte Brücken, aufgerissene Eisenbahngleise, in sich zusammengestürzte Häuser mit toten, fensterlosen Fassaden und Straßen, die unter meterhohen Schuttbergen begraben lagen und über die verzweifelte Menschen nach Angehörigen suchend unterwegs waren, standen vor seinen Augen. Wahrlich, Deutschland, das Dritte Reich, war in sich zusammengebrochen; zusammengebrochen, weil das, was sich aus den finstersten Niederungen menschlichen Geistes an Vulgärem, aus Hass und

Unvernunft geborenem Unrat zusammengefunden hatte, um alles Ehrliche, alles Menschliche und alles Andersdenkende unter den Dornen einer menschenverachtenden Weltsicht zu ersticken. Die Stromschwankungen erschienen ihm dazu wie die lange nachwirkenden Zuckungen eines gerade verendeten Unwesens. In diese Gedanken drang die Stimme Josefs.

»Wir hatten zwar während des ganzen Krieges hin und wieder Stromausfälle, aber seit der Bombardierung von Koblenz im letzten November gehören sie schon zum täglichen Leben.«

Es war, als hätte Josef sich mit der Bombardierung von Koblenz selbst ein Stichwort gegeben. Er nahm die Fotografie von der Wand, die neben der seines Sohnes hing und hielt sie Georg hin. Aus dem Rahmen blickte ihn ein junges Ehepaar an, das ein kleines Mädchen zwischen sich hielt. Die junge Frau auf dem Foto war unübersehbar eine junge Ausgabe von Agnes.

»Das ist unsere Tochter Hildegard mit ihrem Mann und unserer Enkelin«, erklärte Josef, »sie wohnen noch in Koblenz. Auf dem Bild hat unser Schwiegersohn« – Josef tippte mit seinem Zeigefinger auf das Foto – »noch seinen linken Arm. Den hat er dann im Polenfeldzug verloren. Es war anfangs eine schlimme Zeit für ihn, mit nur einem Arm zurechtkommen zu müssen. Er konnte dann aber, Gott sei Dank, wieder in seinem Beruf in einer Reederei in Koblenz arbeiten.«

Agnes setzte die Erklärungen fort.

»Anfang November vierundvierzig wurden sie zur Hälfte ausgebombt. Sie hatten eine Dreizimmerwohnung in Koblenz in der Nähe der Altstadt. Nach dem Luftangriff waren zwei Zimmer verschwunden. Ein Tiefflieger hatte sie regelrecht aus dem Haus herausgeschossen. Wenn sie nicht rechtzeitig im Luftschutzkeller gewesen wären, wären sie umgekommen!« Jetzt füllten sich Agnes Augen mit Tränen, aber sie fing sich wieder und erzählte den Rest der Geschichte. »An diesem Abend wurde Koblenz kurz hintereinander zwei Mal bombardiert. Die gesamte Altstadt zwischen Rhein und Mosel mit dem Deutschen Eck ging in Flammen auf. Unsere Tochter am Rande der Altstadt hat noch Glück im Unglück gehabt. Jetzt hausen sie in einem zerschossenen Haus auf einem Zimmer, und das erreichen sie nur über eine angestellte Leiter, weil das Treppenhaus auch nicht mehr da ist. Die Leiter müssen sie immer mit ins Zimmer nehmen, damit sie ihnen nicht gestohlen und zu Brennholz gemacht wird.«

Sie hielt einen Augenblick inne, und Josef nahm ihren Erzählfaden auf. Seine Stimme klang jetzt verbittert.

»Es war ein vollkommen sinnloser Angriff, wie schon drei Wochen zuvor die Bombardierung von Bonn. Beide Städte hatten keinerlei militärische Bedeutung. In beiden Städten gab es auch keine Rüstungsbetriebe. Sie wurden einfach nur platt gemacht, um das Bombardieren zu üben! Zum Glück gab es in Koblenz nur wenige Tote, weil ein Teil der Bevölkerung evakuiert worden war. Aber das schöne alte Koblenz gibt es nicht mehr. Der Feuerschein nach der Bombardierung war bis hierher zu sehen. Wir sind fast verrückt geworden! Tagelang haben wir nichts von unserer Tochter gehört. Dann, nach ungefähr einer Woche, kam unser Pfarrer ganz aufgeregt zu uns und sagte, Hildegard und ihrer Familie ginge es gut. Du kannst dir unsere Erleichterung vorstellen! Über eine Woche lang hatte sie versucht, unseren Pfarrer anzurufen, der als einziger im Ort, außer dem Ortsgruppenleiter, ein Telefon hat. Danach bekamen wir noch ein paar Briefe von ihr, in denen sie uns ihr Leben in den Trümmern geschildert hat. Seit dem Zusammenbruch klappt das mit der Post auch nicht mehr. Seither haben wir nichts mehr von ihr gehört. Wir hoffen aber, dass sie das Kriegsende gut überstanden haben!«

Hier brach Josef ab, und eine Weile herrschte Schweigen am Tisch. Georg hatte zum ersten Mal mit eigenen Ohren gehört, wie die Menschen unter den Luftangriffen gelitten hatten. Er war betroffen von der Erkenntnis, dass weiter voneinander entfernt wohnende Verwandte keinerlei Kenntnisse von den Umständen hatten, unter denen ihre Angehörigen zu leiden hatten und ob sie überhaupt noch am Leben waren! Wie sollte er unter diesen Umständen nur sein Versprechen einlösen und die Familien seiner Kameraden benachrichtigen? Vielleicht, ging es ihm durch den Kopf, bestand ja über den Pfarrer eine Möglichkeit … Darüber würde er später noch einmal mit Josef reden müssen.

Josef hob sein Glas, das während seines ganzen Berichts unberührt vor ihm auf dem Tisch gestanden hatte, und nickte Georg zu: »Aber nun noch einmal, auf dein Wohl und das deiner Familie!«

Georg stieß mit Josef und Agnes an und trank. »Habt ihr denn hier noch irgendetwas von den Kämpfen mitbekommen? Der Ort hier macht so einen friedlichen Eindruck«, wollte er wissen, als er sein Glas abstellte. »Als ich heute Morgen zu euch heraufgestiegen bin, glaubte ich, die Zeit sei stehen geblieben.«

»Ja«, gestand Josef, »wir haben hier alle ein unverschämtes Glück gehabt. Während des Krieges flogen die Bomberströme immer über uns hinweg, ohne uns etwas zu tun. Erst als Koblenz bombardiert wurde und die Brücke unten bei Remagen verloren ging, dachten wir, dass es auch bei uns bald zu Kämpfen kommen würde. Das war dann auch Ende März der Fall. Die Wehrmacht hatte zwischen Honnef und dem Wiedtal Verteidigungsstellungen bezogen und lieferte sich über eine Woche lang heftige Kämpfe mit den Amerikanern. Die abgeschossenen Panzer stehen noch überall herum. Aber wir lagen schon bald hinter der Front. Als den Amerikanern dann der Durchbruch gelang, hörte der Kampflärm auf, und wir wussten, dass der Krieg hier für uns vorbei war. Aber endgültige Gewissheit hatten wir erst am vierten April. Und die kam aus dem Ding da.«

Josef wies mit der Hand auf den Volksempfänger. »An diesem Tag«, fuhr er fort, »kam aus dem Kasten plötzlich amerikanische Musik. Amerikanische Musik! Auf der ganz normalen Frequenz! Kannst du dir das vorstellen? Und dann stellte sich eine Stimme als der neue Sender in Deutschland vor! Er nennt sich

›Radio Hamburg‹ und wird von den Engländern betrieben. Seitdem gibt es keine deutschen Rundfunksender mehr! Der neue Sender ist jetzt unser einziger Draht nach draußen. Zeitungen gibt es hier bei uns auch nicht mehr. Alles, was wir wissen, kommt über diesen Sender. Er bringt den ganzen Tag Nachrichten aus aller Welt und Anordnungen der Alliierten für die deutsche Bevölkerung und ...« – hier unterbrach er sich und zögert kurz, bevor er fortfuhr: »... Berichte über die Verbrechen der Nazis.«

»Wenn das wirklich alles stimmt, was da ...«, schaltete sich Agnes ein und ließ den Satz unvollendet, fast wie eine Frage stehen. »Hast du ... habt ihr ... etwas davon gewusst? Von den Juden ...?« Wieder fehlten ihr die Worte, um das auszudrücken, was die Nachrichtensprecher in nüchterner Berichtssprache der Bevölkerung des besiegten Nazi-Deutschlands zum Schicksal der Juden Europas während der Naziherrschaft vorwarfen.

Georg dämmerte, dass das, was ihm der Film im Lager vor Augen geführt hatte, erst der Anfang von etwas war, das darauf wartete, in seiner ganzen Ungeheuerlichkeit beim Namen genannt und ausgesprochen zu werden. Die wütenden Reaktionen, die der Film bei vielen Gefangenen im Lager hervorgerufen hatte, kamen ihm wieder in den Sinn. Ob die schrecklichen Geschehnisse tatsächlich bei vielen Davongekommenen zu einer Einsicht in einer wie auch immer gearteten persönlichen Teilhabe an dieser Schuld führen könnte? Gesichter tauchten vor ihm auf, die er mit judenfeindlichen Äußerungen in Verbindung brachte. Es waren nicht wenige.

Sein Blick fiel auf die Wand, an der das Kruzifix und das Madonnenbild hingen, und wanderte hinüber zu der Wand mit den gerahmten Fotografien. Und da wurde ihm schlagartig bewusst, dass er mit Menschen an einem Tisch saß, denen er sich öffnen konnte, weil sie für die Nazis offenbar nie viel übrig gehabt hatten. Als Josef die Rahmen von der Wand genommen und ihm die Fotos gezeigt hatte, waren darunter die Umrisse der Rahmen als helle Flecken auf der Wand erschienen. Aber es gab im ganzen Raum keinen weiteren hellen Fleck, der darauf hingewiesen hätte, dass dort einmal, wie es in vielen Wohnungen Deutschlands üblich gewesen war, ein Bild des Führers gehangen hatte. Diese Erkenntnis macht ihn froh.

»Ich glaube, dass jeder in Deutschland, der nicht ganz blind und taub durch die Welt gelaufen ist«, begann er vorsichtig, »miterleben konnte, wie es den Juden unter den Nazis ergangen ist.« Und plötzlich, ohne dass er wusste warum, erzählte er Agnes und Josef Krumbiegls Geschichte von den Weitzenfelds. Die Worte kamen ihm fast von selbst über die Lippen, und je weiter er mit der Geschichte vorankam, umso eindringlicher erzählte er sie. Es war beinahe so, als souffliere ihm Krumbiegl dabei. Während er die Ereignisse um die Weitzenfelds schilderte, ging eine eigenartige Veränderung in ihm vor, die er sich nicht erklären konnte. Das Schicksal der Weitzenfelds berührte ihn unerwartet mit einer Intensität, als sei er selber Zeuge ihrer Leiden gewesen. Ja, er sah die Weitzenfelds plötzlich leibhaftig vor sich, sah ihre Gesichter auf sich zukommen, fühlte wie Onkel Hermann ihn anlächelte und in seinen Haaren wühlte, sah ihre Niedergeschlagenheit, ihre Verzweiflung, den trotzigen Mut auf Ursulas Gesicht, den im Nebel verschwindenden Wagen, spürte die feuchte durchdringende Kälte des Abschiedsmorgens. Die Weitzenfelds waren zu seinen Weitzenfelds geworden, und dann wusste er, dass er ihre Geschichte, die jetzt hier an diesem Tisch auch zu seiner Geschichte geworden war, immer wieder erzählen würde, auch auf die Gefahr hin, zu tauben Ohren zu reden.

Agnes und Josef waren nicht taub. Sie hatten Georg aufmerksam zugehört und immer wieder stumme Blicke miteinander gewechselt. Als Georg zum Ende gekommen war, herrschte eine Zeit lang eine bedrückte Stille, in die nur das Ticken der Uhr auf der Anrichte gleichmütig hineinpochte. Dann räusperte sich Josef, und er erzählte von einem jüdischen Viehhändler, mit dem er und fast alle im Dorf vor dem Krieg Geschäfte gemacht hatten. Irgendwann kam er dann nicht mehr. Dafür war ein arischer Viehhändler aufgetaucht und hatte den Handel übernommen. Über den Verbleib des jüdischen Händlers war nur hinter vorgehaltener Hand geflüstert worden, denn die Nazis hatten überall ihre Ohren.

»Das war dann ja wohl genauso wie bei diesen Weitzenfelds! Dann hat der Kerl wahrscheinlich da auch seine Hände im Spiel gehabt und seinen Handel übernommen!«, schlussfolgerte Josef und sah Agnes dabei an. »Das war auch so ein feiner Mensch, unser alter Viehhändler natürlich!«, setzte er hinzu, um nicht missverstanden zu werden.

Georg sah ihre Betroffenheit und erkannte, dass sie erst jetzt das Ausbleiben des Viehhändlers nach seiner Geschichte, nein, nach Krumbiegls Geschichte, richtig einordnen konnten. Und da erinnerte er sich, dass es ihm so ähnlich ergangen war, als er Krumbiegl seine eigene Geschichte vom Verschwinden Hans Königs erzählt hatte. Auch ihm waren erst danach die Zusammenhänge klar geworden.

Den Bericht, den er ihnen über die Vernichtungslager gab, brachte er nur stockend und von vielen Pausen unterbrochen über seine Lippen. Die schrecklichen Bilder, die der Film aus seiner Erinnerung in seinem Innern abzuspulen begann, blieben unbeschrieben in seinem Kopf stecken. Agnes und Josef hatten ihn aber verstanden. Sie hatten in seinem Gesicht lesen können, dass alles, was er im Laufe des Krieges an Grausamkeiten gesehen haben mochte, nicht mit dem zu vergleichen war, was der Film ihm enthüllt hatte. Und so bestätigte er ihnen auf seine Weise die Berichte der Rundfunksprecher.

Eine ganze Weile wurde kein Wort gesprochen. Niemand hatte sein Glas angerührt, während Georg sprach. Zu diesem Bericht, das schien jeder am Tisch zu spüren, passte kein Wein.

Wieder war es Josef, der nach einigem Räuspern die Stille unterbrach. »Weißt du denn überhaupt, wie es jetzt da draußen aussieht?«, fragte er Georg. »Und wer jetzt in Deutschland das Sagen hat?«

Georg schüttelte den Kopf und erklärte, die Übernahme des Lagers durch die Franzosen sei das Einzige, was ihm bekannt sei. Darum sei er auch geflohen, um nicht nach Frankreich deportiert zu werden.

Josef nickte bedächtig. »Tja, wie ich schon sagte, alles, was wir wissen, wissen wir aus dem Ding da.« Wieder wies er auf den Volksempfänger. »Ich will mal versuchen, ob ich alles in die richtige Reihe kriege.« Er kratzte sich nachdenklich am Kinn. »Also, zunächst einmal hat sich die Musik geändert. Wagner, Operetten und Zarah Leander sind passé.«

»Jetzt spielen sie ständig diese Negermusik«, mischte sich Agnes kurz ein. »Manches ist ja ganz nett, aber vieles auch nur laut, genau wie Wagner. Nur anders.«

Josef musste kurz lachen. »Ja, Agnes mag das Geschrebbel nicht, wie sie es nennt. Aber den Nachrichten kann man trauen. Das sind nicht mehr die verlogenen Meldungen, wie wir sie von den Nazis her gewohnt waren. Die Nachrichtensprecher sind meistens ehemalige Emigranten, die den Krieg von der anderen Seite her erlebt haben.« Er machte eine Pause und schaute zum Radio hinüber, als erwarte er von dort seine Stichworte.

»Tja, wie sieht es jetzt in Deutschland aus ...« Er stützte sein Kinn in die linke Hand und kratzte sich mit der rechten hinter dem Ohr. »... also ...«, dehnte er sich in seine Erklärungen hinein, »... Deutschland hat keine eigene Regierung mehr! Das ist schon mal das Erste! Die letzte deutsche Regierung, nachdem sich der Führer aus der Verantwortung geschlichen hatte, war unter Admiral Dönitz. Sie wurde Ende Mai von den Alliierten abgesetzt. Alle Regierungsmitglieder wurden verhaftet und zu Kriegsgefangenen erklärt. Seitdem wird Deutschland von den Alliierten regiert. Die haben Deutschland jetzt unter sich in vier Besatzungszonen aufgeteilt, in eine amerikanische, eine englische, eine französische und eine russische. In jeder Besatzungszone hat der jeweilige Oberbefehlshaber die Regierungsgewalt. Das hatten die Alliierten schon in einer Konferenz auf der Krim im Februar ausgekungelt, also zu einer Zeit, als man hier noch von Wunderwaffen und vom Endsieg gefaselt hat.«

Josef sortierte seine Gedanken.

»Ich fang mal oben an. Also, den gesamten Raum von Norddeutschland, dann Westfalen und den ganzen Niederrhein haben die Engländer besetzt. Die Amerikaner sitzen in Hessen, Franken und Bayern. Die Franzosen haben das ganze Gebiet am Rhein entlang bis zur Schweizer Grenze besetzt. Bald soll auch unsere Rheinseite dazugehören. Das passt uns natürlich überhaupt nicht. Dein Heimatort liegt in der britischen Zone, und wenn du dich wieder auf die Socken machst, musst du sehen, dass du so rasch wie möglich aus unserer Zone herauskommst. Die Engländer haben nämlich angekündigt, dass sie jetzt gegen Ende Juni jeden Tag so um die zehntausend Gefangene freilassen wollen. Da bist du dann also einigermaßen sicher. Aber bis die Franzosen uns hier übernehmen«, beruhigte er Georg, »dauert es noch eine Weile, und wir erfahren es auch früh genug durch den Sender. Am schlimmsten«, griff er seine Aufzählung wieder auf, »hat es aber die Menschen in Ostdeutschland getroffen. Sie gehören jetzt zur russischen Zone. In Berlin gilt schon seit Ende Mai die Moskauer Zeit, das heißt, dass dort der Tag schon zwei Stunden früher beginnt als bei uns. Das ist ein ganz geschickter Schachzug von den Russen, damit können sie alle Terminabsprachen mit den anderen Alliierten durcheinanderbringen. Mit solchen Mätzchen fängt es an. Die Russen wollen sich den ganzen Osten Deutschlands unter den Nagel reißen. Die Kommentare im Radio lassen daran kaum einen Zweifel. Was die Nazis uns da eingebrockt haben ..., unsere Enkel werden noch darunter zu leiden haben!«

»Am schlimmsten hat es wirklich die Menschen in Ostdeutschland getroffen«, nahm Agnes eine Bemerkung ihres Mannes auf. Sie hatte ihm die ganze Zeit wortlos zugehört und hin und wieder zustimmend genickt. Jetzt ergänzte sie seinen Bericht, und Georg erfuhr Dinge, die zu einer Zeit stattgefunden hatten, als sich seine Einheit noch heftige Kämpfe mit den vorrückenden Amerikanern lieferte. Den Meldungen des deutschen Rundfunks, die in hohlen pathetischen Phrasen immer wieder vom ungebrochenen Widerstandswillen der Bevölkerung und heroischer Abwehrsiege der Wehrmacht berichteten, glaubte ohnehin kaum noch jemand. Die einzigen Meldungen, die ernst genommen werden konnten, waren die abendlichen Hinweise auf die wahrscheinlichen Zielgebiete der alliierten Bomberflotten. Diese enthüllten mehr über den tatsächlichen Zustand des Reiches als das, was die Durchhaltepropaganda als gewünschte Tatsachen verbreiteten.

»Inzwischen wissen wir aber«, fuhr Agnes fort, »was sich im Osten abgespielt hat. Ostpreußen existiert nicht mehr. Fast die gesamte Bevölkerung ist vor den Russen nach Westen geflohen oder vertrieben worden. Die Russen haben an den Flüchtlingen, meistens Frauen, Kinder und alte Männer, furchtbare Rache genommen. Die Nazis sind aber an den Leiden der armen Menschen mitschuldig. Sie haben den Ostpreußen bis fast zum Schluss unter Androhung der Todesstrafe verboten zu fliehen, als es noch ohne größere Gefahr möglich gewesen wäre. Als dann die Russen in Ostpreußen eindrangen, musste alles Hals über Kopf gehen. Die armen Menschen sind im tiefsten Winter mit Pferdewagen und zu Fuß über das zugefrorene Haff nach Westen geflüchtet. Sie mussten alles zurücklassen und konnten nur das mitnehmen, was sie tragen konnten oder noch auf einem Wagen Platz fand. Unterwegs wurden sie von russischer Artillerie beschossen und von Flugzeugen bombardiert. Es müssen sich schreckliche Dinge dabei abgespielt haben. Tausende Familien sind auseinandergerissen worden und haben sich verloren. Kinder wurden von ihren Eltern getrennt und kennen oft ihren eigenen Namen nicht! Und jetzt sitzen diese armen Menschen, die die Flucht überlebt und wirklich alles verloren haben, hier als Fremde in den zerbombten Städten und vergrößern das Elend noch, das überall herrscht. Sie sind dort natürlich überhaupt nicht willkommen, denn die hiesige Bevölkerung muss jetzt das Wenige, was sie noch hat, mit ihnen teilen. Da spielen sich richtige Tragödien ab! Die Menschen leben jetzt so wie unsere Tochter in Koblenz in Ruinen oder auf der Straße und wissen nicht, wie der morgige Tag aussehen wird. Es fehlt an allem. Wasser und Strom gibt es nur stundenweise. Brennmaterial so gut wie gar nicht. Und zu diesen Menschen, die selbst nichts mehr haben, kommen nun noch die Flüchtlinge, die noch weniger haben, und die müssen doch auch irgendwie untergebracht und versorgt werden! Wer weiß, wo das noch alles enden wird! Und trotzdem strömen alle Flüchtlinge aus dem Osten in die englische und amerikanische Zone, weil sie hoffen, dass es ihnen hier besser ergeht als bei den Russen. Und die Franzosen? Die haben ihre Zone dicht gemacht und lassen keine Flüchtlinge hinein. Kannst du dir vorstellen, was jetzt in Deutschland los ist? Ich glaube, ein solch kaputtes und zerrissenes Land hat es noch nie auf der Welt gegeben! Und warum das alles? Nur weil die Nazis glaubten, sie könnten es mit der ganzen Welt aufnehmen.«

Sie schlug die Hände vor ihr Gesicht und rieb mit den Fingern über die Augen, wie man es in Augenblicken großer Müdigkeit oder aus Verzweiflung macht.

Von all diesen Dingen hörte Georg zum ersten Mal. Alles, was er vom Krieg mitbekommen hatte, wurde ihm jetzt bewusst, hatte sich, gleichgültig wo er sich befand, nur im Umfeld seines Gesichtsfeldes abgespielt. Die Landschaften und Jahreszeiten hatten zwar gewechselt, aber das Kriegsgeschehen hatte für ihn nur so weit existiert, wie er sehen und schießen konnte. Er und seine Kameraden waren nur die tödlichen Bauern gewesen, die von einem Feld auf ein anderes verschoben worden waren, um dort dasselbe zu tun, was sie zuvor auch schon getan hatten: zu töten oder getötet zu werden. Und dabei verlor man den Überblick. Begriffe wie »Rücknahme der Front« oder »Frontbegradigung« oder »Verbindung herstellen« waren nur Worte für etwas, was immer gleich aussah und nur für einen kurzen Zeitraum Gültigkeit besaß. Sie waren immer in Bewegung gewesen, ohne zu wissen, zu was diese Bewegungen führten und wohin sie führten. Während der Kämpfe hatte er Ortsnamen gelesen oder gehört und sofort wieder vergessen, andere dagegen hatten sich in sein Gedächtnis eingenistet. Das waren die anderen Orte, die, die sich mit ihren Schrecknissen tief in sein Unterbewusstsein eingegraben hatten und die er darum nicht vergessen konnte. Aber diese Orte waren da und saßen namenlos wie Stecknadelköpfe in seiner ganz persönlichen Kriegsschauplatzkarte. Und nun erfuhr er hier, fast ein halbes Jahr später, dass, während sie im Westen verzweifelt um ihr Überleben gekämpft hatten, im Osten bereits alles verloren gewesen war.

Georg hörte, wie Agnes weiter von den Leiden der Menschen in den Trümmerlandschaften erzählte. Er hörte davon, wie die Menschen vor den wenigen noch verbliebenen Bäckereien und Lebensmittelläden stundenlang in langen Reihen anstanden, um am Ende mit einer Hand voll Brot, ein paar Gramm Fleisch oder ein bisschen Milch in ihre Trümmer zurückzukehren. Da wurde Georg klar, dass die Versorgung im Lager nicht aus Rachegelüsten so unzureichend war, sondern weil ganz Deutschland hungerte und die Alliierten Probleme hatten, ein geschlagenes, am Boden liegendes Volk, das nicht mehr für sich selbst sorgen konnte, zu ernähren.

Josefs Stimme drang in seine Überlegungen. Er nahm Agnes' Gedanken auf, die noch immer ihr Gesicht in den Händen barg.

»Uns geht es hier ja noch verhältnismäßig gut. Hier ist nichts kaputt, unser Hof ist heil, und wir können uns noch selbst versorgen. Das wissen natürlich auch die Menschen in den Städten, und darum kommen sie auch zum Hamstern zu uns.«

»Zum Hamstern?« Georg schaute verwirrt.

»Ja, zum Hamstern! Noch nie davon gehört?«

»Aber Josef, wie sollte er denn?«, warf Agnes ein.

»Ja, natürlich. Wie solltest du das auch schon wissen?« Josef hob entschuldigend die Hände. »Also, die Hamsterer, so nennen wir sie, sind die Hungerleider aus den Städten. Ab und zu verkehren wieder Züge, ganz ohne Fahrplan. Wenn das bekannt wird, werden sie sofort von Hunderten von Leuten gestürmt. Die Züge hängen dann voller Menschen. Sie stehen auf den Trittbrettern oder hocken auf dem Dach. Darum fahren die Züge dann auch nicht so schnell. Die Hauptsache aber ist, dass der Zug aufs Land fährt. Die Leute führen Rucksäcke und Taschen voller Wertsachen mit sich, die sie auf dem Land gegen Lebensmittel einzutauschen hoffen.«

»Waren bei euch auch schon welche?«, wollte Georg wissen.

»Ja, aber nur wenige. Das liegt daran, dass wir ziemlich weit weg am Ende solcher Strecken liegen. Letzte Woche war eine Frau aus Honnef hier, die hatte einen gehörigen Trampel hinter sich. Du wirst nicht glauben, was sie eintauschen wollte!«

Georg zuckte die Schultern.

Josef lachte. »Sie wollte ein Huhn und hatte einen zusammengefalteten Karton mitgebracht. Stell dir vor, sie wollte das Huhn nicht schlachten, es sollte Eier legen!«

Jetzt musste auch Georg lachen. »Und hat sie ihr Huhn bekommen?«

»Hat sie! Für eine Schachtel amerikanische Zigaretten konnte sie eines mitnehmen. Für Zigaretten bekommst du heute nämlich fast alles. Die sind schon so etwas wie eine Ersatzwährung, weil die Reichsmark absolut nichts mehr wert ist. Jetzt ist jeder hinter Zigaretten und Dollars her. In den Städten blüht der Schwarzmarkt. Da ist im Grunde alles zu haben, du musst nur einen entsprechenden Gegenwert anbieten können. Den Schwarzmarkt haben Schieberbanden fest im Griff, die es immer wieder schaffen, an alle möglichen dringend benötigten Dinge des täglichen Lebens heranzukommen und sie gewinnbringend zu verhökern. Die Schieberbanden klauen ganze Lebensmittelladungen und Medikamententransporte. Dringend benötigte Medikamente kommen so nie bei den Krankenhäusern an, und Kranke müssen sterben. Die Alliierten versuchen zwar, die Schieber mit ihrer Militärpolizei zu schnappen, aber die Gauner schaffen es immer wieder, schnell abzutauchen. Es gibt eben viel zu wenige Militärpolizisten. Darum sollen auch wieder Deutsche als Hilfspolizisten eingesetzt werden, weil die selber in dem ganzen Schlamassel stecken und darum ihre Kundschaft besser kennen.«

Josef wies auf den Volksempfänger. »Am schlimmsten aber sind die vielen elternlosen Kinder dran, die in den Trümmern hausen. Gestern kam ein Bericht darüber durchs Radio. Die Kinder haben sich zu

Banden zusammengeschlossen und stehlen wie die Raben. Nichts ist vor ihnen sicher. Was sollen sie aber auch machen? Es ist ja niemand da, der sich um sie kümmert.«

Georg hörte nur zu, und seine Beklommenheit wuchs. Da existierte außerhalb des Lagers ein Deutschland, das er sich in seinen schlimmsten Träumen so nicht hatte vorstellen können.

Agnes stellte einen Teller mit Brot und Schinken vor Georg auf den Tisch.

»Iss, Georg! Wie Josef schon sagte, uns geht es ja noch gut. Unsere fünf Kühe geben noch immer ordentlich Milch. Aber wir wissen nicht mehr, wohin damit! Es kommt kein Wagen mehr von der Molkerei, um die Milch abzuholen. Es ist doch alles zusammengebrochen! Ich habe sogar schon angefangen, Käse herzustellen, aber das muss ich erst noch lernen. Es ist wirklich schlimm, unsere Milch wird in den Städten dringend gebraucht, aber wir haben keine Möglichkeit, sie zu liefern, also schütten wir das meiste auch noch weg! Es ist eine Schande!«

Der Abend war schon weit fortgeschritten, und hin und wieder flackerte die Lampe. Einmal blieb der Strom für ein paar Minuten ganz weg, aber bevor Agnes in der Dunkelheit eine Kerze gegriffen hatte und anzünden konnte, leuchtete die Lampe wieder auf.

»Siehst du, das haben wir jeden Tag. Ärgerlich ist es nur, wenn das gerade bei den Nachrichten passiert«, erklärte Josef.

Josef war ein guter, geradezu detailversessener Erzähler. Alles, was er wusste, hatte er im neuen britischen Rundfunk erfahren. Aber auch Agnes war nachrichtensicher. Wenn Josef in seinen Berichten zu weit abschweifte, brachte sie ihn immer schnell zum Wesentlichen zurück. Georgs Hochachtung wandelte sich allmählich zu einer Art Bewunderung für diesen einfachen Mann, der nur aufgrund der Radioberichte die komplizierte Situation im besetzten Deutschland klar und hellsichtig wiedergeben und kommentieren konnte.

»Ich habe dir schon erzählt«, nahm er einen früheren Gedanken wieder auf, »dass Deutschland jetzt von den Oberbefehlshabern der Alliierten regiert wird.«

Georg nickte.

»Später wollen die Alliierten dann einen gemeinsamen Kontrollrat in Berlin einrichten, der für ganz Deutschland zuständig sein soll. Das wird aber mit Sicherheit nie richtig funktionieren, weil die Russen schon jetzt kräftig querschießen. Da kommt dann nichts Gutes bei heraus. Natürlich kursieren schon eine ganze Menge Pläne über Deutschlands Zukunft. Einer davon scheint aber, Gott sei Dank, vom Tisch zu sein! Ein amerikanischer Minister, Morgenthau heißt der Mann, wollte Deutschland doch tatsächlich in zwei Staaten aufteilen, in einen Nordstaat und einen Südstaat. Außerdem sollte jede Art von Industrie in Deutschland verboten sein, damit es nie wieder etwas produzieren könnte, um einen Krieg zu führen. In Deutschland sollte nur noch Landwirtschaft betrieben werden. Das muss man sich mal vorstellen! Wo du hinsiehst, nur noch Rüben und Kühe! Die Amerikaner scheinen sich aber inzwischen doch eines anderen besonnen zu haben.«

Er schüttelte den Kopf und trank jetzt doch einen Schluck Wein.

»Ab Mitte Juli«, fuhr er dann fort, »wollen die Sieger auf einer Konferenz in Potsdam endgültig über das Schicksal Deutschlands entscheiden. Da nehmen aber nur die Amerikaner, die Engländer und die Russen dran teil. Die Franzosen bleiben draußen. Es soll schon den ersten Stunk gegeben haben, und den machen anscheinend immer die Russen. Die drei konnten sich nicht auf eine Sitzordnung einigen, wer also wo am Tisch sitzen soll. Jetzt hört man, dass sie auf die glorreiche Idee gekommen sein sollen, einen runden Tisch zu nehmen, an dem alle gleichzeitig oder auch keiner den Vorsitz hat. Bei einem runden Tisch liegt das Fell des Bären auch für alle gleich greifbar auf dem Tisch. So viel ist schon durchgesickert, jede Besatzungsmacht will aus ihrer Zone Reparationen entnehmen. Die wollen also den gleichen Fehler wie schon nach dem letzten Krieg noch mal machen! Und wie man hört, wollen die Russen auch aus den anderen Zonen Reparationen haben. Jetzt soll der tote Gaul bis auf die Knochen abgenagt werden. Man will uns jetzt offenbar für den ganzen Scheißkrieg büßen lassen, aber kaputter als kaputt machen geht ja wohl nicht!« Er tippte sich mit dem Finger an die Stirn. »Deutschland ist doch schon genug gestraft, es liegt doch schon alles in Trümmern! Ich habe ja nichts dagegen, dass man sich die Nazi-Bonzen zur Brust nimmt. Aber die vielen anderen Deutschen, die auch unter den Nazis gelitten haben, die werden jetzt noch mal bestraft!«

»Du hast ja recht, Josef!«, unterbrach Agnes ihren aufgeregten Mann, »aber erinnere dich doch an die Predigt von Pfarrer Hermes am letzten Sonntag. Das war nämlich genau sein Thema«, wandte sie sich jetzt an Georg. »Da hat er über eine Stelle bei Matthäus gepredigt, und die geht ungefähr so: ›Gott lässt es regnen und die Sonne aufgehen über Gute und Böse‹, oder ganz einfach gesagt, mitgefangen ist mitgehangen. Ich denke mal, dass wir Deutsche hier selber für klare Verhältnisse und Gerechtigkeit sorgen müssten, und da dürfen dann auch solche Leute wie unser ehemaliger Ortsgruppenleiter nicht ungeschoren davonkommen!«

»Schön wär's«, knurrte Josef, »aber man kennt doch diese Typen! Die schaffen es doch immer wieder, sich herauszuwinden und davonzukommen! Und dann ist der liebe Gerechte von Pfarrer Hermes wieder der Dumme!«

Es war spät geworden. Die Lampe flackerte immer wieder mal, während Josef noch einige Geschichten aus dem Dorf während der Nazizeit erzählte, in deren Mittelpunkt der Ortsgruppenleiter stand, der immer viel vom Germanentum, der Überlegenheit der nordischen Rasse und »arteigenen« und »artfremden« Sitten und Gewohnheiten redete. Es wurde gemunkelt, dass in seinen Augen auch das Christentum »artfremd« war, auch wenn er sich in diesem Punkt, mit dem er sich in Gegensatz zum ganzen Dorf gestellt hätte, nie klar äußerte und ein regelmäßiger Besucher der Sonntagsmesse war.

Derselbe Ortsgruppenleiter hatte seinen Hof durch eine NS-Kommission zu einem Erbhof veradeligen lassen. Dieses im Leben eines arischen Blut-und-Boden-Bauern einmalige Ereignis hatte er mit vielen seiner Getreuen während einer Sonnenwendfeier gebührend zur Geltung gebracht. Brennende, mit Stroh umwickelte Räder waren einen Abhang hinabgerollt worden und hatten einen Heuschober in Brand gesetzt, was dann sogar noch als Odins Mahnfeuer beklatscht worden war.

Am nächsten Sonntag – hier übernahm Agnes wieder das Erzählen, das ihr jetzt sichtlich Vergnügen bereitete – predigte Pfarrer Hermes über die Erbsünde. Am schlimmsten sei aber, so der Pfarrer, jene Erbsünde, die man wissentlich auf sich lade und mit heidnischen Bräuchen öffentlich zur Schau stelle. Jeder in der Kirche hatte die Hände vor den Mund gelegt, um nicht laut loszulachen zu müssen. Das hatte natürlich im Dorf die Runde gemacht. Am darauf folgenden Sonntag hielt kurz vor dem Hochamt eines der schwarzen Autos vor der Kirche, wie sie von der Gestapo benutzt wurden.

Agnes machte eine dramatische Pause, bevor sie fortfuhr.

Die beiden Männer, die mit dem Auto gekommen waren, hatten sich in die letzte Bankreihe gesetzt. Als Pfarrer Hermes dann die Kanzel betreten hatte und nach seiner üblichen Anfangspause mit der Predigt beginnen wollte, nahm er die beiden unbekannten Gäste wahr und konnte sie sofort einsortieren. Er schwieg, bis auch der Letzte in der Kirche mitbekommen hatte, dass etwas Ungewöhnliches in der Luft lag. Dann stützte er sich auf die Kanzelbrüstung auf, beugte sich weit nach vorne und zeigte mit der rechten Hand auf die Fremden und rief ihnen in die atemlose Stille hinein zu: »Die beiden Herren in der letzten Bank! Ja, Sie! Sie haben da aber einen ungünstigen Platz! Kommen Sie doch bitte ganz nach vorne! Da können Sie mich viel besser verstehen!« Alle Kirchenbesucher drehten sich um, und die beiden Angesprochenen stürmten mit rot angelaufenen Köpfen aus der Kirche. Dieses denkwürdige Ereignis war danach noch wochenlang das Gesprächsthema im Dorf.

Dieser Pfarrer Hermes, kam es Georg noch einmal in den Sinn, wäre wohl tatsächlich jemand, dem er die Benachrichtigungen an die Familien seiner Kameraden zur Weiterleitung anvertrauen könnte.

Als er an diesem Abend müde in sein Zimmer kam, nahm er sein Briefbündel zur Hand und zog den ersten Brief, den er in Freiheit lesen würde, blind daraus hervor. Aber die Buchstaben und Worte tanzten vor seinen müden Augen herum, ohne dass er imstande gewesen wäre, daraus Worte und Sätze zu formen. So ließ er sich in das kühle Leinen seines Bettes fallen. Die ungewohnte Weichheit des Bettes gab ihm das Gefühl, auf einer endlos weiten, von Blumen übersäten Wiese zu liegen. Er setzte sich auf, umklammerte seine Knie und ließ den Blick über das bunte Gewoge schweifen. Wieder kam ein Falter und setzte sich auf ihn. Bald kamen weitere hinzu und ließen sich auf seine Arme, Schultern, seine Füße und seinen Kopf nieder. Immer mehr der kleinen quirligen Flatterer umschwebten ihn, hüllten ihn wie eine Wolke ein und machten ihn unsichtbar. Er erhob sich und die

Wolke folgte ihm und wurde größer und größer. Er fühlte sich plötzlich leicht und spürte den tausendfältigen Schlag ihrer Flügel wie einen leichten Sommerwind auf seinem Gesicht. Es war ihm, als würde er von ihnen hochgehoben und über alle Hindernisse hinweg davongetragen. Da wachte er auf, schaute verwirrt in die fahle Dämmerung eines Zimmers und spürte den leichten Wind, der durch das geöffnete Fenster über sein Gesicht strich. Seine Hände fühlten das glatte Leinen, da wusste er wieder, wo er war, und schlief wieder ein.

Als Georg aufwachte, war es schon heller Tag. Das Licht des Sommermorgens ließ sich nicht von den durchscheinenden Vorhängen des Fensters aufhalten und malte Schattenmuster an die Wand. Er dehnte und streckte sich und genoss es, sich zum ersten Mal seit Langem herumräkeln zu können, ohne dabei irgendwo oder bei irgendjemandem anzustoßen. Was aber hatte ihn geweckt? War es vielleicht die ungewohnte Stille, die Abwesenheit der gewohnten Geräusche, die sich aus dem Erwachen tausender gequälter Leiber ergaben?

Er warf die Bettdecke zurück und schwang sich aus dem Bett. Auf dem Weg zur Küche machten ihn die lauter werdenden Geräusche einer Säge neugierig, die von draußen durch die weit geöffnete Haustür ins Haus drangen. Er ging ihnen nach und kam zu einem nach vorne hin offenen Scheunenbau, der zwischen Wohnhaus und Stallgebäude zurückwich und einen kleinen Vorhof abschloss. Auf dem Boden lagen schenkeldicke, von Ästen befreite Buchenstämme.

Josef war damit beschäftigt, einen dieser Stämme in kleine Stücke zu sägen. Um den Sägebock herum lagen schon etliche dieser Stücke. Josef stand nur mit Hose und Unterhemd bekleidet mit dem Rücken zu Georg und führte eine große Bogensäge gleichmäßig durch den Stamm. Sein Unterhemd war nass, und sein magerer Körper glänzte vor Schweiß.

Georg wünschte ihm einen guten Morgen und entschuldigte sich, dass er so lange geschlafen hatte. Dankbar für die Unterbrechung stellte Josef die Säge an den Sägebock.

»Du musst dich nicht entschuldigen. Ich glaube, du hast noch viel Schlaf nachzuholen. Hauptsache, du hast gut geschlafen und kommst wieder zu Kräften!« Josef wischte sich mit einem feuchten Tuch den Schweiß aus dem Gesicht.

»Kann ich dir dabei helfen?« Georg wies auf den Sägebock. »Ich möchte mich nützlich machen und für mein Logis arbeiten!«

»Langsam, langsam Junge! Natürlich könnte ich Hilfe gebrauchen. Jean-Paul fehlt mir nämlich an allen Ecken und Enden.« Er zeigte auf die Stämme. »Die habe ich mit ihm noch vor ein paar Wochen aus unserem Wald geholt. Agnes braucht die Scheite zum Kochen. Wenn du mir helfen willst, habe ich natürlich nichts dagegen. Aber geh erst einmal zu Agnes in die Küche und stärke dich. Lass dir aber Zeit. Der Tag ist noch lang!«

Agnes hatte schon auf ihn gewartet. »Hast du gut geschlafen, Georg? Wie war denn die erste Nacht wieder mit einem Dach über dem Kopf?«

»Es war … war unbeschreiblich. Das Bett, die frischen Laken – alles genau wie zu Hause. Danke!«

Agnes ging zum Herd und stellte einen großen Karton vor die geöffnete Herdklappe. Sie griff in den Karton und hob etwas daraus hervor. Dann hielt sie ihm ein paar klein geschnittene Lumpen entgegen. »Deine Uniform! Ich habe sie in Streifen geschnitten. So ist deine Uniform noch zu etwas nütze. Ich mache damit dein Frühstück.«

Damit verschwanden die ersten Lumpen hinter der Herdklappe und fingen sofort Feuer.

Agnes hantierte wieder mit einer Pfanne auf dem Herd herum, und bald erfüllte der Duft nach Rührei und gebratenem Speck die Küche. Er schaffte mühelos eine große Portion.

»Jetzt will ich mir mein Frühstück aber auch verdienen und Josef helfen!« Er ließ eine glückliche Agnes in der Küche zurück.

Josef hatte den Holzhaufen inzwischen um einige Stücke vergrößert. Georg griff nach der Axt und stellte den ersten Klotz auf den Hauklotz.

»Lass es langsam angehen!«, riet ihm Josef. »Wir haben alle Zeit der Welt.«

»Ich denke dabei auch ein bisschen an mich selbst«, erwiderte Georg. »Ich will mich damit auch wieder in Form bringen.« Er fühlte den glatten Schaft der Axt in seinen Händen, schwang sie hoch über seinen Kopf und ließ sie auf den Klotz niedersausen, wie er es von zu Hause gewohnt war. Die monatelange Untätigkeit und sein durch Kälte, Nässe, Hitze und Hunger geschwächter Körper zeigten ihm aber schon nach diesem ersten Schlag seine Grenzen auf. Der gute Schlaf und Agnes' üppiges Essen hatten ihm vorgegaukelt, wieder etwas zu haben, was noch nicht da sein konnte. Sein Schlag hatte den Klotz zwar sauber in der Mitte gespalten, er hatte aber auch, als sich die Axtschneide in den Hauklotz fraß, einen stechenden Schmerz ausgelöst, der durch seine mageren Arme gelaufen war und sich nun hartnäckig zwischen seinen Schulterblättern festhielt.

»Sauberer Schlag!«, kommentierte Josef Georgs ersten Streich. »Wenn du aber weiter so draufhaust, liegst du gleich in der Ecke. Hau lieber zwei oder drei Mal in die gleiche Kerbe! Das spart Kraft.«

Georg sah das ein und ließ sich nun Zeit. Die gleichmäßigen Schläge lösten allmählich die Verspannungen und verscheuchten schließlich den Schmerz aus der Schulter. Eine wohlige Wärme durchströmte seinen Körper, und bald schwitzte er genauso wie Josef. Als Agnes sie zum Essen rief – schon wieder Essen, dachte Georg zufrieden –, schaute er voller Stolz auf die Holzscheite, die sich um den Hauklotz türmten.

Josef schlug ihm anerkennend auf die Schulter. »Na, Georg, wie fühlst du dich?«

Georg wischte sich mit dem Handrücken den Schweiß aus den Augenhöhlen und lachte Josef an. »So gut, wie schon lange nicht mehr!«

Agnes brachte eine selbst gemachte Limonade nach draußen und setzte sich einen Augenblick zu ihnen. Georg nutzte die kleine Pause und fragte nach den Möglichkeiten, die Familien seiner Kameraden zu benachrichtigen. Ob der Pfarrer ihm dabei vielleicht behilflich sein könnte?

»Das finde ich ausgesprochen nobel von dir, dass du ihre Familien nicht im Ungewissen lassen willst! Ich wünschte nur, wir bekämen auch bald eine Nachricht von unserem Leo!« Er sah dabei Agnes an, die ihm mit der Hand über Schulter strich. Dann dachte er laut über Georgs Frage nach, den Pfarrer um Hilfe zu bitten. Josef war sich sicher, dass Pfarrer Hermes einen Weg finden würde.

»Wie viele Benachrichtigungen musst du denn schreiben?«, wollte er von Georg wissen. Der musste nicht lange überlegen und nannte ihm die Zahl. Josef pfiff durch die Zähne. »Das ist eine ganze Menge! Ich glaube nicht, dass wir so viele Briefumschläge haben. Oder?«, wandte er sich an Agnes. Die schüttelte zunächst den Kopf, hatte dann aber eine Lösung gefunden.

»Georg kann doch Postkarten schreiben! Ich habe noch zwei in der Anrichte. Den Rest schneiden wir in Postkartengröße aus alten Schuhkartons. Darauf kann Georg dann seine Benachrichtigungen schreiben, und die bringe ich dann zu Pfarrer Hermes.«

Als Georg weiterarbeiten wollte, hielt Josef ihn zurück. »Nee, nee! Schreib du erst einmal deine Karten. Die sind jetzt wichtiger. Das Holzhacken läuft dir nicht davon!«

Agnes war schon damit beschäftigt, die Postkartengrößen aus alten Schuhkartons zurechtzuschneiden. Bald lag ein kleiner Stapel Karten vor Georg auf dem Tisch. Dann versuchte er einen Text auf einem kleinen Schreibblock zu entwerfen, den Agnes ihm zusammen mit einem Kopierstift dazugelegt hatte. Schließlich formulierte er einen Text, der den Familien Hoffnung machen konnte. Selbst für die zu erwartende Übergabe an die Franzosen fand er beruhigende Worte. So schön hast du noch nie gelogen, dachte er, nachdem er den Entwurf ein paar Mal durchgelesen hatte, und kam sich ein bisschen schäbig dabei vor. Die Nachricht an Krumbiegls Eltern nahm beide Seiten der Karte ein. Ihnen machte er Hoffnung auf eine baldige Heimkehr ihres Sohnes.

Georg schob die beschriebenen Karten zu einem Päckchen zusammen und reichte sie Agnes.

»So, jetzt müssen sie nur noch ihre Adressaten erreichen!«

Als Agnes die Karten entgegennahm, strich sie mit einer Hand wie beschwörend ein paar Mal darüber, so als wünsche sie, dass eine der Karten auch für sie eine gute Nachricht enthielte.

»Ihr werdet sehen, ihr bekommt auch bald eine Nachricht von eurem Sohn«, versuchte er ihrem Wunsch Hoffnung zu geben. Agnes wandte sich ab und nickte dazu. »Nach dem Abendessen bringe ich die Karten zu Pfarrer Hermes!«

Josef setzte sich in seinen Sessel und schaltete den Volksempfänger ein. Es dauerte eine Weile, bis die Röhren warm waren und ein Rauschen und Knistern daraus hervorkam. Josef regulierte den Sendersuchknopf und plötzlich schwebten Klarinettentöne durch die Küche.

»Das ist Benny Goodman! Die Musik mag Agnes auch. Den spielen sie häufig!«

Die Musik griff nach ihm. Die Töne perlten wie lange Tropfen aus dem Radio. Sie verwoben sich zu einer melancholischen Melodie, die ihr Thema immer wieder aufnahm und variierte. Mit leichten Kieksern sprang die Klarinette durch die Melodie, bis sie von anderen Instrumenten leise eingeholt und umringt wurde. Die Klarinette beendete das Stück mit einem langen, davonschwebenden Seufzer. Der Sprecher nannte den Titel des Stücks, und aus dem plötzlich wieder einsetzenden Knistern hörte Georg nur das Wort »Memories« heraus.

Mein Gott, ja, Erinnerungen! An was?

Josef stellte den Sender nach, und nun war die Stimme des Sprechers wieder ohne Nebengeräusche zu verstehen. Die Stimme sprach ein makelloses Deutsch, aber es war ein anderes Deutsch als das, was während der Nazizeit aus dem Kasten gedrungen war. Auch die Stimme war anders. Er konnte nicht sagen, wie anders. Vielleicht weniger wichtigtuerisch, weniger amtlich, weniger aufgeregt, weniger rechthaberisch. Von allem weniger. Die alten Stimmen hatten angeordnet, angestiftet, keinen Zweifel an dem Wahrheitsgehalt ihrer Aussagen zugelassen – und sie hatten bis zum Schluss gelogen! Die Stimme, die er jetzt hörte, klang zwar geschäftsmäßig, aber das, worüber sie berichtete, kam ohne Pathos daher.

Georg hörte mit Erstaunen, dass der Krieg noch nicht zu Ende war, dass er im Pazifik seinen Blutdurst noch immer nicht gestillt hatte. Am meisten überraschte ihn aber die Meldung, dass die britischen und amerikanischen Truppen den von ihnen besetzten Teil Mitteldeutschlands zu räumen begannen und dass im selben Umfang russische Truppen in die geräumten Gebiete einrückten. Im Gegenzug sollten die Engländer und Amerikaner den Westteil Berlins als Zonen erhalten. Aber in diesen Teilen Berlins begannen die Russen bereits damit, die noch bestehenden und halbwegs intakten Industrieanlagen zu demontieren. Auch die nächste Meldung beschäftigte sich mit den Russen. Sie hatten den vierten Jahrestag des Einmarsches der deutschen Wehrmacht in die Sowjetunion zum Anlass genommen, eine große Truppenparade in Moskau abzuhalten. Dabei hatte es in Strömen geregnet, und die ganze Parade war buchstäblich im Regen ertrunken. Der Sprecher hob diesen Sachverhalt besonders hervor, und der Spott in seiner Stimme war dabei nicht zu überhören. Weitere Meldungen betrafen die Vorbereitung der Konferenz in Potsdam, das Anschwellen der Flüchtlingsströme von Ost nach West, hervorgerufen durch das Einrücken der Russen in Mitteldeutschland, und die katastrophale Ernährungslage.

Josef kroch fast in den Volksempfänger hinein. Als die Musik wieder einsetzte, entspannte er sich, griff hinter das Radio und holte eine Kladde hervor. Er schlug eine neue Seite auf und sah Georg an.

»Na, was sagst du? Anders als früher!« Dann schrieb er etwas in die Kladde. Georg sah sein Tun mit Erstaunen. Josef schlug die Kladde zu und steckte sie wieder hinter das Radio.

»Das mache ich fast jeden Tag«, erklärte er, »da schreibe ich die wichtigsten Nachrichten hinein, so als eine Art Tagebuch!«

In seine Erklärung hinein wurde die Tür geöffnet, und Agnes kam herein. Sie war aber nicht allein. Hinter ihr trat ein kleiner Mann mit einer schlohweißen Löwenmähne in die Küche und schloss die Tür hinter sich. Er trug einen schwarzen Anzug, der schon an vielen Stellen glänzte. Den Hals umschloss ein Priesterkragen. Das konnte nur Pfarrer Hermes sein. Nach den Schilderungen von Agnes und Josef hatte Georg sich den Pfarrer groß und beeindruckend vorgestellt. Dass ihm nun ein fast zierlicher Mann gegenüberstand, der ihm kaum bis zur Schulter reichte, verblüffte ihn. Aber wahre Größe hatte wohl nichts mit der Anzahl der Zentimeter zu tun.

Der kleine Pfarrer war ihm auf den ersten Blick sympathisch. Die weiße Mähne, die sein schmales, faltiges Gesicht wie ein Kopfkissen umhüllte, ließ den Kopf unverhältnismäßig groß erscheinen. Georg konnte sich gut vorstellen, wie diese schmächtige Gestalt, die durch das Messgewand sicher an Würde gewann, auf die Gestapo-Leute gewirkt haben musste, als er sie mit hochgerecktem Kopf aus seiner Kirche vertrieben hatte.

»Sie sind also der junge Soldat, der von drüben getürmt ist!«

Georg ergriff die Hand des Pfarrers.

»Sie heißen Georg von der Beeke! Georg ist ein schöner Name, und Sie haben da unten ja wohl auch mit so etwas wie einem Drachen gekämpft.« Seine Hand wies in die Richtung, in der das Lager war. »Aber Ihr Nachname ist etwas ungewöhnlich. Woher kommen Sie denn?« Georg erklärte es ihm.

»Ah, ja, dann weiß ich es so ungefähr. Eine wunderschöne Flusslandschaft. Aber ihr Sauerländer redet wohl nicht viel!«

Georg musste lächeln. Diesem Pfarrer konnte er vertrauen. Er würde ihm helfen, da war er sich sicher, denn sonst wäre er nicht hier!

Sie hatten alle am Tisch Platz genommen, das Licht flackerte ein paar Mal, und Josef hatte aus der Anrichte eine Flasche und Gläser geholt. Er stellte vor jeden ein Glas auf den Tisch und goss Schnaps ein.

»Sehen Sie«, wandte sich Pfarrer Hermes an Georg, »so ist das hier bei den Bauern. Wenn man abends zusammenkommt, wird immer einer gekümmelt. Da darf sich dann auch der Pfarrer nicht drücken. Aber der Herr hat ja auch leiden müssen, nicht wahr, Josef?«

»Aber dieses Leiden ist mir lieber!« Josef prostete in die Runde.

Pfarrer Hermes zog ein Notizbuch aus der Jackentasche und bat Georg, über das Lager zu berichten. Er hörte aufmerksam zu und machte sich zu allem Notizen.

»Ich habe einen Mitbruder, der gute Kontakte zum Internationalen Roten Kreuz hat. Für ihn werde ich mit diesen Informationen einen Bericht anfertigen. Er wird ihn weiterleiten. Ihm werde ich auch Ihre Karten zur Weiterleitung geben. Sie können sicher sein, dass sie dann auch ankommen!« Er legte eine Hand auf Georgs Arm und sah ihm dabei gerade in die Augen. Für einen Augenblick presste er die Lippen fest aufeinander, hob die Augenbrauen und nickte eine Weile.

»Das, was Sie für Ihre Kameraden hier tun, verdient höchste Anerkennung!«

Josef hatte zwischendurch immer wieder die Gläser nachgefüllt. Georg nippte nur daran. Josef und der Pfarrer unterhielten sich jetzt angeregt aufgrund der Nachrichtenlage über die Situation in Deutschland. Josef klang verbittert, und man spürte, wie die Schicksale seines Sohnes und seiner Tochter unausgesprochen hinter seinen Bemerkungen standen. Pfarrer Hermes nickte zu allem nachdenklich, was Josef zu den unsicheren Aussichten drastisch vorbrachte.

»Du hast mit allem, was du sagst, recht, Josef!« Wieder eine nachdenkliche Pause. »Aber, und das ist das Gute nach dem ganzen Schlamassel« – er senkte seinen Kopf mit der weißen Mähne fast bis auf die Tischplatte und sah Josef von unten herauf wie ein Verschwörer an –, »wir sind die Hunnen endlich los, sie können der Welt nichts mehr antun, und sie haben keine Macht mehr über uns! Wir sind sie zwar auf eine furchtbare Weise losgeworden, aber wir sind sie los! Das ist der einzige Trost, den ich im Augenblick in den Trümmern und in den vielen verstörten Seelen, die darin hausen, sehe! Wir, die wir noch leben, sind nur davongekommen, und es ist jetzt an uns, diesem Land mit Gottes Hilfe, die er uns vielleicht noch einmal gewährt, einen neuen Geist zu geben, der niemals mehr eine solche Barbarei zulassen wird! Und das kann in diesem Land nur mit Hilfe solcher Menschen geschehen, wie ihr es seid! ... Ja, ihr, Agnes und Josef Wennebach, und auch dieser junge Mann hier!«

Er strich sich die Mähne aus den Augen und blickte in drei überraschte Gesichter.

Pfarrer Hermes lehnte sich weit zurück und legte seine Hände mit ausgestreckten Armen auf den Tisch.

Ein leises Lächeln umspielte seine Mundwinkel, und seine Augen sahen sie der Reihe nach amüsiert an, als er wiederholte: »Natürlich, Menschen wie ihr es seid! Denn«, und dabei führte er seine Hände in einer langsamen Bewegung aufeinander zu, so als wolle er etwas zusammenschieben, »das, was ihr, Agnes und Josef, an diesem jungen Mann hier getan habt und noch immer tut, sehe ich für den neuen Geist an, von dem ich gesprochen habe, der dieses Land durchwehen, ja geradezu durchlüften muss. Der Gedanke kam mir selbst erst vor wenigen Augenblicken, und er lässt mich nicht mehr los.«

Der Pfarrer unterbrach seine Gedanken für einen Augenblick, hob eine Hand und zeigte damit in eine unbestimmte Richtung.

»Im Augenblick müssen noch die Alliierten, und ich denke hier in erster Linie an die Engländer und Amerikaner, diese Dinge erledigen. Von den Russen haben wir nichts Gutes zu erwarten. Die werden uns und Europa noch genug Probleme machen. Aber irgendwann müssen wir Deutschen wieder für uns selbst Verantwortung übernehmen und unsere Zukunft selbst gerecht gestalten. Und dazu brauchen wir Männer und Frauen, die mit dem ganzen Hunnendreck nichts zu tun hatten und den richtigen Kompass für unsere Zukunft haben!« Er unterbrach sich abrupt, sah Georg an, als sähe er ihn zum ersten Mal, und schlug sich mit der Hand an die Stirn. »Natürlich, dass ich da nicht eher dran gedacht habe!«

Er machte eine bedeutungsvolle Pause. »Kompass, junger Mann! Verstehen Sie? Sie brauchen einen Kompass, wenn Sie schnell und sicher und ohne große Umwege nach Hause kommen wollen! Ich besitze noch so ein Ding. Agnes kann es morgen bei mir abholen. Nicht wahr, Agnes?«

Der Pfarrer war, während er seine Zukunftsvisionen vortrug, auf ein Problem gestoßen, über das sich Georg noch keine Gedanken gemacht hatte. Die Straßen würden vielleicht noch einigermaßen intakt sein, aber in den menschenleeren zerstörten Orten auf seinem Weg würde er kaum jemanden antreffen, den er nach dem Weg fragen konnte. Vielleicht würde er Kontrollen ausweichen und Umwege machen müssen. Ein Kompass konnte ihm dann tatsächlich helfen, zeitraubende Umwege zu vermeiden. Dieser kleine Pfarrer war schon ein erstaunlicher Mann.

Am folgenden Tag fand Georg mittags auf dem Küchentisch ein handtellergroßes Rindsledereetui vor, dessen Oberfläche vom häufigen Gebrauch blank poliert war. Georg öffnete den Druckknopf und zog den Kompass daraus hervor, von dem der Pfarrer gesprochen hatte. Aber was für ein Kompass! Er war ein Kleinod filigraner Feinmechanik und Gravurtechnik, wie man es bei einem Gerät, das nur einen reinen Nützlichkeitswert besitzt, selten findet. Er besaß ein rundes poliertes Messinggehäuse mit einem auf der Unterseite aufklappbaren Ring, durch den man einen Daumen zum besseren Peilen stecken konnte. Auf einer Perlmuttunterlage war die Windrose mit ihren vier Haupthimmelsrichtungen und zwölf weiteren Teilungen der Nebenrichtungen in feinen Intarsien eingearbeitet. Der Kreisrand war in vierundsechzig Striche eingeteilt. Darüber schwebte zitternd die Kompassnadel auf der Suche nach Norden. Das Besondere befand sich aber auf der Unterseite des Kompasses. Dort war in schöner englischer Schreibschrift eine Widmung eingraviert.

Meinem Sohn Heinrich Hermes zu seinem
21. Geburtstag.
Mögest Du auf Deinem Lebensweg immer
den richtigen Weg finden und das Unrecht meiden!
Dein Vater

Georg schob den Kompass mit zitternden Fingern wieder in das Etui zurück. Es war ihm, als gäbe der Pfarrer das Vermächtnis seines fernen Vaters an ihn weiter.

Auch an diesem Tag verarbeiteten Georg und Josef die Stämme im Schuppen zu Brennholz. Er freute sich, wie leicht ihm inzwischen das Zerkleinern der Scheite von der Hand ging. Sein Körper hatte einen perfekten Arbeitsrhythmus gefunden und bewegte sich gleichmäßig wie ein lebendiges Pendel zwischen Bücken, Greifen und Aufstellen eines Holzscheits auf den Hauklotz und Hochschwingen und Niedersausen der Axt hin und her.

Während einer kurzen Pause drang wütendes Hundegebell von der Straße zu ihnen herüber.

»Warum habt ihr eigentlich keinen Hund?«, fragte Georg Josef. »Im Garten steht doch eine Hundehütte!«

Josef fuhr sich ein paar Mal mit der Hand über das stoppelige Kinn, dass es knisterte.

»Nun ja, wir hatten auch einen Hund. Bello hieß er. Er ist im letzten Winter eingegangen, mit sechzehn Jahren! Mit einem neuen Hund wollen wir noch warten. Im Augenblick ist das hier im Dorf etwas schwierig, denn in letzter Zeit wurden hier einige Hunde getötet. Darum holen die Leute ihre Hunde jetzt auch nachts ins Haus.«

Georg sah Josef erstaunt an. »Wieso getötet? Wer macht denn so etwas?«

»Ach, ja, das kannst du auch noch nicht wissen! Das geht auf das Konto der herumvagabundierenden Dipis. Unser Dorf und die nähere Umgebung waren für die Mistkerle eine Zeit lang ihr bevorzugtes Raubrevier.«

»Dipis?« Georg schaute Josef verständnislos an.

»Ja, Dipis! Das sind die *Displaced Persons*, von den Alliierten nach dem Zusammenbruch freigelassene Fremdarbeiter. Die meisten von ihnen waren Kriegsgefangene, die Zwangsarbeit verrichten mussten, hauptsächlich Franzosen, Belgier, Polen und Russen. Hier in der Gegend gab es irgendwo ein Lager, in dem sie zusammengepfercht waren. Die, die jetzt die Gegend hier unsicher machen, sind hauptsächlich Russen und Polen. Die Franzosen und Belgier, von denen ohnehin die meisten uns Bauern als Helfer zugewiesen worden waren, haben sich sofort nach dem Zusammenbruch auf den Weg nach Hause gemacht. Denen, die wie Jean-Paul auf Bauerhöfen wohnten, ging es natürlich viel besser als denen im Lager.«

»Und die Polen und Russen? Wollen sie nicht nach Hause, oder ist ihr Heimweg im Moment einfach noch zu riskant?«, erkundigte sich Georg. »Und was war das eigentlich für eine Arbeit, die sie im Lager machen mussten?«

»Das wusste hier kein Mensch, das war Geheimsache«, erklärte Josef. »Niemand von hier wagte, sich diesen Lagern zu nähern. Und nach Hause können und wollen sie nicht, weil sie dort von den Kommunisten in Zwangslager gesteckt werden, und davor haben sie Angst. Ist ja auch verständlich – so sehr ich sie eigentlich zum Teufel wünsche. Wer den ganzen Krieg über in einem Lager zugebracht hat, will nach dem Krieg natürlich nicht schon wieder in einem landen! Also sind sie hiergeblieben, haben sich hier in Gruppen zusammengerottet und machen die Gegend unsicher.«

»Wieso werden sie in Russland wieder in Lager gesteckt? Das verstehe ich nicht!« Georg sah Josef fragend an.

»Letzte Woche«, nahm Josef seinen Faden wieder auf, »kam ein Bericht darüber im Radio. Die Kommunisten, hieß es, werfen den Zwangsarbeitern Feigheit vor. Sie hätten besser sterben sollen, als sich der Wehrmacht zu ergeben. Außerdem hätten sie mit ihrer Arbeit in den Lagern Nazi-Deutschland in seinem Krieg gegen ihr Heimatland unterstützt!«

»Aber das ist doch hirnverbrannter Blödsinn!«

»Nenn es, wie du willst! Die Russen kennen da keinen Pardon. Sie bestrafen sie dafür, weil sie einfach nur überleben wollten!«

»Dann sind das doch im Grunde genau so arme Schweine wie wir da unten im Lager! Warum unternehmen denn die Alliierten nichts dagegen? Sie haben ja auch ohne herumziehende Räuberbanden schon mehr als genug Probleme.«

Erst später wurde ihm bewusst, dass er in diesem Augenblick die Kriegsgegner Deutschlands hinsichtlich ihrer Einstellungen und Fähigkeiten voneinander unterschieden hatte. Die Alliierten, das waren in seinen Augen nur die Amerikaner und die Engländer. Die Franzosen betrachtete er nur als Nutznießer der amerikanischen und englischen Erfolge. Und die Russen schienen nach allem, was er bisher gehört hatte, die Probleme eher noch weiter zu verschlimmern. Josef nickte bedächtig und ließ die Bartstoppeln knistern.

»Tja, so wie es aussieht, besteht jetzt ganz Deutschland aus armen Schweinen. Was sollten die Alliierten aber unternehmen? Die Russen zwingen können sie nicht, und selbst aufnehmen werden sie die russischen Zwangsarbeiter auch nicht wollen. Sie könnten sie höchstens erschießen. Manchmal würde sogar ich das diesen Einbrechern gönnen. Auch wenn ich weiß, dass sie arme Schweine sind und Schlimmes hinter sich haben, deswegen will ich mich noch lange nicht von ihnen totschlagen lassen! Sie haben nämlich eine Stinkwut auf alles, was deutsch ist, und sie gehen deshalb oft sehr brutal vor. Am liebsten überfallen sie einzeln stehende Häuser und Höfe. Wer sich wehrt, wird brutal zusammengeschlagen, und es hat in den Nachbarorten auch schon Tote gegeben. Gut, dass bei uns auf dem Hof nie etwas Schlimmeres passiert ist, als dass sie in den Hühnerstall eingebrochen sind und vier Hühner geholt haben.«

Es war ihm anzusehen, wie viel Kopfzerbrechen ihm die Dipis schon gemacht hatten.

»Jetzt sind sie schon länger nicht mehr hier im Dorf aufgetaucht«, fuhr er fort, »aber seitdem schließen wir das Hoftor, wie du gesehen hast, jeden Abend ab, und darum habe ich auch den Stacheldraht draufgenagelt. Wie viel das im Ernstfall hilft, weiß ich nicht ... Einige dieser Dipis lauern auch Hamsterern auf, weil die entweder Wertsachen bei sich haben oder Lebensmittel, die sie gerade eingetauscht haben. Darum schließen sich die Hamsterer jetzt auch meistens zu größeren Gruppen zusammen.«

Josefs Stimme bekam einen beschwörenden Klang als er Georg plötzlich eine Hand auf die Schulter legte. »Wenn dir unterwegs welche über den Weg laufen, machst du am besten einen großen Bogen um sie herum!«

Vor dem Mittagessen überraschte Agnes Georg nicht nur mit dem Kompass, sondern auch mit der Nachricht, dass der Pfarrer seinen Gewährsmann telefonisch erreicht habe. Dieser habe ihm zugesagt, Georgs Benachrichtigungen einer Rot-Kreuz-Delegation zu übergeben. Georg fiel ein Stein vom Herzen. Seine Intuition hatte ihn also das Richtige tun lassen!

Während des Essens wanderte sein Blick immer wieder zu dem Kompassetui, das er neben seinen Teller gelegt hatte. Er stopfte das Essen in sich hinein, ohne zu bemerken, was er da gerade aß. Das Messer zerschnitt mechanisch ein Stück Fleisch nach dem anderen und die Gabel zerdrückte Kartoffeln in der Soße. Als er für einen Moment die Gabel auf den Teller legte, wanderte seine Hand zum Etui und seine Finger glitten sanft, fast zärtlich, über das glatte Leder.

»Schmeckt es dir nicht?« Agnes' besorgte Stimme schreckte ihn auf. Georg blickte sie mit einem entschuldigenden Lächeln an. Die Botschaft auf dem Deckelboden des Kompasses verwirrte ihn noch immer. Er fühlte sich von ihr angesprochen und gleichzeitig auch herausgefordert.

»Oh, entschuldigt bitte, ich bin mit meinen Gedanken ganz woanders ... Es schmeckt wirklich ganz ausgezeichnet, Agnes!«

Erst jetzt bemerkte er, was vor ihm auf dem Teller lag.

»Der Rinderbraten ist noch vom letzten Jahr. Ich habe ein paar Pfund davon eingekocht.«

Georg sah verlegen auf seinen Teller.

»Du bist in Gedanken schon zu Hause, nicht wahr?«, nahm ihm Josef die Befangenheit und zeigte dabei auf den Kompass.

»Ja, das heißt ...«, stotterte Georg, »irgendwie schon ... mit dem Kompass da – und dann auch die guten Nachrichten vom Pfarrer ...!«

»Ist schon gut, Georg, ich kann dich gut verstehen!« Agnes sah ihn an. »Du hast übrigens viel von unserem Leo. Wenn der über etwas brütet, versinkt um ihn herum auch die Welt, und dann ist er ganz weit weg!«

Agnes hatte zum ersten Mal nicht in der Vergangenheitsform von ihrem Sohn gesprochen.

Auch dieser Tag war so heiß wie die vorhergegangenen, und es sah nicht danach aus, als würde sich daran in den kommenden Tagen etwas ändern. Josefs und Georgs schweißbedeckte Oberkörper glänzten in der Sonne, als wären sie mit einer Speckschwarte eingerieben worden. Das Seufzen der Säge und das tok-tok der Axt, wenn sie ein Scheit traf und es spaltete, waren die einzigen Geräusche in dieser trägen Stille. Josef legte für einen Augenblick die Säge aus der Hand.

»Danke, Georg!« Josefs Hand klatschte auf Georgs nasse Schulter und löste dabei einen Regenschauer aus Schweißtropfen aus. »Damit kann Agnes Waschbottiche voll Suppe kochen!«

Er lachte und war offensichtlich ebenfalls mit ihrer Leistung zufrieden. Sie gingen zur Pumpe in den Hof und gossen sich gegenseitig ganze Bäche von Wasser über die Körper. Mit dem Wasser überkam Georg ein unbeschreibliches Glücksgefühl. Es rann wie eine kühle Haut an ihm herunter, und er genoss jeden Tropfen.

»Ich danke euch, Josef Wennebach! Dir und Agnes! Wer weiß, wie es mir ohne eure Hilfe ergangen wäre!«

Der brachte nur ein verlegenes »Na, na, Georg, das tun wir doch gerne!« zustande und fügte dann hinzu: »Du weißt doch, ich will den Herrgott bestechen!« Es war ihm aber anzusehen, dass ihm Georgs Worte gut taten.

Nach dem Abendessen zog Josef plötzlich Georg ans Hemd fassend mit sich nach draußen zum Kellereingang. Er tat sehr geheimnisvoll, als er das Schloss entfernte und die schräg aufliegende Doppeltür aufklappte. Dann stieg er die Stufen hinunter und öffnete mit einem riesigen Schlüssel die Hauptkellertür. Die Deckenlampe flackerte ein paar Mal auf und verbreitete dann ein trübes Licht. Sie befanden sich jetzt in einem der typischen Vorratskeller eines Bauernhauses mit Regalen voller Eingemachtem an den Wänden und Steinzeugkrügen mit Sauerkraut und Schnippelbohnen auf dem Boden. Ihr Geruch durchzog unverkennbar die kühle Luft des Gewölbes. Josef zog ihn bis zum Ende des Raumes hinter sich her und trat dann zur Seite, damit Georg einen freien Blick auf den Gegenstand bekam, der gegen die Wand gelehnt stand. Georgs erstaunter Blick wanderte von dem Ding an der Wand zu Josefs erwartungsvollem Gesicht und wieder zurück zu dem Ding.

»Na, ja«, hörte er neben sich Josefs Stimme, »eine Schönheit ist es ja gerade nicht mehr, aber wenn wir uns Mühe geben, bringen wir es wieder zum Laufen!«

Das Ding war ein vor sich hinrostendes Damenfahrrad. Georg war fast so platt wie die Reifen des Gefährts. Rahmen und Schutzbleche wiesen an einigen Stellen noch die ursprüngliche schwarze Farbe auf, ansonsten hatte der Rost die Farbe in dicken Pusteln weggefressen. Er fasste das Rad an Lenker und Sattel und hob es an. Es hatte noch Gewicht. Als er es wieder abstellte, rieselte ein leise raschelnder Rostregen zu Boden. Er atmete tief ein und ließ die Luft mit einem langen Pfeifen wieder heraus.

Hinter sich hörte er Josef fast entschuldigend sagen: »Das Rad steht hier schon seit ein paar Jahren. Agnes ist damit früher immer gefahren. Dann hatte sie einen Unfall, und seitdem hat sie es nicht mehr angerührt. Wenn du es haben willst, können wir ja versuchen, es wieder flottzumachen. Na, was meinst du?«

»Ich weiß gar nicht, was ich sagen soll! Ihr Wennebachs überrascht mich immer wieder. Natürlich nehme ich es gerne!«

Georg trug das Rad in den Schuppen, und Josef holte eine große hölzerne Werkzeugkiste. Er fand auch noch eine funktionierende Luftpumpe. Bald lag das Rad in seine Einzelteile zerlegt vor ihnen. Die Arbeit hatte wieder Bäche von Schweiß ausgelöst, sodass er noch einmal die Pumpe aufsuchen musste. Er schüttelte das Wasser von sich ab und sah sich schon im Geiste eine Landstraße entlangradeln. Sein Heimweg würde Räder bekommen!

Sofort nach dem Frühstück am nächsten Morgen setzte er die Reparaturarbeiten fort. Agnes versorgte ihre Schweine, und Josef hatte die Kühe gemolken und trieb sie wieder auf die Weide. Das Leben nahm hier unbehelligt von dem Chaos draußen seinen gewohnten Gang. Josef kam von der Weide zurück und führte einen großen braunen Wallach am Halfter hinter sich her.

»Darf ich bekannt machen?«, wandte er sich an den überraschten Georg. »Das ist unser Hektor! Den haben uns die Nazis noch gelassen, weil er schon ein etwas älterer Herr ist. Unsere Stute dagegen wurde vor drei Jahren zur Wehrmacht eingezogen. Der Ortsgruppenleiter konnte seine Pferde behalten, der alte Drecksack!« Ein bitterer Ton lag wieder in seiner Stimme.

»Ich muss dich jetzt allein lassen. Ich habe schon vor ein paar Tagen einem Nachbarn versprochen, ihm mit unserem Hektor beim Holzrücken auszuhelfen. Sein Pferd ist nämlich auch bei der Wehrmacht, und er muss Brennholz machen.«

Georg werkelte weiter an dem Rad herum, bis es zusammengebaut in seiner ganzen rostscheckigen Schönheit gegen den Holzstapel gelehnt vor ihm stand. Seine Hände glitten so sanft über den Rahmen, als würde er über Maries Rücken streichen, und seine Gedanken bekamen Flügel. Er sah sich auf einer Landstraße, beide Hände am Lenker. Die Bäume am Straßenrand flogen nur so an ihm vorbei, und er überschlug im Kopf die mögliche Anzahl von Kilometern, die er mit dem Rad an einem Tag zurücklegen konnte. In zwei bis spätestens drei Tagen würde er wieder in alle vertrauten Gesichter blicken können – und besonders in das eine, das ihm die Welt bedeutete. Am schönsten wäre es, dachte er, wenn sie dann gerade zusammen am Tisch säßen und er sie alle überraschen könnte. Er stellte sich ihre Gesichter vor, wie sie zunächst den Mund vor Staunen nicht mehr zu bekämen, um dann das freudige Erkennen und die durcheinandergehenden Rufe der Erleichterung zu erleben. Aber dann würde er nur noch das eine Gesicht suchen und ansehen …

Fast ehrfürchtig nahm Georg das angelehnte Rad vom Holzstapel, drehte es herum und schwang sich in den Sattel. Er kam sich selbst so ähnlich wie das Fahrrad vor, auf dem er jetzt saß. Funktionstüchtig zwar, aber mit einer Seele, die sich erst wieder von all dem Rost befreien musste, gegen den es scheinbar kein Putzmittel gegeben hatte. Und selbst wenn es eines gegeben hätte, er hatte nicht danach gesucht. Er hätte seine Seele immer wieder schütteln müssen, damit der Rost nicht an ihr hätte hängen bleiben können.

Sie saßen am Abendbrottisch und aßen gerade Erbsensuppe mit dicken Speckstücken darin, als Josef sich plötzlich mit der flachen Hand vor die Stirn schlug.

»Daran habe ich gar nicht mehr gedacht! Zum Fahrradfahren braucht man die Erlaubnis der Militärregierung! Das ist ein besonderer Ausweis, der die Benutzung eines Fahrrades erlaubt und den man immer bei sich haben muss. Die Streifen kontrollieren gerne Fahrradfahrer, das sieht immer wichtig aus. Wenn also eine Streife auftaucht, das sind immer drei Mann in einem Jeep, verdrückst du dich am besten unauffällig!«

»Und was geschieht, wenn man keinen Erlaubnisschein hat?«, fragte Georg beunruhigt. In seiner Vorstellung sah er schon an jeder Straßenkreuzung eine Streife stehen.

»Das weiß ich auch nicht!« Josef zuckte bedauernd die Schultern. »Mach also lieber den einen oder anderen Umweg.« Er machte eine beruhigende Handbewegung, als er Georgs besorgtes Gesicht sah.

»Wenn du das Rad unterwegs mal abstellen musst, und sei es auch nur für einen kurzen Moment, musst du unbedingt den Lenker abschrauben und mitnehmen.«

»Das ist nicht dein Ernst!« Georg lachte aus vollem Hals. Agnes gluckste auch.

»Ihr wollt mich auf den Arm nehmen!«

»Nein, nein, Georg«, nahm Josef wieder das Wort, »das ist wirklich kein Witz! Ein Fahrrad ohne Lenker kann nicht geklaut werden, verstehst du? Wenn jemand ein Fahrrad ohne Lenker wegtragen will, fahren kann er ja nicht damit, fällt er sofort auf. Fahrradschlösser helfen da nicht viel. Die werden geknackt. Fahrräder sind trotz der Erlaubnisscheine eine begehrte Beute.«

Im Laufe des Abends wurde ihnen immer klarer, dass er sich bald auf den Weg machen würde. Eine eigenartige Beklommenheit machte sich breit, und Georg meinte, auf Agnes' Gesicht einen Anflug von Wehmut entdeckt zu haben. Ihm selber ging es nicht anders. Jedes Mal, wenn er zum Sprechen ansetzen wollte, musste er sich heftig räuspern, um den Kloß im Hals zu überwinden. Auch Josef war für einen Augenblick nicht ganz bei der Sache und schnäuzte sich ein paar Mal umständlich. Er war es dann aber, der die trübe Stimmung wieder ein wenig aufhellte, indem er den Volksempfänger einschaltete, der nach dem knisternden Warmwerden amerikanische Musik von sich gab. Völlig neue Kadenzen für Georg, die es geradezu darauf abgesehen hatten, in die Beine zu fahren.

Die folgenden Nachrichten beschäftigten sich mit der Vorbereitung der Konferenz in Potsdam und der Situation in Deutschland.

»Weit und breit kein Hoffnungsschimmer, und Potsdam wird uns noch den Rest geben«, war Josefs Kommentar dazu. Dann stand er auf und kehrte mit seinen Landkarten und einem Schreibblock zurück. Er machte den Tisch frei und fügte die Karten systematisch aneinander.

Mit einem Gefühl des Respekts nahm Georg den Kompass aus dem Etui und richtete die zuunterst liegende Karte nach Norden aus. Dann fügte er die übrigen Karten hinzu und legte ein Lineal in Richtung Lennebogen darauf. Für einen Augenblick stand er wieder neben Oberleutnant Ferner, über einen ähnlichen Tisch wie diesen und eine topographische Karte gebeugt, und suchte nach Angriffs- und Rückzugswegen für Operationen rund um einen Ort in der Eifel mit dem seltsamen Namen Schmidt.

Ein Blick auf die Kompassnadel und die Linie, die das Lineal bildete, zeigte ihm die Richtung nach Hause an, genau Nord-Ost. Er zog den Schreibblock zu sich heran und legte das Lineal in die Mitte des Blattes. Mit dem Kopierstift fuhr an den beiden Kanten entlang und schrieb an das untere Ende des Doppelstrichs den Namen seines Zufluchtsortes und an den oberen Rand den Namen seines Heimatortes. Den Raum zwischen den Strichen füllte er mit den Namen aller Orte, die er auf dem Weg nach Hause berühren konnte. Auf diese Weise erhielt er einen Korridor mit Namen, die ihm unterwegs eine schnelle Orientierung ermöglichen würden. Zwischen die Namen der größeren Orte trug er noch die ungefähre Entfernung in Kilometern ein. Auch größere Orte, die außerhalb des Korridors lagen, nahm er in die

Skizze auf. Die größte Stadt, Siegen, lag auf halber Strecke östlich des Doppelstrichs. Das größte Hindernis, das hatte ihm seine Skizze deutlich gemacht, war der Verlauf der Straßen. Fast alle Straßen querten seinen Korridor. Nur wenige verliefen in seine Richtung, und dann auch nur für wenige Kilometer. Er würde sich also häufig Wald- und Feldwege suchen müssen. Aber das konnte auch ein Vorteil sein. Auch die Eisenbahnlinie von Köln nach Siegen durchquerte seinen Korridor von Westen nach Osten. Am oberen Ende seiner Skizze tauchte sie dann wieder von Siegen kommend in dem Korridor auf und folgte schließlich dem Tal der Lenne in Richtung Ruhrgebiet.

Josef schaute ihm interessiert zu. »Auf diesen beiden Strecken hättest du ohnehin kaum Glück.« Josef tippte auf die eingezeichneten Schienenwege. »Der Bahnhof in Siegen ist wie die ganze Stadt platt gebombt. Da haben die Alliierten ganze Arbeit geleistet, dazu sind die Strecken von Köln und aus dem Ruhrgebiet nach Siegen an mehreren Stellen unterbrochen, soviel ich weiß.« Josef zuckte dabei bedauernd mit den Schultern.

Einer Eingebung folgend zeichnete Georg nun auch noch den Verlauf einiger Flussläufe ein. Der größte unter ihnen war die Sieg. Sie verlief parallel zur Eisenbahnlinie und querte seinen Korridor ebenfalls. Er würde aber zunächst der Wied flussaufwärts folgen und dann auf Nebenstraßen oder Feldwegen seinen Weg finden müssen. Östlich der Eisenbahnlinie, die ins Ruhrgebiet führte, strebten einige Bäche von den Höhen hinab zur Lenne. Und dann war er schon so gut wie zu Hause! Hier musste er auch keine Namen eintragen, denn hier kannte er jeden Ort, den Lauf jeden Baches und die Richtung jeder Straße. Der Kopierstift in seiner Hand begann plötzlich zu zittern.

Dann lag er wieder in seinem Bett mit den frischen Laken und wunderte sich über Pfarrer Hermes. Der fuhr auf einem Fahrrad vor ihm her und winkte ihm zu, er möge sich doch beeilen und ihm folgen. Dabei zeigte er immer wieder auf den Kompass und wies in die Richtung, in der es nach Hause ging. Georg hatte aber Schwierigkeiten, weil sein Fahrrad keinen Lenker hatte. Das Rad pendelte von einer Straßenseite zur anderen, ohne dass er auch nur einen Meter vorankam. Da tauchte plötzlich Marie neben dem Fahrrad auf und reichte ihm die Lenkstange. Er setzte sie ein, und Marie nahm hinter ihm auf dem Fahrrad Platz und schlang ihre Arme um seine Hüfte.

Der folgende Tag stand ganz im Zeichen seines Aufbruchs, der für den nächsten Morgen geplant war. Georg nahm noch einmal seine Skizze zur Hand und übertrug sie mit ausgefeilteren Signaturen auf ein neues Blatt Papier. Währenddessen verbreitete Agnes eine bei ihr bis dahin ganz unbekannte Hektik. Sie lief durchs Haus und suchte Dinge, die sie nicht fand, und fand Dinge, die sie nicht gesucht hatte. Josef tauchte mit einem alten verschlissenen Rucksack auf und hielt Georg einen verbeulten Hut hin.

»Hier, probier den mal auf! Der schützt vor der Sonne. Außerdem macht er dich älter und ist unterwegs eine gute Tarnung.«

In dieser letzten Nacht unter dem Dach der Wennebachs fand Georg lange nicht in den Schlaf. Unruhig wälzte er sich von einer Seite auf die andere und malte sich Dinge aus, die ihm unterwegs zustoßen konnten. Die meisten Sorgen bereitete ihm der Gedanke, von Militärstreifen kontrolliert zu werden, und das bedeutete, dass er ständig auf der Hut sein musste.

Als er erwachte, hörte er durch das offene Fenster den Ruf einer Lerche, und er fragte sich, ob das wohl dieselbe Lerche war, die ihn auf der Suche nach dem richtigen Weg begrüßt hatte. Wie lange war das jetzt schon her? Vier Tage? Fünf Tage? Eine kleine Ewigkeit auf seinem Weg nach Hause.

Obwohl er nur wenig geschlafen hatte, fühlte er sich gut. Eine eigenartige Ruhe, wie er sie lange nicht mehr gespürt hatte, kam über ihn. Er wusch sich und warf nach dem Rasieren einen letzten Blick auf sein Spiegelbild. Er verharrte lange dabei, dann nickte er sich selbst wie zum Abschied zu. Einer Eingebung folgend nahm er den Kieselstein, sein Andenken aus dem Rhein, von der Kommode, ließ ihn in einen Strumpf gleiten und steckte ihn in die rechte Jackentasche. Er ließ seinen Blick noch einmal durch das Zimmer schweifen, stieß eines der schwebenden Flugmodelle an und sagte zu ihm: »Komm zurück, Leo!«

In der Küche herrschte Hektik. Agnes bewegte sich ständig zwischen der Speisekammer, dem Herd und dem Küchentisch hin und her. Der Rucksack lag aufgeschnürt auf dem Tisch und daneben standen schon ein Teller und eine Tasse für Georgs letztes

Frühstück. Als er sein Wäschebündel in den Rucksack hineinschob, bemerkte er, dass sich schon etwas darin befand.

»Ich habe dir noch ein altes Handtuch und ein Stückchen Kernseife hineingepackt. Du musst dich doch unterwegs auch mal waschen können!«

Agnes kam mit einem Korb am Arm aus der Speisekammer zurück und stellte ihn neben den Rucksack auf den Tisch. Sie breitete einige Bögen Fettpapier aus und wickelte den Inhalt des Korbes darin ein, fünf fingerdicke Scheiben Schinken, ein handbreites Stück Speck, ein dicke Leberwurst und ein selbstgebackenes Brot. Zu guter Letzt kam noch eine Tüte mit Kartoffeln zum Vorschein.

»Damit du uns unterwegs nicht verhungerst und betteln gehen musst«, kommentierte Agnes ihr geschäftiges Treiben und schob ihm die Schätze zu. Mit diesen Dingen hätte er im Lager gut eine Woche oder mehr überleben können. Agnes hatte ihm wieder den Rücken zugewandt und war am Herd beschäftigt. Kurz darauf lag ein opulentes Omelett mit Schinken auf seinem Teller.

»Nun iss! Du kannst noch mehr haben. Du hast ja heute noch einiges vor dir.« Dabei verstaute sie noch ein paar Stullen in seinem Kochgeschirr und füllte seine Wasserflasche mit Muckefuck.

Dann ging alles sehr schnell, wie es bei eiligen Aufbrüchen immer ist. Josef kam vom Hof herein und drängte: »Das wird heute wieder ein heißer Tag. Wir sollten die Morgenfrische nutzen. Hektor ist schon ganz ungeduldig.«

Georg schnappte den Rucksack und drehte sich nach Agnes um. Sie stand in der Tür und wartete auf ihn. Er setzte den Rucksack ab und nahm sie in die Arme. Er wollte ihr so vieles sagen, ihr für all das danken, was sie in den letzten Tagen an ihm, dem Fremden, getan hatte. Sie und Josef. Dass sie ihn wie selbstverständlich bei sich aufgenommen und wie ihren eigenen Sohn behandelt hatten.

Ihre Hand glitt über seinen Kopf, blieb auf seiner Wange liegen und strich sanft über die Narbe. Dann zog sie seinen Kopf zu sich herunter und küsste ihn auf die Stirn.

»Pass gut auf dich auf und melde dich irgendwie, wenn du zu Hause angekommen bist, und grüße deine Familie von uns!«

»Das mach ich. Bestimmt! Und gebt die Hoffnung nicht auf! Leo kommt zurück, so wie ich auch nach Hause komme. Gebt mir bitte auch Nachricht, wenn er da ist … und grüßt ihn von mir!«

Sie nickte dankbar. Er löste sich von ihr und ging auf den Leiterwagen zu. Josef drängte wieder und hielt ihm die Plane hoch, die er über den Wagen geworfen hatte.

»Wir müssen los, Georg, das Dorf wird gleich wach!«

Bevor Georg unter die Plane kroch, drehte er sich noch einmal um und winkte Agnes zu. Sie winkte mit einer unendlich traurigen Bewegung zurück. Dann ließ er die Plane herabfallen und legte sich, lang ausgestreckt, den Rucksack unter dem Kopf, auf den Boden des Wagens. Das Fahrrad war an eine Seite der Leiterwand gelehnt. Josef saß vor ihm auf einer Kiste, die er als Bock benutzte. Der Wagen rumpelte unter dem gleichmäßigen Geklapper der Hufe zum Hof hinaus.

Nach einer Weile hielt der Wagen an und er hörte Josefs Stimme.

»So, Georg, du kannst jetzt rauskommen. Wir haben das Dorf hinter uns.«

Georg kroch unter der Plane hervor und setzte sich neben Josef auf die Kiste. Sie befanden sich auf der leicht gewellten Hochebene, die er vom Lager aus als dunkle Masse jenseits des Rheins hatte liegen sehen. Er sah sich um. Alles war so friedlich hier. Und so grün. Unzählige Grüntöne flossen konturlos ineinander und bildeten neue Grüns, die, je weiter sie entfernt waren, allmählich in Blau übergingen und mit einem Himmel verschmolzen, der wolkenlos darüber hing. Ein großer Schwarm Stare lärmte durch das endlose Blau und benutzte es als Spielwiese. Der unendlich scheinende lockere Vogelschwarm folgte den Anweisungen eines unsichtbaren Choreographen und ballte sich plötzlich zu einem einzigen ineinanderfliegenden Haufen zusammen, der auf- und niederstieg, um dann abrupt die Gegenrichtung einzuschlagen, nur um sich aufzulösen und als lockerer Schwarm, so, wie er begonnen hatte, wieder der alten Richtung zu folgen.

Vom Rhein war nichts zu sehen. Irgendwo in dem verschwimmenden blauen Dunst verbarg er sich in westlicher Richtung in seinem Graben zusammen mit dem Lagerelend an seinen Ufern. Krumbiegl, Randauer, Steinmetz, Schulte …, Namen, die zu Gesichtern gehörten, die mehrere Jahre lang Tag für

Tag um ihn herum gewesen waren, Namen und Gesichter jenseits des Grabens, zum Greifen nahe und doch schon so weit weg ...

»Wir haben noch ein Stück vor uns bis zu dem Waldweg, von dem aus du ins Wiedtal runterkommst«, drang Josefs Stimme zu ihm durch. Er rief ihm noch einmal die Karte mit dem Verlauf der Straße ins Gedächtnis. Sie folge wie ein Korkenzieher den Windungen des Flusses. Daher müsse er sich den Kurven vorsichtig nähern, um Gefahren rechtzeitig ausweichen zu können. Hinter der Autobahnbrücke, die das Flusstal kurz vor Neustadt überquere, müsse er dann nach einer weiteren Schleife des Flusses das Tal verlassen und die Stadt rechts liegen lassen. Plötzlich zog Josef die Zügel an und Hektor wurde langsamer, bis er ganz ruhig stand.

»Hörst du das? Da sind Stimmen!« Josef wies mit der Peitsche auf den gegenüberliegenden Straßengraben. Die Stimmen wuchsen aus dem Graben heraus, wurden lauter, bekamen Köpfe und Gesichter, dann Oberkörper, und schließlich standen ein Mann und drei Frauen, von denen eine einen kleinen, mageren Jungen an der Hand hielt, am Straßenrand. Es war ein Bild des Jammers. Die Nacht hatten sie offenbar in dem Graben verbracht und waren durch das näherkommende Pferdegetrappel aufgewacht. Sie sahen müde und übernächtigt aus. Der Kleine mochte etwa sechs Jahre alt sein. Er hielt die Hand seiner Mutter fest umklammert und sah mit großen Augen zu Josef und Georg herüber. Dann barg er seinen Kopf in ihrem Mantel. Die Mutter des Kleinen schien die jüngste der Frauen zu sein. Georg sah in ihr Gesicht und schätzte sie auf etwa dreißig Jahre. Sie hätte aber auch schon fünfzig sein können. Auch die anderen Frauen und der Mann waren altersmäßig kaum einzuschätzen: Graue Gesichter, eingerahmt von fahlen Haaren, die noch vom Schweiß des Tages zusammenklebten. Sie schienen ihm auf eine traurige Art alterslos zu sein.

Ihr Anblick bestätigte all das, was Agnes und Josef ihm über die Menschen da draußen erzählt hatten und was er aus den Rundfunkmeldungen der letzten Tage hatte schließen können. Diese Menschen da drüben waren Hamsterer auf der Suche nach Nahrungsmitteln. Außerhalb des Rheinwiesenlagers hatte Georg noch nie so erbarmungswürdige Menschen gesehen. Sie mussten wohl auf der Suche nach einem Ort, in dem sie um Nahrungsmittel betteln konnten, vom Weg abgekommen sein und waren dabei von der Nacht überrascht worden. Am meisten irritierte Georg die Kleidung, die sie trugen. Sie waren für diese Jahreszeit und für das Wetter, das im Augenblick herrschte, falsch angezogen. Georg wurde es schon jetzt in den frühen Stunden dieses Morgens in seiner Jacke zu warm. Diese Menschen trugen Strickjacken und Pullover und darüber dicke Wintermäntel! Vielleicht war es das Letzte, was sie noch an Kleidung besaßen, und sie trugen es deshalb an sich herum?

Josef stieß Georg an, wies mit dem Kinn in die Richtung der Gruppe und bestätigte seine Vermutung.

»Hamsterer! Aber von der ganz armen Sorte! Schau dir ihre schlappen Rucksäcke an. Da ist wirklich nichts drin, was sich eintauschen ließe!«

Der Mann löste sich von den Frauen und kam auf den Wagen zu. Er lüftete seinen Hut und grüßte Josef und Georg. Seine Stimme war sanft wie die eines resignierten Klavierlehrers. Er wandte ihnen ein müdes altes Gesicht zu, wies mit einer fahrigen Bewegung auf die Frauen und erklärte ihnen ihre Situation.

»Wir kommen unten aus dem Rheintal und sind auf der Suche nach Bauernhöfen hier in der Umgebung, wo wir ein paar Nahrungsmittel eintauschen können. Wir sind schon seit gestern unterwegs und haben uns verlaufen. Wir haben die Nacht in dem Graben dort verbracht. Könnten Sie uns bitte den Weg zum nächsten Dorf zeigen?«

»Da haben Sie aber einen schönen Trampel hinter sich!«

Josefs mitfühlende Worte brachten Bewegung in die Frauen. Sie kamen langsam auf den Wagen zu und blickten Josef und Georg erwartungsvoll an. Der Kleine hielt sich noch immer im Mantel seiner Mutter versteckt und stolperte auf seinen dünnen Beinen hinter ihr her. Josef beugte sich zu ihnen herunter und wies mit dem Peitschenstiel in die Richtung, aus der er gerade gekommen war. Georg hörte, wie er ihnen den Weg zu seinem Hof beschrieb.

»Sagt der Bäuerin, Josef hätte euch geschickt. Wenn ihr mit Kartoffeln und ein paar Steckrüben zufrieden seid, wird sie euch welche geben. Und Milch für den Kleinen hat sie bestimmt auch.«

Die junge Frau drängte ihre Hand in die des verdutzten Josef und sagte leise: »Danke!«

Josef nahm verlegen den Zügel auf und legte dem Wallach die Peitsche auf die Kruppe. Er schnalzte kurz mit der Zunge, und der Wagen ruckelte an. Die Hamsterer verharrten noch eine Weile am Wegesrand und machten sich dann mit schleppenden Schritten auf den Weg.

Früher, als Georg es erwartet hatte, kamen sie zu der Stelle, an der Josef ihn absetzen wollte. Ein kurzer Zug am Zügel brachte den Wallach zum Stehen. Von der anderen Straßenseite ging ein mit Gras bewachsener Feldweg ab, der sich eine leichte Bodenwelle hinaufzog und dahinter in einem Waldstück verschwand.

»Wir sind da, Georg!« Josef schlug ihm auf die Schulter und sprang von der Kiste herab auf die Straße. Er löste die Plane auf seiner Seite des Wagens, und Georg reichte ihm das Fahrrad herunter. Dann warf er sich den Rucksack auf den Rücken und sprang hinterher.

Es wurde ein Abschied ohne viele Worte. Sie hielten ihre Hände lange umklammert und drückten sie sich immer wieder gegenseitig. Es war ihnen, als würden sie sich schon ein Leben lang kennen. Schließlich nahm Josef seine Mütze vom Kopf und kratzte sich verlegen hinter den Ohren.

»Viel Glück, Georg! Ich bleibe hier stehen, bis du drüben bist!« Er wies auf den Waldrand. »Vielen Dank! ... für alles! Und sag Agnes … du weißt schon was …!«

Georg drückte Josef noch einmal an sich und schwang sich aufs Rad. Das Rad machte noch ein paar Schlenker auf dem unebenen Boden, bis er Tritt gefasst hatte, dann lief es ruhig in der Spur. Als er die Kuppe erreicht hatte, hielt er an und drehte sich um.

Josef stand neben Hektor und winkte wie ein Ertrinkender mit beiden Armen zu ihm herüber. Georg winkte zurück und rollte dann den Hang hinunter. Er war wieder allein.

Kämpfe

Sonnenstrahlen tanzten wie verspielte Schmetterlinge auf dem Weg vor Georg her. Er trat gleichmäßig in die Pedale und genoss das unbeschwerte Dahingleiten den sanft abfallenden Waldweg entlang. Das Rad klapperte nur, wenn eine Unebenheit auf dem Weg war.

Sie hatten den Ort des Überfalls gut gewählt. Der Weg wurde hier steiler und führte durch einen längeren, schmalen Hohlweg, der einen leichten Bogen nach rechts machte. Dort standen sie plötzlich mitten auf dem Weg. Das Überraschungsmoment lag auf ihrer Seite. Georg trat so scharf in den Rücktritt, dass es quietschte. Das Rad stellte sich quer und kam kurz vor den drei Männern zum Stehen.

Georg wusste sofort, was ihm bevorstand. Seine Hände verkrampften sich um die Lenkstange und wurden feucht. Eine Flucht zurück hatte keine Aussicht auf Erfolg. Dazu hätte er, das Fahrrad schiebend, bergauf laufen müssen, und dabei hätten sie ihn sehr schnell eingeholt. Die Flucht vom Weg herunter in den Wald hinein war wegen der steilen Hänge des Hohlweges ebenfalls aussichtslos. Das Fahrrad war er dann in jedem Fall los. Er saß in der Falle!

Es gab nur zwei Möglichkeiten, wie diese Begegnung ausgehen konnte. Am wahrscheinlichsten war, dass er hier und jetzt, kaum dass er die Sicherheit des Wennebach'schen Hofes verlassen hatte, niedergeschlagen, verprügelt, ausgeraubt und hilflos zurückgelassen wurde. Eine unbändige kalte Wut stieg in ihm hoch. Nein, dazu war er heute Morgen nicht aufs Rad gestiegen, um schon nach den ersten Kilometern auf seinem Weg nach Hause von diesen Schießbudenfiguren aufgehalten zu werden! Er musste also die zweite Möglichkeit in Betracht ziehen: Seine Haut so teuer wie möglich zu verkaufen und zu versuchen, sich hier wieder herauszuprügeln.

Die drei riefen sich Worte in einer ihm unbekannten Sprache zu. Er hatte es hier wohl mit Dipis zu tun. Sie sahen wirklich wie arme Schweine aus – aber wie gefährliche arme Schweine! Die Art und Weise, wie sie aufgetaucht waren, und die Wahl des Ortes ließen darauf schließen, dass sie mit Überfällen dieser Art schon Übung besaßen. Es waren drei ganz und gar unterschiedliche Gestalten. Derjenige, der rechts von ihm am nächsten stand, war etwas kleiner als er und erinnerte ihn auf eine fatale Weise an Arschgesicht. Er schien ihm auch der gefährlichste der drei zu sein. So wie Arschgesicht unter seinen Kameraden war auch dieser Kerl der Wohlgenährteste. Anscheinend gab es diesen Typen überall auf der Welt.

An den beiden anderen war das lange Lagerleben längst nicht so spurlos vorübergegangen. Sie zeigten alle Merkmale, die ein vom Hunger ausgezehrter Körper nur aufweisen kann. Der Mann in der Mitte des Weges hatte etwa Georgs Größe. Auf seinem ausgemergelten Körper saß ein riesiger Kopf, der irritierenderweise ständig hin- und herwackelte und nicht stillstehen zu können schien. Das Gefährlichste an diesem Mann war ein kurzes Eisenrohr, das er mit großen knochigen Händen umklammerte. Georg war sich sicher, dass er es auch benutzen würde. Direkt neben ihm stand der hässlichste Mensch, den Georg je gesehen hatte. Er war klein und dünn. Es war das Gesicht, das ihn abstieß und gleichzeitig eine merkwürdige Faszination auf ihn ausübte. Der Kopf ähnelte einem Frettchen und steckte wie eingekeilt zwischen den mageren Schultern, was diesen Eindruck noch verstärkte. Eine lange spitze Nase, tief liegende Augen, ein fliehendes Kinn und eine flache Stirn, hinter der kleine verkrüppelte Ohren aus einem schütteren Haarkranz herausragten, das alles nahm Georg in einem Sekundenbruchteil wahr. Auch das Frettchen hielt ein kurzes Eisenrohr in der Hand.

»Gipp Farratt! Gipp Rucksack! Sofott,... sonst tott!«

Die Stimme des Feisten traf ihn, während er fieberhaft nach einem Ausweg suchte. Er wandte sich der schnarrenden Stimme zu und blickte in ein Paar ausdruckslose Augen.

»Los, gipp herr! Sonst tott!«, wiederholte der Feiste und öffnete, um seiner Drohung Nachdruck zu verleihen, den eleganten dunklen Zweireiher, den er gewiss jemandem abgepresst hatte, und zeigte Georg, was sich darunter verbarg. Für einen ehemaligen Lagerhäftling hatte er noch einen beträchtlichen Bauchumfang. Hinter dem Gürtel steckte griffbereit eine Null-Acht Parabellum, auf die er jetzt betont langsam eine Hand legte.

Die Pistole machte die ganze Situation unkalkulierbar. Der Kerl, das stand fest, würde ohne Rücksicht von dem Ding Gebrauch machen. Immer deutlicher wurde Georg bewusst, dass seine Ausgangslage für einen Angriff auf die drei außerordentlich ungünstig war. Das größte Hindernis war dabei das Fahrrad, denn es war einem Angriffsversuch oder einer Verteidigung im Wege. Wenn er es fallen ließe, läge es zwischen seinen Beinen auf dem Boden. Er würde sofort ins Stolpern geraten, und das wäre dann schon der Anfang vom Ende – von seinem Ende!

Sein Blick glitt noch einmal über die drei Kerle, und plötzlich stand ihm die einzige Möglichkeit, sich aus dieser Falle zu befreien, klar vor Augen. Alle Anspannung wich von ihm. Seine Hände entkrampften sich, und er lockerte den Griff um die Lenkstange. Langsam nahm er die Hände vom Lenker, hob sie leicht an und senkte dabei den Kopf, um so eine Art Kapitulation anzudeuten und sagte, den Feisten im Auge behaltend, mit zittriger Stimme: »Ist gut, in Ordnung, hier hast du!«

Dann legte er das Fahrrad auf den Boden und stieg darüber hinweg. Dabei kam er dem Feisten einen guten Schritt näher. Der durfte jetzt auf keinen Fall die Pistole ziehen und durchladen! Entgegen seiner Gewohnheit, den Rucksack zuerst von der rechten Schulter zu lösen, zog er seinen linken Arm aus dem Schulterriemen und schwang ihn wegen des ungewohnten Bewegungsablaufs recht unbeholfen um die rechte Schulter herum. Für einen Augenblick war sein rechter Arm für den Feisten nicht zu sehen. Er tat, als habe er sich in der Aufregung verheddert, griff in die Jackentasche und erfühlte den Strumpf mit dem Stein darin, fasste das Ende des Strumpfes und zog ihn mit einer fließenden Bewegung heraus. Während er dem Feisten den Rucksack vor die Füße warf, schwang er gleichzeitig den Steinstrumpf hoch über seinen Kopf. In dem Augenblick, in dem der Feiste nach dem Rucksack greifen wollte, traf ihn der Stein mit voller Wucht an der Schläfe.

Später erinnerte sich Georg daran, dass er nach dem Schlag in ein lautes Gelächter ausgebrochen war. Das Bild, das ihm dabei wieder vor Augen stand, hatte auch etwas ungemein Lächerliches an sich. Der Feiste hatte gerade mit beiden Händen gierig nach dem Rucksack greifen wollen, als ihn der Stein traf, und war dann mitten in seiner Bewegung unterbrochen worden. Für einen Augenblick schien er innezuhalten, dann fiel er nach hinten auf seinen dicken Hintern. Mit den weit vorgestreckten Händen sah er wie ein Pianist aus, dem man in dem Augenblick, in dem er die Hände auf die Tasten legen will, den Schemel wegzieht, auf den er sich gerade setzen wollte.

Der zweite Schlag, den Georg von unten nach oben führte, noch bevor der Feiste auf seinem Hinterteil gelandet war, traf den langen Dünnen mit dem Wackelkopf am Unterkiefer, und das genauso unverhofft, wie es zuvor den Feisten getroffen hatte. Er hörte es knacken, und dann lief dem immer noch wackelnden Kopf ein dünner Blutfaden aus dem Mund. Der Getroffene sank zu Boden, krümmte sich zusammen, verschwand fast ganz in seinem Mantel, hielt sich den Kopf und wimmerte. Er sah wie eine Riesenschildkröte aus, die sich in ihren Panzer zurückzieht. Das Frettchen hatte sein Eisenrohr weggeworfen und versuchte, über einen der Steilhänge des Hohlwegs zu fliehen. Georg zog ihn an einem Bein wieder auf den Weg zurück und verabreichte ihm ein paar kräftige Ohrfeigen. Dann zeigte er in die Richtung, aus der er selbst gekommen war und schrie ihn an: »Hau ab!«

Das Frettchen krabbelte ein paar Meter auf dem Boden, kam auf die Füße und rannte stolpernd den Weg hinauf. Bevor er hinter der Kuppe verschwand, drehte er sich noch einmal um und stieß Verwünschungen in Georgs Richtung aus. Georg sammelte die Eisenrohre auf und schleuderte sie über die Hohlwegkanten in den Wald. Dann ging er auf den Feisten zu, der gerade wieder zu sich kam, und zog ihm die Pistole aus dem Gürtel. Mit einem verständnislosen Blick schaute der Mann zu Georg hoch und hielt ihm abwehrend die Hände entgegen, als er die Pistole auf sich gerichtet sah. Georg lud die Pistole durch und entsicherte sie. Als er die Pistole auf den Feisten richtete, rutschte er auf dem Hintern von Georg weg und fuchtelte mit den Armen hin und her. Dabei kreischte er etwas Unverständliches. Georg schoss zwei Mal zwischen seine Beine in den Boden. Der Feiste schlug die Hände vors Gesicht und kreischte wieder. Die Schüsse verblafften in dem Hohlweg. Georg sicherte die Pistole und steckte sie hinter seinen Gürtel.

Das war hoffentlich das letzte Mal, dass ich auf einen Menschen geschossen habe, versprach er sich. Der Feiste hatte sich auf dem Boden zusammengerollt und versteckte seinen Kopf zwischen seinen Armen. Georg schwang sich den Rucksack auf den

Rücken und nahm das Fahrrad auf. Er warf noch einen Blick auf die am Boden liegenden Jammergestalten und war sich sicher, dass das Frettchen ihn von irgendwoher beobachtete.

Zufriedenheit über den glücklichen Ausgang wollte aber nicht so recht in ihm aufkommen, es war mehr eine grenzenlose Erleichterung, die ihn erfasst hatte. Jetzt bemerkte er auch erst, dass sein ganzer Körper in Schweiß gebadet war. Er öffnete die Jacke und ließ den kühlen Fahrtwind an sich heran. Nach einer Weile, als der Waldweg wieder leicht anstieg, hielt er an und zog die Pistole aus dem Gürtel. Mit geübten Fingern entnahm er das Magazin und warf es in den Wald. Ein weiterer Griff öffnete den Verschluss der Pistole, und schließlich hielt er ihre Einzelteile in der Hand. Dann warf er sie mit weit ausholenden Bewegungen in verschiedene Richtungen.

Erleichtert stieg er aufs Rad und trampelte die leichte Steigung hinauf. Nach einer Weile musste er absteigen, weil der Weg zunehmend zu einem überwucherten Pfad wurde und sich steiler werdend zwischen glattstämmigen Buchen hindurchschlängelte. Hin und wieder meinte Georg weit unten zwischen den Stämmen das Band der Straße zu sehen. Dann fuhr er direkt auf sie zu. An der Einmündung stieg er ab, um sich zu orientieren.

Auf seiner Seite der Straße reichte der lichte Buchenwald bis an den Straßenrand. Zwischen den Bäumen trafen die wie Scheinwerfer durch das Blätterdach dringenden Strahlen der Morgensonne auf eine dicht gewebte Matte aus Bärlauch und Waldmeister und brachten die weißen Blüten zum Leuchten. Die Straße, die jetzt vor ihm lag, verschwand nach wenigen hundert Metern in einer Rechtskurve hinter einem steilen Hang. Jenseits der Straße kam ihm der schmale Fluss entgegen und schmiegte sich an die Straßenböschung. Auf der anderen Seite des Flusses erstreckte sich bis zu einem wohl hundert Schritte entfernten Waldrand eine feuchte Wiese, die von sonnengelbem Hahnenfuß übersät war. Gestört wurde die friedliche Szenerie nur durch die unübersehbaren Relikte des Krieges. Ein zerschossener amerikanischer Panzer stand mitten im Fluss und staute das Wasser, das mit hell aufschäumender und sich überschlagender Welle wütend an ihm vorbeidrängte. Dahinter lagen auf seiner Seite der Straße zwei ausgebrannte Wehrmachtslastwagen zusammengedrückt im Straßengraben.

Eine plötzliche blaugefiederte Bewegung nahm Georgs Aufmerksamkeit in Anspruch. Ein Eisvogel flatterte im Rüttelflug von seinem Ansitz über das Wasser, stürzte senkrecht hinein, kam mit etwas Zappelndem im Schnabel wieder daraus hervor und flog pfeilschnell zu seiner Bruthöhle in der Abbruchkante am anderen Flussufer.

Georg schwang sich aufs Rad und folgte der Straße flussaufwärts. Sie lag still und unberührt vor ihm, und die Sonnenstrahlen flossen wie flüssiges Silber über die Blaubasaltpflasterung vor ihm her. Er trat kräftig in die Pedale und freute sich über jeden Meter, den er vorankam. Das Rad rollte fast von selbst, und er konnte in aller Ruhe die Landschaft wie auf einem Sonntagsausflug genießen.

Die Straße schlängelte sich mit vielen Windungen durch das Flusstal. Hinter jeder Biegung überraschte sie ihn mit neuen Ausblicken, und einige Male hatte er das Gefühl, an der heimatlichen Lenne entlangzuradeln. Er kam jetzt immer öfter an zerschossenem Kriegsgerät vorbei. Hier hatten tatsächlich noch heftige Kämpfe stattgefunden, und das zu einer Zeit, als er schon am anderen Rheinufer im Lager gesteckt hatte. Einmal hörte er hinter sich das schnell näherkommende Brummen schwerer Motoren. Noch während er versuchte, das Geräusch einzuordnen, war es neben ihm und dann auch schon vorbei.

Für einen Augenblick erfasste ihn Panik. Er beugte sich über den Lenker, zog den Hut tiefer in die Stirn und fuhr langsamer. Aber da waren die beiden amerikanischen Armeelastwagen schon hinter der nächsten Kurve verschwunden. Georg atmete tief durch. Die Straße war wohl doch nicht so ganz ungefährlich. Den nächsten Kurven, besonders den Rechtskurven, näherte er sich jetzt vorsichtiger. Plötzlich öffnete sich das Blätterdach, das die Straße teilweise überwölbte, und er sah die Autobahnbrücke vor sich liegen, von der Josef gesprochen hatte. Nach dem Stand der Sonne musste es jetzt früher Vormittag sein, und demnach hatte er schon ein schönes Stück Weg hinter sich gebracht. Er fuhr unter der Brücke hindurch und kam bald darauf an einen Punkt der Straße, wo sie mit einer scharfen Rechtskurve hinter einem hoch aufragenden Felsklotz verschwand. Doch kaum hatte er ihn umfahren, als er die Straße und das, was ihm darauf entgegenkam, verfluchte. Die Straße war von hier aus bis zur nächsten Kurve weit zu überblicken.

Rechts von ihm und der Straße stieg der bewaldete Hang in mehreren Stufen zu einer beträchtlichen Höhe an. Links der Straße schmiegte sich der Fluss eng an den mit Steinplatten befestigten Straßendamm. Und auf der Straßenmitte kam ihm ein mit drei Mann besetzter amerikanischer Jeep entgegen.

Wieder erfasste ihn Panik. Ausgerechnet am übersichtlichsten und für ihn ungünstigsten Teil der Strecke musste das passieren! Er verwünschte seine Unbekümmertheit. In seinem Kopf stolperte auf einmal eine Strategie über die andere: Spiel den Unbekümmerten, den Ahnungslosen, den, der selbstverständlich das Recht hat, hier mit dem Fahrrad unterwegs zu sein, fahr ganz ruhig weiter, als befändest du dich auf einem Sonntagsausflug, schau geradeaus, schau nicht zu ihnen hinüber, schau sie freundlich an – nein, spiel den in Gedanken Versunkenen, den munteren Vogel, pfeif ein Lied – nein, um Gottes Willen!, nur das nicht!, das provoziert!, Deutsche können jetzt nicht fröhlich sein, also schau stur geradeaus und trampel, tritt in die Pedale! – nein, das auch nicht, das könnte nach Flucht aussehen! Sein Herz raste und das Blut pochte in seinen Schläfen. Der Jeep kam näher. Warum um alles in der Welt hatte er nur die Pistole weggeworfen? – Sei froh, dass du sie nicht mehr hast! Sein Verstand spielte Achterbahn.

Als der Jeep nahe an ihm vorbeifuhr, spürte er den Fahrtwind. Alle drei Insassen trugen Felduniformen und Stahlhelme. Auf dem Helm des Beifahrers bemerkte er einen weißen senkrechten Strich, der ihn als Leutnant auswies. Und noch etwas erkannte er in dem kurzen Moment des Vorbeifahrens. Sie hatten junge, frische Gesichter, College-Gesichter unter Stahlhelmen, wie viele der jungen Amerikaner, die das Lager bewachten, und das machte ihm Angst; Angst, dass sie sich beweisen wollten. Als der Jeep hinter dem Felsvorsprung verschwand, atmete er tief durch und legte sich in die Pedale. Dann drangen Geräusche, durch den Felsvorsprung gedämpft, zu ihm, wie sie ein Fahrzeug macht, das ein Wendemanöver durchführt.

Oh Gott! Nein!, dachte er und sah die Straße hinunter, die immer länger wurde. Das Motorengeräusch kam zurück, kam immer näher, und dann war der Jeep fast neben ihm. Irgendetwas wurde ihm zugerufen, das er nicht verstand und das ihn wohl zum Anhalten aufforderte. Die Folgen, die sich daraus für ihn ergeben würden, waren ihm nur zu klar. Das Fahrrad würde einkassiert und er wieder ins Lager gesteckt – und dann doch noch ab nach Frankreich! Nein, so weit würde es nicht kommen! Auch wenn er das Fahrrad auf jeden Fall verlieren würde!

Er trat scharf in den Rücktritt und kam fast augenblicklich zum Stehen. Für den Fahrer des Jeeps kam das zu plötzlich. Georg sprang vom Rad herunter und war nun froh, dass es ein Damenrad war. Er lief noch ein paar Meter damit, warf es dem herankommenden Jeep vor die Räder, hechtete über den Graben in den Waldrand hinein, fand Halt an einem jungen Baum und schwang sich an ihm herum ins Unterholz, das unter seinem Ansturm brach.

Das Fahrrad verkeilte sich zwischen den Vorderrädern des Jeeps, dadurch wurde er für den Fahrer manövrierunfähig. Mit einer panikartigen Bremsaktion brachte er ihn schließlich quer zur Straße zum Stehen. Irgendwie bekam Georg noch mit, dass der Soldat, der auf der Rückbank gesessen hatte, aus dem Jeep herausgeschleudert wurde. Dort, wo sich Georg jetzt befand, hatte ein Bachlauf, der jetzt ausgetrocknet war, eine nach unten zur Straße hin immer breiter werdende Abflussrinne geschaffen. Wenn er hier überhaupt ungeschoren davonkommen konnte, dann ging es nur über diese Rinne nach oben. Mit dem Mut der Verzweiflung machte er sich daran, auf allen Vieren die Rinne hinaufzusteigen. Alles, was er greifen konnte, benutzte er, um sich daran hochzuziehen. Er schlug die Stiefelspitzen in den trockenen Waldboden und schob sich halb kriechend und halb ziehend nach oben. Als ein Ast brach, an den er sich gerade geklammert hatte, rutschte er wieder ein paar Schritte zurück, was neue Panik in ihm auslöste.

Von der Straße her schallten Rufe zu ihm herauf. Dann knallte es. Unter ihm und neben ihm schlugen die Geschosse aus einer automatischen Waffe ein. Eines davon kam ihm so nahe, dass ihm Dreck ins Gesicht spritzte. Dann mischte sich eine zweite Maschinenpistole ein – anscheinend war der zweite Mann wieder auf den Beinen. Die Rufe wurden lauter, also kamen sie ihm auch schon näher. Georg schaute zur Kante des Hanges hinauf und erschrak. Es waren zwar kaum mehr als zehn Schritte, die ihn von ihr trennten, dafür wurde der Hang aber zusehends steiler. Unter sich hörte er das Brechen von Zweigen und metallische Geräusche, wie sie beim Laden von Schusswaffen entstehen. Wieder schlugen Geschosse bedrohlich nahe bei ihm ein. Abgeknickte

Äste, an denen er sich festzuklammern versuchte, zerkratzten seine Hände, junge, biegsame Zweige schnellten in sein Gesicht und nahmen ihm sekundenlang den Atem. Und wieder hörte er die Geräusche des Nachladens, und wieder tasteten sich die Geschosse an ihn heran. Er wunderte sich. Entweder waren sie lausige Schützen, oder sie trieben ein Spiel mit ihm.

Dann erfasste seine Hand etwas Raues, Rissiges, Rundes, an dem er sich endlich über die Kante ziehen konnte. Er lag schon mit dem Bauch auf der Kante und wollte sich auf den Rücken drehen, aber der Rucksack behinderte ihn dabei. So kroch er noch ein paar Schritte weiter und fand sich schließlich neben einem Stapel aufgeschichteter Buchenstämme von einer guten Mannslänge wieder. Vorsichtig richtete er sich auf und wagte einen Blick zur Straße hinunter. Wieder wunderte er sich, wie viele Einzelheiten ein Mensch in ärgster Bedrängnis im Bruchteil von Sekunden wahrnehmen kann. Der Leutnant lehnte rauchend an der Rückfront des lädierten Jeeps, und die beiden GIs hatten etwa ein Viertel des Hanges erstiegen und suchten mit ihren Augen den oberen Rand ab. Die Mündungen der MPis folgten dabei den Bewegungen ihrer Köpfe. Nicht mehr lange, und sie würden hier oben sein und ihn verfolgen. Und ihn dann bestimmt auch erwischen.

Wenn ich jetzt eine Waffe hätte!, ging es ihm durch den Kopf. Ein Überraschungsangriff wie auf dem Rückzug in der Normandie, den er allein und gegen alle Regeln der Vernunft, nur aus einem grenzenlosen Gefühl der Ohnmacht heraus geführt hatte, drängte sich in seine Gedanken. Hier war aber nicht die Normandie!, rief er sich zur Ordnung. Aber auch dort hatten Amerikaner auf ihn geschossen. Und nur deshalb hatte es – für ihn selbst und für seine Kompanie – damals ein gutes Ende genommen.

Die Tage, die hinter ihnen lagen, hatten auf beiden Seiten viel Blut, Schweiß und Tränen gesehen. Pausenlose Luftangriffe der Alliierten auf die gut befestigten Stellungen der Wehrmacht, von der deutschen Luftwaffe kaum gestört, hatten die Kleinstadt Falaise in der Normandie dem Erdboden gleichgemacht. Die meisten Einwohner waren schon Tage zuvor geflüchtet. Endlich konnten sie sich nun ausruhen und umschichtig eine Mütze voll Schlaf nehmen.

Georgs Kompanie zahlte in diesen letzten Augusttagen des Jahres vierundvierzig einen hohen Blutzoll. Ständiges Vorstoßen und Zurückziehen zehrte an ihren Kräften und forderte ihnen das Letzte ab. Schlaf und Verpflegung gab es nur in kleinen Raten. Dazu ließ das Donnern der Geschütze, das Rasseln von Panzerketten, das Geknatter automatischer Waffen, das Brummen schwerer Flugzeugmotoren und das anschließende Heulen und Detonieren der Bomben alles an Gefühlen in ihnen abstumpfen. Sie reagierten mechanisch, aufgezogen oder abgestellt. Georg wusste nicht, was schlimmer war, die Kakophonie der Detonationen oder das darauf folgende an den Nerven zerrende Schreien und Stöhnen der Getroffenen. Verständigung untereinander war nur durch Schreien oder Gestikulieren möglich. Nach jedem Zählappell wurde die Zahl der noch kampffähigen Männer klei-

ner. Allein Georgs Gruppe war auf neun Mann zusammengeschrumpft.

Die Alliierten setzten ihre Angriffe ununterbrochen fort, als verfügten sie über ein unerschöpfliches Reservoire an Material und Menschen. Aufklärungseinheiten hatten inzwischen festgestellt, dass die Alliierten die deutschen Truppen offensichtlich einkesseln wollten. Von Norden rückten Engländer und Kanadier auf Falaise vor und von Süden die Amerikaner.

Dann kam der Augenblick, in dem ein großer Teil ihres schweren Geräts wegen Treibstoffmangels nicht mehr bewegt werden konnte. Sie waren zu einer bewegungslosen Armee geworden.

Bevor die Alliierten aber den Kessel schließen konnten, zogen dichte Wolken am Himmel auf und sorgten für schlechtes Wetter. Die Bomber verloren die Sicht auf erkennbare Ziele und blieben zu Hause. Damit fiel die alliierte Luftaufklärung aus. Diesen Umstand machte sich der Oberbefehlshaber der Heeresgruppe zunutze und befahl, ohne die Erlaubnis des Gröfaz einzuholen, den Ausbruch. Trotzdem geriet die Hälfte der ursprünglich einhundertzwanzigtausend Mann starken Heeresgruppe in Gefangenschaft.

Georgs Kompanie war eine der letzten Einheiten, der der Ausbruch gelang. Dabei geschah etwas für ihn Unvorstellbares. Leutnant Kellner, der mit dem Rest seines Zuges die Nachhut bilden sollte, ergab sich mit einigen seiner Männer einem völlig überraschten kleinen amerikanischen Aufklärungstrupp. Obwohl er mehr als hundert Schritte von ihnen entfernt war, warf er seine Waffe weg und lief ihnen mit erhobenen Händen entgegen. Drei oder vier seiner Männer machten es ihm nach. Als Oberleutnant Ferner davon erfuhr, knurrte er nur: »Hat sich der kleine Scheißkerl doch noch davongemacht!«

Nun lagen sie gut dreißig Kilometer von Falaise entfernt inmitten der bocage, *der typischen normannischen Landschaft mit ihren von Hecken eingezäunten Feldern, die ab und zu von kleineren Buchenwäldern unterbrochen wurden. Die Landschaft erinnerte ihn ein wenig an das Münsterland mit seinen langen, geraden Hecken, die einem ungestörten weiten Blick im Wege standen. Diese Heckenlandschaft barg für die nachrückenden alliierten Truppen große Risiken. Die deutschen Truppen fanden hinter diesen oft kleinparzellierten Flächen mit ihren dichten Hecken hervorragende Verteidigungsmöglichkeiten, die einen schnellen Raumgewinn der Verfolger unmöglich machten. Dies war jetzt auch die Aufgabe von Georgs Einheit. Sie war nun keine Infanteriekompanie mehr. Nach dem Ausbruch aus dem Kessel waren viele Einheiten aus unterschiedlichen Waffengattungen neu zusammengestellt worden. Georgs Einheit bestand jetzt aus den Resten seiner Infanteriekompanie, zwei Marder-Panzerjägern mit 7,5-cm-PAK und einem kleineren Halbkettenfahrzeug mit einer 2-cm-Flak. Sie waren nun eine von vielen kleineren unabhängigen Panzerjägerabteilungen, die den Rückzug der Hauptstreitmacht an den Flanken absichern sollten. Dazu folgten sie dem Hauptteil der Restheeresgruppe mit einem gehörigen seitlichen Abstand. Ihr Weg führte sie dabei über die engen und verwinkelten Sträßchen der* bocage *und machte sie für den Feind nahezu unsichtbar. Zwei im Winkel aufeinander zulaufende dichte Hecken, die auf einem Geländerücken standen, boten ihnen eine verteidigungsfähige Ruhestellung. Die erhöhte Stellung erlaubte einen ungehinderten Blick über die hinter ihnen liegende* bocage. *Nur von dort drohte Gefahr. Bis jetzt hatten sie noch keine Feindberührung gehabt, und sie wünschten sich auch keine. Die Männer brachten ihre Ausrüstung in Ordnung, aßen, ohne Feuer zu machen, und ruhten sich zum ersten Mal seit Tagen wieder aus.*

Gegen Mittag wurde ihre Ruhe gestört. Zuerst hörten sie das Rasseln von Panzerketten und dann den Motorenlärm von Lastwagen. Auf demselben Sträßchen, auf dem sie hierhergekommen waren, näherte sich eine amerikanische Wagenkolonne mit einem Sherman-Panzer an der Spitze als Begleitschutz. Es waren nur wenige Lastwagen. Zwischen ihnen marschierte ein kleines Kontingent Infanterie. Auf dem Panzer hatten es sich fünf oder sechs weitere Soldaten bequem gemacht. Ihr Gelächter drang bis zu Georgs Einheit hinauf. Oberleutnant Ferner wies die Truppe in ihre Stellungen ein und erklärte den einzelnen Gruppen ihre Aufgaben. Die Männer wussten, was sie zu tun hatten. Georg lag mit seiner Gruppe so gut wie unsichtbar im dichten Wurzelgehölz der Hecke. Die Männer waren entsprechend ihrer Aufgaben um Krumbiegls MG postiert. Den kleinen Peters hatte er wie üblich zum Munitionstransport eingeteilt.

Steinmetz, der neben ihm auf dem Boden lag, flüsterte ihm zu: »Die haben sich verfranzt! Ich wette, die wissen gar nicht, wo sie sind, sonst würden sie nicht so einen Lärm machen!«

Georg nickte. »Die tun wirklich so, als wären sie auf einem Sonntagsausflug.«

Oberleutnant Ferner wartete noch mit dem Befehl zum Angriff. Er wollte die ganze Kolonne erst vollständig im Feuerbereich seiner Einheit haben. Aber plötzlich geriet die Bewegung auf der Straße unter ihnen ins Stocken. Die Soldaten, die auf dem Panzer mitfuhren, sprangen hastig herunter und gingen hinter ihm in Deckung, die mitmarschierenden Soldaten verschwanden hinter den Fahrzeugen, und auch die Fahrer verließen ihre Kabinen. Georg hörte wieder Steinmetz flüstern. »Das sind Anfänger! Die suchen hinter den Lastwagen Deckung!«

Irgendetwas musste ihnen die Anwesenheit der Deutschen verraten haben. Der Sherman-Panzer schwenkte seinen Turm und drohte mit der Kanone in ihre Richtung. Dann löste er auch schon den ersten Schuss, der aber weit über die Hecke hinwegging und keinen Schaden anrichtete. Zu einem weiteren Schuss kam er nicht mehr. Der Marder, der an der linken Flanke keine hundert Meter von ihm entfernt hinter der Hecke stand, traf ihn mit seinem ersten Schuss und riss dabei fast den ganzen Turm vom Chassis. Fast gleichzeitig zeigte sich am Ende der Kolonne nach einer heftigen Explosion ein riesiger Feuerpilz, der zusehends in schwarzen Rauch überging und penetrant nach verbranntem Benzin stank. Der letzte Wagen der Kolonne war von dem zweiten Marder getroffen worden, der die andere Flanke sicherte.

Der Konvoi saß fest. Die Amerikaner waren nun zwischen ihren beiden Wracks auf dem schmalen Sträßchen eingekeilt und hasteten zwischen den Last-

wagen hin und her. Sie hatten die tödliche Gefahr erkannt, in der sie sich befanden, und eröffneten ein wildes, unkoordiniertes Feuer aus ihren Handfeuerwaffen. Der Fahrer eines Jeeps versuchte verzweifelt, sein Fahrzeug auf der schmalen Straße quer zu stellen, damit der Schütze sein MG im Heck besser einsetzen konnte.

Oberleutnant Ferner hatte nur gezieltes Feuer auf erkannte Ziele befohlen. Die Amerikaner schossen in ihrer Verzweiflung weiterhin wie wild in die Richtung der Hecken, ohne auch nur ein Ziel zu erkennen. Inzwischen hatte der Fahrer seinen Jeep quer gestellt, und der MG-Schütze versuchte, sich mit mehreren Feuerstößen an die Hecke heranzutasten, die Geschosse rissen aber nur große Rasenstücke aus der Wiese. Eine Westwindböe erfasste den schwarzen Rauchpilz und legte ihn wie einen stinkenden wolkigen Teppich über das Kampfgeschehen. Mit dem Wind kam auch eine Spitfire im Tiefflug heran und versuchte, zwischen den Hecken Ziele auszumachen. Die Einschläge ihrer MGs kamen ziemlich nahe an Georgs Stellung heran, ohne aber irgendeinen Schaden anzurichten. Dabei hüpften sie in einer Doppelreihe wie wild gewordene Frösche über die Felder. Die Flakbesatzung auf dem Halbkettenfahrzeug richtete ihr Geschütz schon auf die zu erwartende Flugbahn bei der Rückkehr der Spitfire ein. Als sie tatsächlich nach ein paar Minuten zurückkam, war sie nicht mehr allein. In ihrem Schlepptau befanden sich zwei Messerschmitt F 109, die von Georgs Einheit mit freudigem Gebrüll begrüßt wurden. Die Spitfire feuerte jetzt nicht mehr. Sie versuchte, der doppelten Bedrohung zu entkommen.

Währenddessen ging das Geschehen am Boden weiter. Georg schaute zu Oberleutnant Ferner hinüber, der seelenruhig seine Ellenbogen auf einen Ast stützte und das Gelände vor sich mit dem Fernglas absuchte. Offensichtlich suchte er nach einer Möglichkeit, die Ladungen, die er auf den Lastwagen des Gegners vermutete, unversehrt in die Hände zu bekommen. Darum hielt er die Marder wohl auch noch zurück. Das erneute Dröhnen von Flugzeugmotoren im Westen ließ Georg wieder aufschauen. Die beiden Messerschmitt kamen unversehrt zurück. Sie drosselten die Geschwindigkeit und beschossen nun ihrerseits die amerikanische Einheit. Als sie abdrehten, wackelten sie ein paar Mal zum Abschied mit den Tragflächen.

»Das waren sie also«, kommentierte Krumbiegl ihr Erscheinen, »die letzten Jagdhunde des dicken Reichsjägermeisters! Danke, ihr Himmelhunde!«

Das Geballere zwischen den Heckenreihen wurde mehr und mehr zu einem Geplänkel.

»Wir müssen unter Umständen noch einen Lastwagen da drüben opfern, um sie aus der Deckung zu holen«, hörte Georg Oberleutnant Ferner zu dem jungen Leutnant sagen, der die Marder und die Flak befehligte.

»Das sehe ich auch so«, erwiderte der Leutnant, der die einzelnen Lastwagen mit dem Fernglas taxierte, um auf die Ladungen zu schließen. In diesem Augenblick feuerte das MG des Jeeps, der jetzt von Georgs Standort aus halb hinter einem Baum verborgen war.

Es waren verzweifelte Schüsse, die, ohne dass er ein Ziel erkannt hatte, von dem Schützen in Richtung Heckenwall abgefeuert wurden. Einen erwischte es: den kleinen Peters, der gerade, eine Munitionskiste hinter sich herziehend, auf Krumbiegls Stellung zugekrochen kam. Die Kugel traf ihn am Hals und durchschlug dabei den Kinnriemen, sodass ihm der Helm vom Kopf fiel.

Georg war zunächst wie erstarrt. Dann robbte er auf den kleinen Peters zu, nahm ihn in den Arm und presste seine andere Hand auf die grässliche Wunde, aus der das Leben in blutigen Strömen herauspochte. Es gab nichts, womit er den unaufhörlichen Blutstrom hätte stoppen können. Einem unerklärbaren Zwang folgend holte er aus einer Tasche seiner Uniformjacke das Tuch heraus, in dem er Maries Blut aufgefangen hatte, und drückte es in die Wunde hinein. Die Augen des kleinen Peters hatten seine gefunden und blickten ihn kindlich verwundert an. Sein Mund bewegte sich, als wolle er ihm etwas sagen.

Georg sah sich wieder auf dem Bahnsteig stehen und die kleine verhärmte Frau auf sich zukommen. Sie hatte einen Arm um ein mageres, verhuschtes Mädchen mit dicken Zöpfen geschlungen und ihn an der Schulter berührt.

»Herr Unteroffizier, darf ich Sie um etwas bitten?«

Ihre Stimme war genau so dünn und zittrig gewesen wie die Hand, mit der sie ihn berührt hatte. In dem allgemeinen Durcheinander, das um ihn herum herrschte, hatte er sich schon abwenden wollen, als ihn der Anblick von Verlorenheit, den diese beiden Menschen inmitten des Lärms boten, auf eine selt-

same Weise davon abhielt und er sich stattdessen herumgedreht und die Frau angelächelt hatte. »Bitte, was haben Sie auf dem Herzen?«

Ein kleines verlegenes Lächeln war über ihr Gesicht gehuscht.

»Ich … ich habe eben mitbekommen, dass mein Sohn dort drüben« – ihre Hand hatte dabei auf einen kleinen blassen Soldaten gezeigt, der in einer Uniform steckte, die viel zu groß für ihn war – »in Ihrer Gruppe ist. Er war noch niemals von zu Hause fort, und jetzt muss er sogar noch in den Krieg! Er ist auch nicht ganz gesund. Würden Sie bitte auf ihn aufpassen, dass ihm nichts geschieht?«

Das Lächeln war verschwunden, dafür hatte er einen Anflug von verzweifelter Traurigkeit auf ihrem Gesicht entdeckt. Linkisch hatte er das Versprechen gegeben, auf ihren Sohn aufzupassen und sich dabei sehr unbehaglich gefühlt. Aber sie hatte ihn daraufhin wieder angelächelt, seine Hand ergriffen und versucht, sie heftig zu schütteln. Dabei hatte sie immer wieder »Danke« gesagt. Als der Zug dann langsam anfuhr und den Bahnhof verließ, hatte sich der kleine Peters noch lange aus dem Fenster gelehnt und seiner Mutter und Schwester zugewinkt. Irgendwann hatte Georg dann von ihm erfahren, dass sein Vater vor ein paar Jahren an den Folgen einer Kriegsverletzung aus dem Weltkrieg gestorben war.

Das Blut ließ sich nicht stoppen. Als Georg die Lage des Tuches verändern wollte, schwemmte es ein heftiger Blutschwall zwischen seine Finger hindurch auf die Erde. Die riesengroßen Augen des kleinen Peters sahen ihn an und schienen zu sagen: »Du hast es ver-

sprochen! Du hast es versprochen!« Sein Körper bäumte sich noch einmal gegen das Unvermeidliche auf und lag dann still mit gebrochenem Blick in Georgs Armen. Er legte den kleinen Peters sanft ins Gras, nahm den Helm und legte ihn auf sein Gesicht, damit er die leeren Augen nicht mehr sehen musste.

Ja, ich habe es versprochen und nicht gehalten! Er sah auf die kleine Gestalt in der viel zu großen Uniform hinunter und flüsterte ihr zu: »Du hättest nie Soldat werden dürfen!«

Das Kampfgeschehen um ihn herum verblasste. Er hörte zwar noch Schüsse und einzelne Rufe, nahm sie aber nicht mehr bewusst wahr. Seine mit Blut besudelten Hände untersuchten mechanisch seine Waffen und füllten die Magazine nach. Dann stand er auf, griff sich ein paar Handgranaten, steckte sie hinter seinen Gürtel und brach durch das Unterholz der Hecke. Er hörte Krumbiegls und Randauers Stimmen, verstand aber nicht, was sie sagten. Von der Straße unten kam ihm heftiges Gewehrfeuer entgegen. Auch das Maschinengewehr des Jeeps ratterte wieder los.

Gebückt rannte er im Zickzack den Hang hinunter. Jetzt nahm er das Jaulen und Zirpen der Geschosse wieder wahr. Vor ihm und neben ihm sprang die Erde hoch und spritzte über seine Stiefel. Georg rannte und rannte, sprang nach rechts, dann nach links, warf sich auf die Erde, kroch ein paar Schritte, sprang wieder auf, ein kurzer heißer Moment sauste an seiner linken Hüfte entlang, dann warf er die erste Handgranate. Die Detonation wirbelte Gegenstände durch die Luft. Er warf die zweite Handgranate. Dasselbe Ergebnis.

Dann stolperte er über einen Körper im Graben des Sträßchens. Als er hochschaute, sah er den Jeep keine zehn Schritte von sich entfernt auf der Straße stehen. Ein Baum verdeckte ihm die Sicht auf den MG-Schützen, aber er sah das Mündungsfeuer hinter dem Stamm aufleuchten. Er warf zwei Handgranaten kurz hintereinander unter den Jeep, der plötzlich wie ein junger Ziegenbock in die Luft sprang und dann lichterloh brannte.

Dann ging alles ganz schnell. Die Schüsse hinter ihm kamen immer näher, wurden lauter, und dann waren graue Uniformen um ihn herum, und ein vor Erleichterung weinender Krumbiegl schlug ihm immer wieder auf die Schulter.

»Du blöder alter Esel! Was hast du dir dabei gedacht? Du hättest draufgehen können!«

Arme kamen auf ihn zu und zogen ihn an sich. Weitere Beschimpfungen, hinter denen sich hörbare Erleichterung versteckte, prasselten auf ihn nieder. Steinmetz, Randauer, Schulte und andere schlugen ihm auf den Helm und führten sich wie eine Fußballmannschaft auf, die einen nicht erwarteten Sieg errungen hatte. Dann wurde die Versammlung mit einem lauten Ruf auseinandergetrieben. Oberleutnant Ferner stand mit hochrotem Kopf vor Georg.

»Von der Beeke! Sie verdammter Narr! Was haben Sie sich denn dabei gedacht?«

Dann verlor Oberleutnant Ferner die Fassung und die Männer sahen etwas, was sie noch nie zuvor erlebt hatten. Oberleutnant Ferner drückte Georg an sich und fragte ihn noch einmal, diesmal mit rauer Stimme:

»Was, um alles in der Welt, haben Sie sich nur bei dem Heldenstück gedacht?«

Georg fand langsam wieder in die Wirklichkeit zurück, sah die ganze Aufgeregtheit um sich herum und sagte tonlos: »Der kleine Peters ist tot!«

»Ich weiß, von der Beeke!« Oberleutnant Ferners Blick suchte seine Augen. »Sie fühlten sich für ihn verantwortlich ... waren so eine Art Schutzengel für ihn. Aber im Krieg versagen die meisten Schutzengel, denn sie können nicht überall sein! Schauen Sie sich nur hier um! Hier haben auch ein paar Schutzengel versagt.« Er machte eine fahrige Bewegung in Richtung der gefallenen Amerikaner und wandte sich müde um. »Scheiß-Krieg ...!«

Georg sah auf seine Hände hinunter an denen noch immer das Blut des kleinen Peters klebte. Angewidert bückte er sich und versuchte, sie im Gras zu säubern. Erst jetzt spürte er das leise Pochen an seiner Hüfte. Seine Uniformjacke hatte dort ein kleines brandiges Loch. Als er die Stelle darunter untersuchte, sah er, dass eine Kugel das Hautgewebe über dem linken Hüftknochen zerfetzt hatte. Glück gehabt, dachte er, als sich Steinmetz der Wunde annahm, sie mit Jod säuberte und mit ein paar Stichen zusammenzog. Steinmetz kommentierte seine Arbeit mit »In ein paar Tagen bist du wieder wie neu«.

Der Sieg der kleinen Einheit war ein vollkommener. Aufgrund ihrer besseren Verteidigungsposition und größeren Erfahrung hatten sie nur wenige Ausfälle gehabt. Der einzige Tote war der kleine Peters. Fast alle Fahrzeuge des kleinen amerikanischen Nachschubkonvois waren unversehrt in ihre Hände gefal-

len. Mehr als die Hälfte der Amerikaner war gefallen oder verwundet. Der Rest der Truppe, mehr als zwanzig Mann, hatte sich ergeben. Man sah den Gefangenen an, dass sie froh waren, den Schlamassel überlebt zu haben. Als sie aufgefordert wurden, ihre gefallenen Kameraden auf eine Wiese neben der Straße zu legen, sah Georg viele tränennasse Gesichter.

Bei der Inspektion der erbeuteten Lastwagen zeigte sich, dass sie einen guten Fang gemacht hatten. Einer der Lastwagen war voll beladen mit amerikanischen Verpflegungsrationen, ein anderer hatte, wie der explodierte letzte Wagen, Treibstoff in Kanistern geladen. Auf den anderen Fahrzeugen befanden sich Zelte, Feldbetten, Decken, Verbandsstoff und ein paar Kisten mit leichten Browning-Maschinengewehren und der dazugehörigen Munition. Die Entdeckung der Verpflegungsrationen löste einen Begeisterungssturm aus.

Außer dem von den Mardern abgeschossenen Panzer und dem Treibstofflastwagen hatte es noch zwei Fahrzeuge erwischt. Die Ölwanne des Wehrmachtslastwagens, auf dem das Gepäck der Einheit transportiert wurde, war von Kugeln durchlöchert worden. Damit war der Wagen nicht mehr zu gebrauchen. Einem amerikanischen Lastwagen hatten Querschläger das Kühlsystem durchschlagen. Als sich der Gefreite Vierkamp die Schäden ansah, knurrte er nur: »Kein Problem! Den Ami krieg ich wieder hin, gebt mir eine Stunde!«

Dann machte er tatsächlich den erbeuteten Lastwagen mit Teilen des Wehrmachtsfahrzeugs wieder flott. Einer der erbeuteten Lastwagen wurde entla-

den – auf Zelte und Feldbetten konnte man verzichten –, dann mussten die Gefangenen mit den Verwundeten zusammen auf den Wagen klettern. So hatte man sie besser unter Kontrolle. Das Gepäck der Einheit wurde auf die Marder und das Halbkettenfahrzeug verteilt.

Krumbiegl und Randauer wickelten den kleinen Peters in eine Zeltbahn und legten ihn auf eine Bank des Halbkettenfahrzeugs. Einer der Flaksoldaten strich mit weißer Farbe die amerikanischen Sterne auf den Türen der Lastwagen durch und pinselte auf die Planen das Kreuz der Wehrmacht. Mit Hilfe des Halbkettenfahrzeugs wurde der zerstörte Sherman-Panzer von der Straße in den Graben gezogen, um den Weg frei zu machen.

Als sie gegen Abend unbehelligt das provisorische Hauptquartier erreichten, lieferten sie die Gefangenen und die Beute bis auf die Verpflegungsrationen ab. Die hatten sie vorher beiseite geschafft.

Während sie um die Feuer herumsaßen und die amerikanische Verpflegung genossen, kam Krumbiegl mit einem Kleiderbündel unter dem Arm auf Georg zu.

»Hier, das müsste dir passen! Sogar der Dienstgrad stimmt. Ich habe den Feldwebelstern abgemacht. So wie du jetzt aussiehst, kannst du nicht mehr herumlaufen!«

Damit reichte er ihm eine fast neue Hose und eine Uniformjacke. Georg sah zum ersten Mal seit dem Gefecht bewusst an sich herunter. Krumbiegl hatte recht. Die ganze rechte Seite, dort wo der kleine Peters in seinen Armen verblutet war, war steif von dessen geronnenem Blut. An der linken Hüfte war es sein eigenes Blut.

»Woher hast du das?«

»Frag nicht! Zieh es einfach an!«

Einer der GIs rutschte ein paar Schritte den Hang hinunter. Der andere wartete, bis er sich wieder aufgerappelt und zu ihm aufgeschlossen hatte. Sie konnten Georg von ihrem Standort aus nicht sehen, aber dafür entdeckte Georg jetzt etwas: Die aufgestapelten Stämme mussten schon vor Jahren geschlagen worden sein. Sie waren von dicken Moospolstern überzogen, und in der aufgeplatzten Rinde hatten sich schwammartige Pilze eingenistet. Es roch nach Moder und Fäulnis. Die Stämme waren schlampig und gegen alle Waldarbeiterregeln mit ihren Längsseiten zum Abhang hin gestapelt. Die Stützpfosten, die den Stapel sichern sollten, waren im Bodenbereich bereits angefault.

Vorsichtig kroch Georg an der Seite des Holzstapels entlang, der ihm Deckung bot, schob sich an den ersten Stützpfosten heran und zog ihn kräftig in seine Richtung. Die Trockenheit der letzten Wochen hatte den Boden genauso ausgetrocknet, wie er auch den Bach, der sonst die Rinne durchfloss, zum Versiegen gebracht hatte. Ein kurzes Rütteln, und Georg hielt den Pfosten in den Händen.

Die GIs merkten inzwischen, dass da über ihnen etwas vor sich ging, was ihnen gefährlich werden konnte. Sie legten ihr Feuer jetzt konzentriert auf den Holzstapel, und Georg musste wieder in Deckung gehen. Die Geschossgarben klatschten in das Holz und fetzten Holzsplitter heraus, die über Georg hinwegregneten. Dann herrschte für einen Augenblick Stille. Georg schaute, dicht am Boden liegend, hinter dem Holzstoß hervor und sah, dass einer der beiden GIs zum Jeep hinunterrutschte und mit leeren Magazinen herumfuchtelte. Georg nutzte diesen Augenblick, richtete sich halb auf und schlug mit seinem Pfosten so lange gegen den anderen, bis dieser sich neigte, schließlich ganz nachgab und in den Hang rutschte.

Der GI am Hang rief seinen Kameraden aufgeregt etwas zu und zeigte dabei wild gestikulierend in die Richtung des Holzstoßes. Georg mühte sich mit den Stämmen ab, die jetzt ohne Halt am Hang lagerten. Er rollte die ersten zwei, drei Stämme mit der Hand vom Stapel herunter. Sie bewegten sich nur langsam über die Hangkante und rutschten widerwillig in die Bachrinne, wo sie nach ein paar Metern liegen blieben. Dann knallte es wieder von unten, und wieder fraßen sich Geschossgarben in die Stämme und ließen Rindenstücke und Moosfetzen durch die Luft fliegen.

Im Augenblick größter Verzweiflung setzte Georg den Pfosten als Hebel ein. Plötzlich war da dieses Geräusch von trockener Rinde, die vom Holz abgesprengt wird, in seinen Ohren und kündigte den Erfolg seiner Bemühungen an. Die Stämme gerieten allmählich in ein rutschendes Rollen und bewegten sich auf den Hang zu. Weitere Geschosse fraßen sich in das nun rutschende Holz oder flogen mit Holzsplittern beladen über ihn hinweg. Zunächst bremsten die Stämme sich noch gegenseitig, dann gewannen sie auf dem steilen Untergrund an Fahrt. Einige Stämme stellten sich quer, andere wurden senkrecht in die Luft geschleudert und überschlugen sich. Es war, als habe die Faust eines Riesen mit ihnen Mikado gespielt und sie wütend auf den Tisch geknallt. Dort, wo die Kerbe im Hang breiter wurde, nutzten die Stämme den Raum, der sich ihnen plötzlich bot, und donnerten nun in der ganzen Breite des Hanges zu Tal.

Der ganze Hang schien zu fließen. Alles, was sich bewegen ließ, lockere Gesteinsbrocken, staubtrockener Waldboden, dürres Unterholz und junge Bäume, die sich im Schutz der alten Waldriesen ihren Platz erkämpft hatten und denen nun auch ihre Biegsamkeit nicht mehr helfen konnte, alles das nahm die Stammlawine mit sich hinunter. Dabei wurde sie in eine Wolke aus Staub, Dreck und hochgeworfenem Laub, durch das Gesteinsbrocken wie Geschosse flogen, umhüllt. Und das alles wurde von einem dumpf polternden Geräusch begleitet. Dann war es plötzlich still. Nur einige nachrutschende Gesteinsbrocken durchbrachen als müde Nachzügler noch ein paar Mal diese Stille.

Der Hang war bis zur Straße hinunter wie abrasiert. Das, was einmal als Unterholz dort gestanden hatte, streckte nur noch kümmerliche Reste zerbrochenen Wurzelholzes in die Luft. Der Jeep war unter einem Gewirr von Stämmen, Gestein und Dreck verschwunden. Er hatte in der Hauptrichtung der Lawine gestanden und wie ein Wellenbrecher gewirkt. Der Druck hatte ihn fast bis auf die andere Straßenseite an den Rand der Böschung geschoben – der

Besatzung hatte er aber wahrscheinlich das Leben gerettet. Als der Hang herunterstürzte, hatten sie sich hinter dem Jeep in Sicherheit gebracht und waren zur Straßenböschung gekrochen. Dabei musste es den Leutnant aber erwischt haben, denn einer seiner Unterschenkel war seltsam abgewinkelt. Einer der GIs versuchte, dem Leutnant die Lage zu erleichtern, indem er ihn mit seinem Oberkörper stützte.

Georg spürte ein Zittern in allen Gliedern. Er drehte sich um und stolperte in den Wald hinein.

Begegnungen

Noch vor Neustadt überquerte Georg die Wied auf einer Brücke und folgte einer schmalen Landstraße in Nord-Ost-Richtung. Bis auf einige zerstörte Häuser entzog sich die Stadt seinem Blick. Dafür sah er aber auf seinem Weg immer wieder in der Landschaft verstreut vor sich hinrostende Hinterlassenschaften des Krieges. Als die schmale Landstraße plötzlich nach Westen in einen kleinen Ort einbog, musste er sich neu orientieren. Vor einem der ersten Häuser zweigte ein Weg in einen lichten Mischwald ab. Dem entschied er sich zu folgen.

Schon nach kurzer Zeit bekam er das Gefühl, dass mit diesem Wald etwas nicht stimmte. Der letzte Wald, in dem er gesteckt hatte, den er verteidigt hatte und vor dem sich sogar der Teufel gefürchtet hätte, war dunkel, nass, beklemmend und schließlich für jeden, der ihn betreten hatte, eine tödliche Gefahr gewesen. Von diesem Wald hier ging spürbar keine Gefahr aus. Er war lichtdurchflutet, freundlich, aufgeräumt.

Ja, das war es! Der Wald war aufgeräumt – er besaß kein Unterholz! Alles, was dünn war und leicht zerbrochen werden konnte, war aus ihm verschwunden. Nur die Buchen und Eschen reckten ihre glatten

Stämme, wie Säulen in einer Kirche, in ein lichtflimmerndes Laubdach.

Der Weg wurde steiler, aber der Wald bot überall den gleichen Anblick, ausgeräumt, hell und still. In diese Stille hinein drangen jetzt, je höher er stieg, allmählich lauter werdende Schlaggeräusche.

Dann sah er den Grund für die Leere des Waldes: Entlang des Weges standen Handkarren aller Art und Größe – sogar einige Kinderwagen mit abmontiertem Verdeck befanden sich darunter. Die Eigentümer dieser Transportgefährte hatten sich im Wald verteilt und hoben alles auf, was dort an verdorrtem Holz zu finden war, brachen es in handliche Stücke und luden es auf ihre Karren. Dies war hauptsächlich die Arbeit von Frauen. Die meist älteren Männer waren damit beschäftigt, das Unterholz und alle Äste, die sie an den Bäumen noch erreichen konnten, abzusägen oder mit Beilen abzuschlagen. Kleine Kinder wuselten um ihre Mütter herum und schleppten stolz große Stücke herbei, die sie kaum tragen konnten. Die größeren beteiligten sich schon am systematischen Aufsammeln und zerkleinerten die Aststücke.

Einige der Karren waren schon hoch beladen, und die Ladungen wurden gerade mit Seilen zum Abtransport bereit gemacht. Georg sah auch einige Leute, die keinen Karren besaßen und das gesammelte Holz in einer großen Plane zusammenschnürten, die Last auf den Rücken hoben und davonstapften. Eine junge Frau kam ihm mit einem voll beladenen Handkarren entgegen. Sie hatte sich eine Rolladenschnur als Zughilfe über Schulter und Brust gelegt und an dem Karren befestigt. Vorne auf der Ladung saß ein Dreikäsehoch, der eine imaginäre Peitsche schwang und den gebeugten Rücken seiner Mutter mit »Hotta-Hotta«-Rufen antrieb.

Der Weg führte aus dem Wald hinaus auf eine grasbewachsene Hochfläche. Bis zum blau schimmernden Horizont im Osten erstreckte sich eine von Waldflächen unterbrochene kuppige Landschaft. Als ihm bewusst wurde, wo er sich gerade befand, fiel ihm das Marschlied der Landser »Oh, du schöner Westerwald« ein, das sie häufig auf ihren Ausbildungsmärschen gegrölt hatten. Unwillkürlich fiel er in den Marschtritt. Aber heute pfiff hier kein kalter Wind, und der Sonnenschein drang nicht nur in sein Herz, sondern ließ die Luft um ihn herum wabern und sorgte dafür, dass er in Schweiß gebadet war. Die Jacke hatte er schon längst im Rucksack verstaut. Zusammen mit der Decke und dem Verpflegungspaket darin sah der vollgestopfte Rucksack jetzt wie der eines erfolgreichen Hamsterers aus. Das sagten ihm auch kurz darauf ein paar abgerissene Hamsterer, die ihm entgegenkamen und seinen Rucksack neidisch beäugten. Es waren ein paar ältere Leute mit Gesichtern, so schlaff wie ihre Rucksäcke. Auf ihre Frage, wo er denn Erfolg gehabt hätte, gab er ihnen wahrheitsgemäß Auskunft. Er sah ihnen aber an, dass sie ihm das nicht so recht glaubten.

»Wie weit ist es denn noch bis zum nächsten Ort?«, wollte er wissen. Einer der Männer wies in die Richtung, aus der sie gerade gekommen waren.

»Gleich da hinten runter und dann noch etwa einen Kilometer. Aber«, fügte er hinzu, »da hat es keinen Zweck. Das ist ein Dorf voller Knauser. Die beschimpfen dich nur und drohen, die Hunde loszulassen.«

Bereits am ersten Hof an dem er anklopfte, um seine Wasserflasche nachzufüllen, wurde die Aussage des Mannes bestätigt. Der Hof machte einen wohlgeordneten Eindruck. Auf sein mehrmaliges Klopfen wurde die obere Hälfte der Klöntür geöffnet und aus einem rot angelaufenen Gesicht heraus wurde er wütend angeblafft. »Hab ich euch nicht gesagt, ihr sollt verschwinden? Wir haben nichts, und wir geben nichts! Verstanden! Sag das weiter!«

»Ich wollte nur fragen, ob ich ein bisschen ...«

Aber da war die obere Hälfte der Tür schon mit einem »Verschwinde!« zugeschlagen.

Georg ging nicht weiter in das Dorf hinein, sondern folgte wieder einem Pfad, der von der Straße abbog. Die Sonne verschwand langsam im Westen, aber es blieb heiß. Irgendwann überquerte er einen Bach. Er widerstand dem Drang, sich in dem Gewässer auszustrecken und abzukühlen. Allmählich spürte er die Anstrengungen des Tages in allen Gliedern. Sein Körper hatte in den letzten Jahren gelernt, Erschöpfungszustände zu ignorieren, aber seine Schritte wurden langsamer und müder. Schließlich kam er zu einer Mähwiese, auf der mehrere große Heuraufen standen. Er ging auf die abgelegenste zu, kroch hinein, breitete seine Decke aus und war fast sofort darauf eingeschlafen.

Der Heustaub kitzelte am nächsten Morgen in Georgs Nase, und er musste heftig niesen. Nachdem er sich ausgiebig gedehnt und gestreckt hatte, schnitt er sich eine Scheibe von dem Laib Brot herunter und aß dazu eine dicke Scheibe Schinken. Er hatte die ganze Nacht über tief und fest wie ein Klotz geschlafen.

An diesem Morgen hatte er Glück. Sein Weg führte ihn durch ein paar Dörfer, die zusammengedrängt an einem Kreuzungspunkt lagen oder mit offenen Häuserzeilen und viel Grün dazwischen weltvergessen, wie das Dorf der Wennebachs, vor sich hinträumten. Hier sah es wieder aus, als hätte es überhaupt keinen Krieg gegeben. Als er an einem Hof vorsprach, fühlte er sich fast in seine Wandervogelzeit zurückversetzt. Nicht nur seine Feldflasche wurde aufgefüllt, eine freundliche Bäuerin reichte ihm sogar einen Krug mit Milch, den er in einem Zug austrank. Gegen Mittag schenkte ihm ein Bauer vier Eier, die er vorsichtig mit Stroh umhüllt stoßsicher in seinem Kochgeschirr unterbrachte.

An einem Bach machte er Rast. Bald prasselte ein kleines Feuer aus dürrem Holz. Er stellte sein Kochgeschirr auf einen Ring von Steinen und kochte darin die Eier. Anschließend warf er ein paar Kartoffeln hinein. Er steckte sie auf einen Zweig, pellte sie und aß sie gemeinsam mit den Eiern.

Je weiter der Tag voranschritt und je öfter größere Verbindungsstraßen auf seinem Weg lagen, die er nach seiner Skizze überqueren musste, umso mehr Menschen waren unterwegs. Sie kamen aus allen Richtungen und gingen in alle Richtungen. Manche blieben unterwegs stehen und tauschten mit Entgegenkommenden Informationen aus, andere hasteten mit stieren Blicken aneinander vorbei. Es waren meist kleinere Gruppen, auf die Georg traf. Einzelgänger, so wie er, waren dabei die Ausnahme. In seinem Äußeren unterschied sich Georg in keiner Weise von diesem Heer der Hungerleider.

Schließlich traf er auf eine Straße, die sich durch mehrere kleine Dörfer schlängelte und ständig bergauf führte. Auf vielen Wiesen, die an seinem Wege lagen, wurde Heu gemacht. Das scharfe, langgezogene »Ssst« der Sensen, wenn sie ins Gras schnitten, kroch wie das Zischen eines unsichtbaren gefährlichen Tieres über die Wiesen. Am späten Nachmittag führte die Straße, der er schon lange bergab gefolgt war, auf eine Bahnlinie zu. Diese, erinnerte er sich an das, was Josef ihm erzählt hatte, war im Verlauf der letzten Kampfhandlungen von den Alliierten an mehreren Stellen unterbrochen worden. Er überquerte die Sieg auf einer Eisenbahnbrücke aus Bruchsteinen, die Spuren eines heftigen Beschusses zeigte. Fast direkt neben der Brücke befand sich ein Bahnhofsgebäude, dem das Dach fehlte. Ein gutes Stück unterhalb der Eisenbahnbrücke, noch bevor die teilweise zerstörten Gleise der Nebenstrecke sich über die Sieg hinweg mit der Hauptstrecke vereinigten, stand ein Personenzug mit acht oder neun Waggons und rührte sich nicht von der Stelle. Aus dem Schornstein der Lokomotive quälte sich ein dünner, in mehrere Fäden zerrissener Dampfschleier. Dort, wo normalerweise die Kraft des Dampfes über einen Zylinder die Räder antrieb, war der untere Teil der Lokomotive in eine dichte weiße Wolke gehüllt, aus der das hilflose Klopfen der Pleuelstangen bis zu ihm herüberdrang. Solche Lokomotiven hatte er häufig zu Reparaturarbeiten im Depot gesehen, wenn er seinen Vater im Stellwerk besucht hatte.

Agnes und Josef hatten zwar von überfüllten Zügen gesprochen, aber das, was da jetzt hilflos auf den Gleisen stand, war mit »überfüllt« nicht mehr zu beschreiben. Alles was an den Waggons Händen und Füßen Halt und Stand bieten konnte, war besetzt. Um mehr Platz im Innern zu haben, waren die Fenster heruntergelassen, um einer Schulter oder einem Kopf mehr Bewegungsfreiheit zu geben.

Die Sportlichen und Gewandten bevölkerten mit dem Rücken zur Fahrtrichtung die Dächer der Waggons. Auf den Trittbrettern standen Frauen und ältere Männer und klammerten sich an allem Greifbaren fest. Viele hatten sich mit Gürteln oder Stricken zusätzlich daran gesichert. Auf den Perrons standen die Menschen wie in einer Sardinendose zusammengedrängt. Um mehr Platz zu haben, hatten sie ihre Taschen und Rucksäcke an das Geländer gebunden. Selbst auf den Puffern saßen rittlings junge Burschen. Georg versuchte die Anzahl der Menschen, die der Zug beförderte, zu schätzen. Aber das ständige bewegte Gewimmel der vielen miteinander verwobenen Körper ließ nicht einmal ein ungefähres Überschlagen zu. Der Zug mit der vor sich hinqualmenden Lokomotive wirkte wie ein aus Tausenden von Leibern zusammengesetzter Drache, dessen Panzer von wilden Zuckungen hin- und herbewegt wurde.

In diesem Augenblick gab die Lokomotive ein mehrmaliges müdes Pfeifen von sich, das schließlich mit einem letzten Seufzer verstummte. Der Lokführer stieg von seinem Führerstand herunter und ging auf den ersten Waggon zu. Er sprach mit den Passagieren, die auf dem Perron und auf dem Trittbrett standen, und zeigte mit weit ausholenden Gesten auf die Lokomotive und die sich vorbeischlängelnde Sieg. Georg wusste augenblicklich, was der Lokführer von seinen Fahrgästen erwartete. Die schienen auch die Notwendigkeit seiner Forderung einzusehen, denn sie sprangen sofort von dem Waggon herunter und bildeten eine lange Kette zwischen der Lokomotive und dem Fluss. Der hatte infolge der langen Hitzeperiode auch Wasser lassen müssen und stand mehr in seinem Bett, als dass er floss. Der Heizer stand breitbeinig auf dem Zylinder des Wasserkessels, nahm die gefüllten Eimer an, die ihm hinaufgereicht wurden und schüttete das Wasser in den Einfüllstutzen. Die fünf oder sechs Eimer, die Georg zählen konnte, flogen von lautem Gelächter begleitet die Menschenkette entlang.

Am Flussufer sah es inzwischen wie bei einem sonntäglichen Massenausflug an einem beliebten Ausflugsziel aus. Zuerst waren die Trittbrettfahrer vom Zug gesprungen und hatten ihre vom langen Stehen steif gewordenen, verkrampften Körper der Länge nach ins Gras geworfen. Georg meinte sogar das Knacken der Gelenke zu hören. Dann leerten sich die Perrons und schließlich wälzten sich die Dachreiter wie eine lange Schlange von den Dächern der Waggons herunter. Die Glücklichen, die einen Platz in den Waggons ergattert hatten, verließen nur zögernd die Abteile, weil sie fürchteten, ihn zu verlieren, wenn es plötzlich weitergehen sollte.

Verblüffend fand Georg, dass die Menge keineswegs über die Unterbrechung der Fahrt ungehalten war. Die Leute nahmen sie allem Anschein nach als eine willkommene Gelegenheit wahr, für einen Augenblick dem Durchgerütteltwerden, dem Gedränge und Geschubse und den Ausdünstungen ihrer Nachbarn entkommen zu sein. Einige öffneten bereits ihre Rucksäcke, kramten so darin herum, dass die Nächstsitzenden nicht hineinschauen konnten, und aßen etwas von ihrem Erhamsterten. Bald sah es wirklich aus wie auf einem Sonntagsausflug. Irgendwo kreiste sogar eine Schnapsflasche. Dort ging es auch am lautesten zu. Die ganze Szene wirkte auf Georg so unwirklich, dass es ihn nicht einmal gewundert hätte, hier irgendwo ein Schild mit der Aufschrift »Hier können Familien Kaffee kochen« zu finden. Auf einmal fühlte er sich müde und hungrig. Langsam ging er auf die Menschenmenge zu und ließ sich hinter der Eimer schwingenden Menschenkette ins Gras fallen.

Zum ersten Mal nach seiner Flucht aus dem Lager war er wieder unter vielen Menschen. Aber es war eine ganz andere Situation. Dort hatten ihn nur Elend und Verzweiflung umgeben. Hier dagegen herrschte eine unter diesen Umständen seltsam erscheinende ungezwungene Atmosphäre. Kinder liefen zwischen den Lagernden hin und her, planschten am Fluss entlang und spritzten sich nass, bis sie von den besorgten Rufen ihrer Mütter wieder eingefangen wurden. Ältere Jungen schlichen sich an gleichaltrige Mädchen heran und unternahmen ungeschickte Annäherungsversuche, die nur halbherzig zurückgewiesen wurden. Durch die Lücke zwischen zwei Waggons hindurch sah Georg auf der anderen Seite des Zuges eine Ansammlung von Frauen, die einen Sichtschutz bildeten, hinter dem andere Frauen ihre Notdurft verrichten konnten.

Erst stotternd und schwach, dann allmählich lauter werdend, kündigte ein anschwellend hohes Pfeifen des Druckventils die Behebung des Schadens und die Weiterfahrt des Zuges an. Wie bei einer Alarmübung hastete und stolperte die gerade noch am Ufer lagernde Menschenmenge auf die Waggons zu, um einen möglichst guten Platz zu ergattern. Diejenigen, die in den Abteilen geblieben waren, hatten die Gelegenheit genutzt und sich ausgebreitet. Sie wurden nun bedrängt und wüst beschimpft. Überall gab es heftiges Gedränge und gegenseitiges Stoßen.

Langsam drehten sich die Räder, und Georg wurde von Dampffetzen eingehüllt. Das auf Rädern vorbeirollende Menschengewirr kroch hinter einem Vorhang aus schwarzem Dampf davon. Georg schaute ihm nach, bis es hinter der Brücke verschwunden war. Der Wiesenhang an der Sieg lag wieder verlassen da. Nichts außer niedergedrücktem Gras erinnerte mehr daran, dass hier noch vor wenigen Minuten eine lärmende Menschenmenge gelagert hatte. Nicht ein Fetzen war zurückgeblieben.

Der kleine Bahnhof jenseits der Brücke bot einen traurigen Anblick. Georg war den Gleisen in der Hoffnung gefolgt, irgendwo in dem Gebäude einen einigermaßen geschützten Platz für die Nacht zu finden. Aber je näher er ihm kam, desto deutlicher wurde das Ausmaß der Zerstörungen, die die Bombe angerichtet hatte. Der Bahnsteig lag unter dem Vordach begraben. Es versperrte den Zugang zum ehemaligen Warteraum. Das Gleisbett war notdürftig von Schutt befreit worden, sodass Züge, wenn sie denn fuhren, gefahrlos passieren konnten. Auf der anderen Seite des Gebäudes fand Georg den Eingang, der in den Schalterraum führte. Eine Tür gab es nicht mehr. Der kleine Schalterraum zeigte zwar auch Spuren von Verwüstungen, war aber als Raum, bis auf die zerstörte Schaltereinrichtung, noch intakt. Die Decke war in den Warteraum gerutscht und gab den Blick zum Himmel durch den leeren Dachstuhl frei. Das ramponierte Inventar bestand aus der üblichen Einrichtung eines Schalterraumes. An einer Wand hingen noch, wie zum Hohn, Fahrpläne und Plakate mit Naziparolen, die vor einem ständig im Dunkeln lauernden und lauschenden Feind warnten. Georg wollte den Raum schon verlassen, als sein Blick auf eine mit Segeltuch bespannte Erste-Hilfe-Liege fiel, die in einer Ecke hochkant mit einem breiten Lederriemen an der Wand festgeschnallt war. Er löste sie aus der Halterung, klappte die Beine aus und stellte sie auf den Boden. Sein Glück war an diesem Abend aber vollkommen, als er, einer Gewohnheit folgend, den Wasserhahn über einem Spülbecken aufdrehte. Zuerst gurgelte es in der Leitung, dann prustete der Wasserhahn wie unter Hustenanfällen kleine Wasserwolken, bis schließlich ein beständiger Wasserstrahl herausfloss.

Irgendwann wachte er in der Nacht auf, ohne zu wissen, was ihn geweckt haben konnte. Als er hochblickte, sah er durch das offene Dach einen mit Sternen übersäten Himmel, wie er schon lange keinen mehr erlebt hatte. Er sah eine erste Schicht von Sternen, die sich seinen Augen geradezu aufdrängten. Aber dahinter gab es Legionen anderer Sterne; Sterne, die sich sonst auch bei klarer Sicht nur erahnen ließen. Irgendetwas störte ihn an diesem Anblick, und er brauchte einige Augenblicke, bis er erkannte, was das war: Es war der eingeschränkte Blick auf die Sterne! Er sah den Himmel durch das offene Dach nur als einen kleinen Ausschnitt, der das große Ganze aussperrte. Dieses Ausgesperrtsein wurde durch die Dachbalken verstärkt, die wie riesige Gitterstäbe vor dem Fenster eines Gefängnisses wirkten.

Georg erhob sich von der Liege und trat ins Freie. Er blickte nach oben und war überwältigt. Das, was ihm der ausschnitthafte Blick versprochen hatte, hielt das Ganze über ihm. Wie ein lässig hingeworfenes Handtuch durchzog die Milchstraße den Himmel. Seine Augen suchten in dem Sternengewimmel den Großen Wagen. Er riss die Augen weit auf, weil er zuerst nicht glauben wollte, was er sah. Deutlich, so deutlich wie nie zuvor, sah er über dem mittleren Stern der Deichsel das Reiterlein.

Um die kühlen Morgenstunden zu nutzen, verließ Georg den kleinen Bahnhof in der Morgendämmerung. Sein Weg führte ihn über Sträßchen, die es alle nicht so eilig hatten wie er und sich an Bachläufen entlangschlängelten. Hin und wieder lagen kleine Gehöfte am Weg. Allmählich änderte sich ihr Aussehen. Die Wohnhäuser aus Bruchsteinen wichen zunehmend Fachwerkhäusern mit schwarzem Gebälk. Wie sein Elternhaus!

Sein Sträßchen mündete nach einer scharfen Kurve in eine breite Landstraße. Das Straßenschild auf der gegenüberliegenden Seite war bei Kampfhandlungen beschädigt worden. Die nach rechts weisende Spitze gab es nicht mehr, und auch der Rest des Schildes zeigte noch Einschläge von Geschossen. Der Schütze musste einen ausgeprägten Sinn für schwarzen Humor gehabt haben, denn auf dem übrig gebliebenen Teil war nun das Wort SIEG zu lesen. Während Georg noch darüber sinnierte, näherte sich aus der Richtung, in die das Schild ursprünglich gezeigt hatte, mit hoher Geschwindigkeit ein Militärlastwagen. Er wollte schon wieder zurücklaufen, als er mit Erleichterung feststellte, dass es ein englisches Fahrzeug war. Er befand sich also schon in der britischen Zone! Der Lastwagen verschwand hinter der nächsten Kurve. Georg riss die Arme hoch und rief laut: »Ja!«

Gegen Mittag erreichte er einen größeren Ort mit vielen verwinkelten Straßen, die eine Orientierung erschwerten. Auch hier gab es keine Kriegsschäden. Die Kirche lag etwas erhöht in der Mitte des Ortes, und man konnte dort einen Marktplatz erahnen. Nur wenige Menschen waren auf den Straßen; die Hitze hielt sie wohl in ihren Häusern. Zwei Pferdefuhrwerke hielten nebeneinander auf der Straße, und die Fuhrleute hielten ein Schwätzchen.

Aus einer Nebenstraße drang plötzlich Kindergeschrei, und eine Horde von Kindern kam lachend und einander stoßend herausgestürmt. Unter den Rufen, die zwischen den Kindern hin- und herflogen, meinte Georg auch Drohungen und Beschimpfungen zu hören. Er musste lachen. Zumindest bei den Kindern hatte sich nichts geändert. Sie verhielten sich nach Schulschluss, wie sie es immer schon getan hatten, laut und froh darüber, dem Stillsitzen entkommen zu sein.

Aber etwas war hier anders. Als die Kinder die Hauptstraße erreicht hatten, teilte sich die Meute. Der größere Teil strebte dem Ort zu und verlor sich bald in dem Straßengewirr. Der Rest der Kinder kam ihm entgegen und lief auf einen breiten Fahrweg zu, der in ein Wäldchen führte. Aber nicht nur die Richtungen, die die Kinder eingeschlagen hatten, trennten sie voneinander. Sie unterschieden sich auch im Erscheinungsbild, fiel Georg auf. Die Kinder, die offensichtlich in dem Ort zu Hause waren, trugen Schulranzen auf dem Rücken und waren ordentlich gekleidet. Aber das, was gerade an ihm vorbeigetobt war, besaß keine Schulranzen. Die Kinder trugen ihre Schulhefte und das eine oder andere Schulbuch in der Hand oder in ein Tuch gewickelt unter dem Arm. Viele hatten nicht einmal Schuhe an den Füßen.

Da Georg den Ort ohnehin hätte links liegen lassen müssen und der Waldweg offensichtlich in seine Richtung führte, folgte er den Kindern. Der Weg führte leicht bergauf unter einem großen gewölbten Schild hindurch, auf dem in großen gotischen Buchstaben »Waldstadion« zu lesen war. Sport konnte hier aber nicht mehr betrieben werden. Die Fußballtore und ein ehemals vorhanden gewesener Zaun waren verschwunden. Sie hatten wohl den Weg genommen, den in dieser Zeit des Mangels alles Brennbare nehmen musste. Auf dem Fußballplatz standen jetzt quer zur Längsrichtung sechs lange, halbröhrenförmige Wellblechhütten. Aus den gewölbten Dächern schauten lange Ofenrohre hervor. Zwischen den Hütten gab es schmale Durchgänge, in denen Wäschestücke auf langen Leinen zum Trocknen hingen. Türen und Fenster gab es nur an den Stirnseiten der Hütten. Dort spielte sich offenbar auch das Leben ab, denn vor jeder Hütte hatten sich Gruppen von Frauen allen Alters vor einem Herd aus Feldsteinen versammelt und bereiteten darauf das Mittagessen. Alte Männer standen beschäftigungslos herum oder schimpften mit den heimgekehrten Kindern, die sich an den Wasserhähnen vor den Hütten zu schaffen machten und einander nassspritzten. Junge Männer oder Männer mittleren Alters sah Georg nicht.

Er blieb wie angewurzelt stehen. So also leben die Menschen jetzt, die ihre Heimat mit nichts anderem als dem, was sie tragen konnten, hatten verlassen müssen.

Ungerufen wirbelten die Erinnerungen in seinem Kopf herum, konturlose Schreckensbilder überlagerten sich und ließen sich nur mit Mühe auseinanderhalten. Dieppe, Falaise, der Rückzug, der Hürtgenwald, das Ruhrgebiet, das Rheinwiesenlager, Dreck, Kälte, Hunger, seine Flucht, das Elend unterwegs, und jetzt das hier! Das Elend, das hier vor ihm ausgebreitet lag, unterschied sich nur durch die Blechgewölbe und den fehlenden Stacheldrahtzaun von einem Gefangenenlager. Der Geruch nach Latrine war hier genauso intensiv wie dort. Er blieb stehen, um sich zu orientieren.

Eine junge Frau, die eines der Kinder in Empfang genommen hatte, bemerkte seine Unschlüssigkeit und sprach ihn an. »Sie sind wohl nicht aus dem Ort? Von denen verirrt sich niemand hier herauf zu uns. Wenn Sie ein Hamsterer sind, dann sind Sie hier falsch! Bei uns gibt es nichts zu holen.«

Ihre Stimme klang, als sei sie es gewohnt, Anweisungen zu geben, und sie sprach mit einem breiten, weichen Dialekt. Ihr strohblondes Haar war in einem straffen Knoten zusammengefasst, und ein paar Strähnen fielen in ihr verschwitztes Gesicht. Sie war älter als er, schätzungsweise Mitte Dreißig, und hatte die hellsten wasserblauen Augen, die er jemals gesehen hatte. Ihr Sommerkleid mit einem großen Blumenmuster hätte auf einem Empfang ebenso wie seine Trägerin Aufsehen erregt. Es passte ebenso wenig hierher wie die junge Frau selbst und die übrigen Menschen auf dem ehemaligen Fußballplatz.

Georg wedelte sich mit dem Hut verlegen Luft zu.

»Ich bin kein Hamsterer, auch wenn ich wie einer aussehe! Ich bin auf dem Weg nach Hause, und wenn mich mein Kompass nicht belügt, führt mich der Weg, auf dem ich den Kindern gefolgt bin, in meine Richtung.«

Die hellen Augen sahen ihn jetzt neugierig an, als erwarteten sie eine weitere Erklärung.

»Ich bin aus einem Gefangenenlager geflüchtet«, sagte er aus einem Impuls heraus.

Sie schlug eine Hand vor den Mund und sagte: »Ach Gott, Sie armer Mensch!«

Für einen kurzen Augenblick hatte Georg das Gefühl, als wolle sie ihn genauso bei der Hand nehmen wie zuvor ihre Tochter. Sie ging zügig auf eine der mittleren Baracken zu, und Georg folgte ihr. Auf dem Weg dorthin, neben der Laufbahn, hatten die Bewohner des Lagers kleine Gemüsebeete angelegt. An einem der Beete begossen eine Frau und ein etwa zwölfjähriger Junge die jungen Pflanzen. Wie sie es machten, zeigte ihm das ganze Ausmaß des Mangels an, unter dem diese Menschen zu leiden hatten: Die Frau hielt eine kleine Konservendose mit durchlöchertem Boden in der Hand, in die der Junge vorsichtig Wasser aus einem größeren Marmeladeneimer goss. Seine dünnen Arme zitterten dabei vor Anstrengung.

Georgs Begleiterin hatte sein Zögern bemerkt und war ebenfalls stehen geblieben. »Wie Sie sehen, ist das hier alles ein Provisorium, das nur aus Mängeln besteht. Das Lager wurde von den Engländern eingerichtet und ist nur mit dem Notwendigsten versehen.«

Der bestimmende Ton in ihrer Stimme war einer müden Resignation gewichen. Georg bemerkte den Stimmungswandel und wollte ihr etwas Tröstendes sagen, aber ihm fiel nichts Rechtes ein. Wie sollte ein Lahmer einen Blinden trösten? Nur, dass er froh sein solle, nicht auch noch ein Krüppel zu sein? Alles, was er hätte sagen können, hätte hohl geklungen.

Sie hatten inzwischen eine der Blechröhren erreicht, in der die junge Frau offenbar untergebracht war. Georg bemerkte den Respekt, den die Frauen, die vor der Behelfsunterkunft das Essen kochten, seiner Begleiterin entgegenbrachten, und betrachtete sie noch einmal genauer. Es war nicht nur das Kleid, das sie trug, ihre ganze Haltung unterschied sich von der der anderen Frauen. Auch ihr Gesicht war anders. Die meisten Frauen hatten runde, verhärmte Gesichter, die sich nicht nur mit den Entbehrungen der Flucht erklären ließen. Ihres dagegen, die wasserblauen Augen hatten ihn bisher davon abgehalten, sie genauer anzuschauen, war lang und schmal mit einer hohen Stirn und einer geraden Nase. Es war ein Gesicht von herber Schönheit.

Sie hatte seinen Blick bemerkt und trotz der von der Sonne geröteten Haut meinte er einen Anflug von Verlegenheit darauf zu sehen, als sie hinter der Tür der Baracke verschwand. Augenblicke später kam sie mit zwei Hockern und zwei großen Tassen wieder heraus.

»Nehmen Sie doch bitte Platz!« Sie stellte einen der Hocker vor ihm auf den Boden. »Sie haben doch noch Zeit für einen Tee, bevor Sie weiter müssen?«

Die Einladung verblüffte ihn. Es war aber nicht so sehr der Umstand, zum Bleiben aufgefordert worden zu sein, als vielmehr die Wortwahl, die einer anderen Zeit und einer anderen Umgebung angehörte. Er setzte sich auf den angebotenen Hocker.

»Ich glaube, das Essen ist fertig«, sagte sie, als eine der Frauen mit zwei Tellern auf sie zukam. Er schaute die Frau erstaunt an, als sie ihm einen Teller hinhielt.

»Aber ich …«

»Nun nimm schon, Jungchen, du brauchst dich nicht zu zieren! Es reicht schon für alle!«

Georg nahm den Teller entgegen. Es war eine Reissuppe mit etwas Gemüseartigem darin. Sie war heiß und schmeckte überraschend gut. Überall saßen jetzt

Menschen vor den Hütten, die schweigend und ohne Eile ihre Suppe löffelten. Bei Georg löste sie Schweißausbrüche aus, aber nach dem Essen fühlte er sich satt und zufrieden. Und beschämt! Menschen, die er zufällig getroffen hatte und die kaum mehr besaßen als das, was sie auf dem Leibe trugen, hatten ihm, dem Fremden, von dem Wenigen, was sie zu essen hatten, etwas abgegeben.

Später brachte die junge Frau Georg zum anderen Ende des ehemaligen Stadions. Ein breiter Wirtschaftsweg lief von dort aus auf ein Waldstück zu und würde bald auf eine Straße stoßen, die dann in seine Richtung weiterführe, erklärte sie ihm. Er würde durch ein paar Orte kommen, in denen in den letzten Kriegstagen noch heftig gekämpft worden sei. Sie gab ihm die Hand und hielt seine lange fest umschlossen. »Kommen Sie gut nach Hause.«

Am Waldrand drehte er sich noch einmal um. Sie stand noch dort, wo er sie verlassen hatte und winkte ihm nach.

Noch heute Morgen war das Schicksal der Menschen, die in Deutschland als Flüchtlinge hin- und hergeschoben wurden, eines der vielen Probleme gewesen, die es jetzt zuhauf in Deutschland gab, ihm zwar bekannt aus Radioberichten und von dem, was Josef und Agnes ihm erzählt hatten, aber doch etwas, das ihn persönlich nicht betraf. Unversehens war er für einen Augenblick in das Leben dieser Menschen hineingestolpert, und sie hatten durch die junge Frau nun für ihn ein Gesicht bekommen.

Plötzlich überkam ihn das Gefühl, ein anderes, ein fremdes Land betreten zu haben. Das Deutschland, in dem er groß geworden war, gab es augenscheinlich nicht mehr. Es waren nicht nur die sichtbaren Kriegsschäden, es waren vor allem die Zerstörungen, die in den Menschen angerichtet worden waren, auch und vielleicht ganz besonders in denen, die wie die Leute in diesem Lager entwurzelt worden waren. Er und seine Kameraden, das wurde ihm immer klarer, hatten durch ihren Kampfesmut die Willkürherrschaft, die all diese Tragödien ausgelöst hatte, bis zum bitteren Ende am Leben erhalten. Deutschland? … nein, das gab es nicht mehr! … Aber vielleicht hatte er wenigstens noch – anders als die Menschen im Lager – eine Heimat!

Der Drang, dorthin zu kommen, ließ ihn die Hitze, die ihn umwaberte, und die Müdigkeit in seinen Beinen vergessen.

Bis zum Anbruch der Dunkelheit folgte Georg der Kompassnadel über einsame Straßen und dunkle Forstwege. Nur selten traf er dabei auf Menschen. Selbst für Hamsterer war die Gegend, durch die er jetzt kam, zu abgelegen. Dennoch war sie aber vom Krieg heimgesucht worden. Mit jedem Kilometer, den seine müden Beine hinter sich brachten, nahmen die Kriegsschäden zu. Wiesen und Weiden waren noch von Panzerketten durchfurcht und mit Bombentrichtern übersät. Gras und Unkräuter hatten aber schon damit begonnen, diese Narben gnädig zu bedecken. In manche Waldstücke waren Schneisen hineingebombt worden. Dabei hatten die Bomben wie ein rachsüchtiger Herbststurm ganze Bäume entwurzelt oder mächtige Waldriesen ihrer Kronen beraubt.

Besonders an schlecht einsehbaren Kurven mussten sich mörderische Kämpfe abgespielt haben. Eine dieser Kurven wurde noch immer von zwei amerikanischen Sherman-Panzern und einem deutschen Jagdpanzer blockiert, die regelrecht ineinander verkeilt waren. Georg musste über die Wracks hinwegklettern. Der Ort, den er hinter der nächsten Biegung erreichte, existierte nicht mehr. Er hatte aus nur wenigen Häusern bestanden. Die Amerikaner waren hier offensichtlich auf Nummer sicher gegangen. Sie hatten den Widerstand aus der Luft gebrochen und dabei alle Häuser dem Erdboden gleichgemacht. Georg traf keine Menschenseele mehr an. Auch die nächsten Orte, durch die er kam, zeugten von gnadenlosen Kämpfen. Überall vor den Orten prägten zerstörte Panzer und ausgebrannte Fahrzeuge das Bild, und überall zeugten Bombentrichter davon, dass der Widerstand schließlich durch die Luftwaffe beendet worden war.

Aber hier gab es Leben in den Ruinen. Georg sah viele Kinder und Halbwüchsige, alte Männer und vor allem Frauen zwischen den Trümmerbergen. Alle waren auf irgendeine Art und Weise mit den Trümmern beschäftigt, und kaum jemand nahm von ihm Notiz. In einem größeren Dorf besaß nur noch die Kirche Wände. Das Dach und die Kirchturmspitze waren aber auch hier verschwunden. Die ehemalige Hauptstraße war schon von Schutt befreit worden. Dort war ein schmaler Schienenstrang angelegt worden, auf dem ein paar Frauen eine Kipplore ans Ende der Straße schoben, um Bombentrichter mit Schutt zu füllen. Vor den frei geräumten Vorderfronten zerstörter Häuser hatten die Bewohner alles, was sich noch irgendwie verwenden ließ, sorgfältig abgestellt: Möbelstücke, Haushaltsgeräte, Türen, Fensterrahmen, Balken und Rohre. Kinder und alte Männer durchwühlten die Schuttberge nach Ziegelsteinen, pickten die Mörtelschichten von ihnen herunter und stapelten sie vor den Häusern zu großen Haufen aufeinander. Auf schuttfreien Stellen zwischen den Trümmern hatten die Bewohner Gemüsebeete angelegt. Georg sah sogar einen Kaninchenstall, der aus Kisten zusammengezimmert worden war. Ein Junge hielt davor Wache.

Georg versuchte sich gar nicht erst die Dramen vorzustellen, die sich während der Kämpfe hier abgespielt haben mussten. Fast fluchtartig durchquerte er den Ort. Ein knorriger alter Apfelbaum, der von einem Garten übrig geblieben war, zog dabei seinen Blick auf sich. Sein Stamm ragte aus einer Schutthalde heraus. Die Hälfte seiner Krone war von einer Granate getroffen worden und hing mit ihrem dürren Geäst abgeknickt herunter, aber die andere Kronenhälfte protzte mit ihrem Laub und hing voller kleiner Früchte.

An diesem Abend fand er einen kleinen Unterstand, der für Wanderer angelegt worden war und eine umlaufende Bank besaß. Darauf verbrachte er die Nacht. Nicht weit davon schlängelte sich ein Bach durch eine Wiese. Er zog sich aus, legte sich der Länge nach hinein und genoss das sanfte Vorbeiströmen des Wassers an seinem Körper. Dann wusch er den Schweiß aus Hemd, Unterhose und Socken heraus und legte alles auf einen dicken Feldstein, der noch die Hitze des Tages bewahrte, zum Trocknen.

Das Wetter änderte sich nicht. Es blieb heiß. Dafür änderte sich aber die Landschaft. Die Berge wurden höher und die Auf- und Abstiege dadurch steiler und beschwerlicher. Auch der lichte Mischwald wich zunehmend dunklem Nadelwald. Nur in den Niederungen säumten Erlen und andere feuchtigkeitsliebende Baumarten die Bachläufe. Hier brachte auch der Hahnenfuß die feuchten Wiesen wieder zum Glühen.

Die Spuren des Krieges wurden wieder seltener. Der Gedanke, dass sich die Kampfhandlungen weiter in Richtung seines Heimatortes fortgesetzt haben könnten, hatte ihn den ganzen Tag über beunruhigt. Nun stellte er mit großer Erleichterung fest, dass die Kämpfe offensichtlich die Richtung gewechselt hatten und er nun wieder in eine Gegend kam, die vom Krieg verschont geblieben war. Als er an einem Steg, der über einen Bach führte, die Stiefel auszog und die Füße ins Wasser hielt, spürte er zum ersten Mal seit seinem Aufbruch, wie sehr seine Füße schmerzten. Das vorbeiströmende Wasser tat ihm gut. Bisher hatte er sich auch immer gescheut, seine Stiefel genauer anzuschauen. Lange würden sie nicht mehr halten. Das Leder war brüchig und die Absätze und Ränder fast abgelaufen. Er ließ die Füße an der Luft trocknen und stieg wieder in die Stiefel. Sie mussten einfach noch halten, andere hatte er ja nicht.

Irgendwann an diesem Morgen stieß er auf eine Straße, die fast schnurgerade ohne zeitraubende Windungen auf die Mitte eines größeren Ortes zulief. Nach einem prüfenden Blick auf seinen Kompass, als er den Ort erreicht hatte, stellte er fest, dass die Straße ihn verführt hatte – er war zu weit nach Norden abgekommen. Aber das war im Augenblick nicht sein schwerwiegendstes Problem – es bestand in dem, was sich auf dem Marktplatz vor der großen Kirche abspielte. Die Straße beschrieb einen Bogen, sodass er die Geschehnisse dort erst im letzten Augenblick, als es für ein Umkehren schon zu spät war, in ihrem ganzen Umfang überblicken konnte. Wie vom Donner gerührt blieb er stehen.

Auf dem Marktplatz standen mehrere große britische Lastwagen, auf die Männer allen Alters in Zivil und halbwüchsige Jungen, viele von ihnen in kurzen Hosen, steigen mussten. Jeder musste aber zuvor ein Grabwerkzeug – Hacke, Spaten oder Schaufel – von einem Pritschenwagen nehmen. Der ganze Platz war von britischen Soldaten umstellt, und aus den einmündenden Seitenstraßen führten Soldaten weitere Zivilisten zu den Lastwagen. Frauen und Kinder waren nicht zu sehen.

Ein Soldat, der gerade zusammen mit einem Kameraden ein paar Zivilisten aus einem Torbogen herausführte, wurde auf Georg aufmerksam. Er rief ihm etwas zu, das er nicht verstand, und zeigte in Richtung Marktplatz. Um seiner Forderung Nachdruck zu verleihen, winkte er mit seiner Sten-MPi in seine Richtung. Georg ergab sich in das Unvermeidliche und schloss sich den Zivilisten, allesamt schon ältere Männer, an. Die kleine Gruppe wurde ebenfalls an dem Pritschenwagen vorbeigeführt, um ein Werkzeug aufzunehmen. Er nahm eine Schaufel und kletterte dann auf den Wagen, dessen Seitenbänke schon besetzt waren, weshalb sich Georg, wie viele andere auch, auf den Boden setzen musste.

Die Rückwand wurde hochgeschlagen und verschlossen, dann setzte sich die Fahrzeugkolonne in Bewegung. In Georg kamen ungute Erinnerungen auf, nur die Grabwerkzeuge wollten dazu nicht passen. Er war zwischen einem älteren Mann und einem Jungen in kurzen Hosen zu sitzen gekommen. Der Junge war höchstens fünfzehn Jahre alt und erinnerte ihn irgendwie an den kleinen Peters. Seine mageren Beine schauten mit spitzen Knien aus der Hose heraus und zitterten. Georg nickte dem Jungen trotz seines eigenen mulmigen Gefühls aufmunternd zu, und der dankte es ihm mit einem gequälten Lächeln.

Der Fahrer schien seinen Fahrkünsten nach noch ein Anfänger zu sein. Als Georg sich an das Rütteln gewöhnt hatte, stieß er den alten Mann neben sich an.

»Wissen Sie, was das Ganze hier soll? Wohin bringen die uns? Und was sollen die Schaufeln?«

Der Alte zuckte die Schultern und verzog sein Gesicht. »Das weiß wohl niemand hier. Wir wurden alle davon überrascht. Anscheinend sollen wir irgendetwas ausbuddeln, was die Nazis eingebuddelt haben.« Damit war für ihn das Gespräch beendet.

Die LKWs hielten am Rande einer großen Lichtung. Die Rückwände wurden geöffnet, und die Soldaten machten Zeichen zum Absitzen. Als sich die Lastwagen geleert hatten – niemand hatte es dabei eilig gehabt –, mussten alle mit ihren Werkzeugen vor den Fahrzeugen antreten. Georg konnte sich keinen

Reim darauf machen. Dass irgendetwas Unangenehmes auf sie zukam, schien ihm aber sicher. Er spürte, wie der Junge sich an ihn lehnte, und er ließ es geschehen.

Die britischen Soldaten hatten die Lichtung so besetzt, dass die Mitte frei blieb. Dort zeichnete sich ein langer rechteckiger Graben ab, der aber wieder verfüllt worden war. Zur Mitte hin zeigte er eine leichte Wölbung, und die Ränder hoben sich deutlich von der sie umgebenden Wiese ab. Ursprünglich war er wohl von einer Schicht aus Ästen und Laub bedeckt gewesen, die man aber schon entfernt und zu einem großen Haufen aufgetürmt hatte.

Angesichts der Lage und der Ausmaße des Grabens stieg eine dumpfe Ahnung in Georg auf. Mein Gott, lass es nicht das sein, wofür ich es halte! Bilder aus dem Film, der im Lager gezeigt worden war, kamen ihm in den Sinn. Er konnte seinen Blick nicht von dem Graben abwenden, der für ihn jetzt deutlich die Form eines frisch angelegten, überdimensionalen Grabes angenommen hatte.

Ein Offizier trat vor die Angetretenen und sprach sie in fehlerfreiem Deutsch an. Es wurde fast augenblicklich still. Er gebrauchte keine Anrede, sondern kam ohne Umschweife sofort zur Sache.

»Sie sind heute hier hergebracht worden, um die sterblichen Überreste der Menschen wieder auszugraben, die der Unmenschlichkeit Ihres Nazi-Deutschlands zum Opfer gefallen sind. Sie werden die Toten behutsam und mit Respekt wieder aus diesem Loch ausgraben, damit sie in Würde neu bestattet werden können! Diese Arbeit hier ist nicht eher beendet, bis auch der letzte Tote geborgen ist. Und wenn Sie hier heute diese Toten ausgraben, graben Sie gleichzeitig Ihre Schande mit aus!«

Der Offizier hatte seine Ansprache mit fester Stimme begonnen. Zum Ende hin konnte sie ein Zittern nicht verbergen. Dann gewann sie ihre Festigkeit zurück.

»Die Sergeants werden Sie jetzt in Arbeitsgruppen einteilen und Ihnen erklären, wie Sie vorzugehen haben!«

Die Rede war wie durch dicke Wattepfropfen hindurch in Georgs Ohren gelangt. Seine Knie begannen zu zittern, und seine Hände wurden schweißnass. Auch das aufkommende Murmeln unterdrückter wütender Ausrufe drang nur wie aus weiter Ferne zu ihm durch. Er sah ungläubige, verstörte und auch entsetzte Gesichter um sich herum, in denen sich Münder öffneten und wieder schlossen, nur um sich wieder zu öffnen und ihr Unverständnis zu wiederholen. Dann lichtete sich der Wattenebel, und er vernahm nun deutlicher, wie sich der Unmut um ihn herum äußerte. Es erinnerte ihn an die Tumulte während der Filmvorführung im Lager. Es waren die gleichen Bemerkungen, die auch dort gefallen waren, nur wurden sie hier leiser geäußert, weil die Männer sich hier nicht im Schutz der Dunkelheit befanden. Der Alte, der neben Georg auf dem Boden des LKW gehockt hatte, zischte die wütendsten Beschimpfungen. Andere in seiner Nähe nickten zustimmend.

Wer waren die Toten, die hier verscharrt worden waren? Nach einem Warum zu fragen, schien ihm sinnlos. Für die Nazis war wohl kein besonderer

Grund nötig gewesen, Menschen zu töten und sie dann, vermutlich bei Nacht und Nebel, irgendwo zu verscharren. Bestimmt gab es aber unter all den Männern um ihn herum einige, die von der Existenz dieses Ortes etwas wussten oder sogar mit den Geschehnissen, die er verbergen sollte, zu tun gehabt hatten. Er wurde das Gefühl nicht los, unter Schuldigen zu sein.

Die Sergeants unterbrachen das empörte Gemurmel auf ihre Weise. Sie teilten die angetretenen Männer unter Knüffen in Arbeitsgruppen ein und wiesen ihnen entlang des Grabens Arbeitsbereiche zu. Der Junge hatte sich eng an Georg gehalten und stand nun neben ihm am Ende des Grabens, dort, wo die Wölbung flach auslief. Georg sah zu ihm herunter und sah wieder den kleinen Peters neben sich.

Obwohl sich alle ihrer Jacken und Hemden entledigt hatten, floss ihnen schon nach wenigen Schaufelbewegungen der Schweiß in Strömen aus allen Poren. Die Sergeants duldeten keine Pausen, sie ließen die Unwilligen immer wieder von ihren Soldaten antreiben. Als die oberste Grabenschicht an einer Seite des Grabens zu einem Wall aufgeworfen war, schien die Erde auszuatmen. Ein süßlicher Geruch von Verwesung drang aus der freigelegten Erdschicht und legte sich schwer auf die Lungen. Georg musste würgen und spuckte Schleim aus, der nach Verwesung schmeckte. Auch neben ihm wurde gehustet und gespuckt. Mit verkrampfendem Magen stocherte er in der Erde herum, ohne die Schaufel füllen zu können. Dann griffen die ersten Hände aus dem Graben heraus nach ihm, ein Schädel wurde sichtbar und der Geruch unerträglich.

Langsam, unendlich langsam, so, als habe jemand ein großes Leinentuch weggezogen, enthüllten die schwitzenden gebeugten Körper des Arbeitskommandos das, was unter der hastig zugeschütteten Oberfläche an Unvorstellbarem verborgen lag. Verwesende Schädel, Hände, Füße, noch von Erdresten bedeckt, lagen in wirrer Unordnung über- und nebeneinander, manche im Tod noch aneinandergeklammert, von Stofffetzen umhüllt, achtlos von ihren Henkern hineingeworfen, so, wie man Unnützes wegwirft und sich aus den Augen schafft. Der Geruch, nein es war jetzt kein Geruch mehr, es war Gestank; der Gestank nahm ihm den Atem, ließ ihn schwindlig werden und seine Augen tränen. Das Würgen wurde heftiger, schüttelte seinen ganzen Körper, drang zum Hals herauf und ätzte in seiner Brust. Georg nahm, als der Würgeanfall vorüber war, alles um sich herum nur verschwommen, wie durch einen feuchten Schleier wahr. Dann war da plötzlich dieses tausendfache in der Sonne bläulich schwirrende Flirren summender Fliegengeschwader, die sich nicht zwischen den schweißnassen Körpern der Ausgräber und den modernden Hüllen in der Grube entscheiden konnten. Es kam ihm fast so vor, als ob die Gemordeten ihren Ausgräbern diese Quälgeister geschickt hatten, um sie davon abzuhalten, der Welt den entwürdigenden letzten Augenblick ihres Lebens zu offenbaren. Die Tränen in seinen Augen ließen das Unfassbare zu seinen Füßen gnädig verschwimmen, aber hinter diesem Schleier lauerte ein anderes Bild.

Nein, er mochte diesen Wald nicht. Niemand seiner Kameraden mochte ihn. Er war so ganz anders als die Wälder, die sie aus ihrer Heimat kannten. Er war ihnen unheimlich. Sogar Hänsels und Gretels Hexe hätte sich vor diesem Wald gefürchtet, und selbst die Straßen mieden ihn. Die meisten führten um ihn herum, als fürchteten sie, in ihm verloren zu gehen. Auch die kleinen Dörfer mit nur wenigen Bewohnern begnügten sich mit seinen Rändern und ließen sein Inneres unberührt, denn dieses bestand aus engen Schluchten, in denen jetzt im Herbst die von heftigen Regenfällen angeschwollenen Bäche lange dunkle Tümpel entstehen ließen. Serpentinenartige Forstwege quälten sich die Bergrücken hinauf, über die sich himmelhoch ragende Tannen und Fichten mit ineinander verschlungenen Ästen erhoben. Der Regen verfing sich in ihren Kronen, lief die Stämme herab, tropfte unablässig von den Ästen und verwandelte den Waldboden in Morast.

Obwohl die deutschen Soldaten den Wald nicht mochten, war er doch ihr bester Verbündeter und stand ihnen gegen die Amerikaner bei. Die hassten ihn nicht nur, sie fürchteten sich vor ihm. Er war ihr Albtraum, und der hatte einen Namen: Hürtgenwald. Nach den ersten verlustreichen Kämpfen nannten sie ihn nur noch den Hurt-*genwald. Auf ihren Karten machte er nicht viel her: ein vielleicht fünfzig bis sechzig Quadratmeilen großer Fleck auf dem Weg von Aachen zum Rhein. Der Wald und die Deutschen schienen aber geradezu miteinander verwachsen zu sein.*

Sie waren unsichtbar, bis zu dem Augenblick, in dem eine Panzerfaust oder eine geballte Ladung einen Panzer mitten in der Kurve eines morastigen Weges traf. Dann detonierten Handgranaten, und jeder Baum schien ein Maschinengewehr zu besitzen. Bei dem Versuch, den Angreifern auszuweichen oder sie zu umgehen, blieben die amerikanischen Soldaten in Stacheldrahtfallen hängen oder gerieten, wohin sie sich auch wandten, in eine Tretmine. Selbst die Bäume griffen in die Kämpfe ein, denn sie waren mit Sprenggranaten bestückt und deckten die Amerikaner von oben her ein. Von jeder Höhe feuerte ein gut getarntes Maschinengewehr, aus Baumkronen fanden Scharfschützen ihre Ziele, und an den Hängen empfing sie gnadenloses Feuer aus Erdlöchern und kleinen Betonbunkern. Es gab kein Entrinnen.

Dann gab es einige kleine Dörfer, von ihren Bewohnern schon längst verlassen, die fast jeden Tag den Besitzer wechselten. Tagsüber wurden sie von den Amerikanern unter hohen Verlusten eingenommen, nachts warfen die Deutschen sie dann wieder in Kämpfen Mann gegen Mann hinaus, wieder unter hohen Verlusten. Es war, als atme der Tod jeden Morgen tief ein und nachts wieder aus.

Georgs Einheit lag in der Nähe eines Dorfes mit dem seltsamen Namen Schmidt. Es bestand aus nur wenigen Straßen und besaß eine Schlüsselstellung, denn es deckte den Zugang zu zwei südlich gelegenen Talsperren. Bei einer Flutung würden sich ihre Wasser in die engen Schluchten ergießen und den vorrückenden amerikanischen Truppen alle Nachschubwege versperren. Sie säßen dann zwischen diesem weit ver-

zweigten Seengeflecht und dem Rhein in einer tödlichen Falle. Um das zu verhindern, mussten die Amerikaner den Zugang zu den Talsperren in die Hand bekommen.

Georgs Truppe lag gut verborgen in einem abseitigen Gehöft. Die Kompanie bestand noch aus kaum mehr als achtzig Mann. Tag für Tag hatte sie bei den Rückzugsgefechten aus der Normandie Männer verloren, die nicht ersetzt werden konnten. Einige Kompanien hatten erst vor ein paar Tagen einige HJ-Kindersoldaten zugeteilt bekommen, bei deren Anblick Klümper einen Nervenzusammenbruch erlitten hatte. Die Kompanie war jetzt wieder eine reine Infanterieeinheit, die zusammen mit den Resten des Regiments die Amerikaner in und um den Ort herum festgenagelt hatte. Oberleutnant Ferner hatte Georg nach den vielen Ausfällen als Zugführer eingesetzt.

Sie standen in der niedrigen Küche des Bauernhauses um einen Küchentisch über eine Karte gebeugt und hörten den Bataillonskommandeur, der die Truppe erst vor ein paar Wochen übernommen hatte, sagen: »Wir erwarten an einem der nächsten Tage aus dieser Richtung« – er legte einen Bleistift, der von ihrem Ort weg nach Nordwesten zeigte, auf die Karte – »einen neuen massiven Angriff der Amerikaner. Sie werden mit allem, was sie haben, hier hereindrücken.« Er drehte den Bleistift herum und seine Spitze zeigte nun in die Richtung ihrer Stellungen.

Mein Gott – Georg sah auf den Bleistift – hört denn dieses verdammte Abschlachten hier nie auf? Der Wald hat doch schon genug Blut getrunken.

»Aber …« Die Stimme des Kommandeurs war wieder da. Er klopfte mit dem Bleistiftende auf eine Stelle der Karte. »… die Amerikaner werden ihr blaues Wunder erleben! Hier« – der Bleistift beschrieb einen Bogen und klopfte auf einige Punkte der Karte – »hier haben wir einen ganzen Artilleriefuhrpark zusammengezogen, und der wird dafür sorgen, dass der Angriff stecken bleibt. Wegen der tief hängenden Wolken sind wir für sie völlig unsichtbar! Unsere Aufgabe als Infanterie ist, in die allgemeine Verwirrung hineinzustoßen und den ganzen Angriff der Amerikaner zu einer totalen Niederlage werden zu lassen. Wenn wir sie jetzt hier zum Stehen bringen, jagen wir sie in ein paar Wochen wieder ganz zurück. Sie müssen endlich kapieren, dass es für sie hier nichts zu holen gibt!« Dabei schlug er mit der Faust auf die Karte.

Es war Anfang November vierundvierzig, als der Angriff begann. Es waren nebelkalte Tage, und ein Hauch von Schnee lag in der Luft. Die Amerikaner kamen zunächst zügig voran und nahmen zwei größere Dörfer nordwestlich von Georgs Abschnitt ein. Dann wurde der Angriff zum Stehen gebracht.

Die Kämpfe hier waren anders als in Dieppe. Dort hatten sie in gut ausgebauten Stellungen gelegen und sich das Schlachtfeld einteilen können. Hier waren sie ständig in Bewegung, wechselten alle paar Minuten ihre Stellung, zogen sich zurück, drangen wieder vor und schossen auf alles, was sich vor ihnen bewegte. Sie hatten ihre Stiefel gegen Turnschuhe getauscht, um beweglicher zu sein. Zwei Mal gelang es kleineren amerikanischen Einheiten, durch eine Lücke zu sto-

ßen. Sie wurden entweder niedergemacht oder gefangen genommen. Zu essen gab es nur trockene Brotkanten, weil nichts anderes mehr zu ihnen durchkam. Mit Einbruch der Dunkelheit ließen die Kämpfe nach, und man zog sich in sichere Stellungen zurück. Auf der Suche nach einem sicheren Ort für die Nacht hörte Georg plötzlich nur einen Steinwurf weit entfernt schweres Atmen und Keuchen. An den Flüchen, die dann folgten, erkannte er, dass es Amerikaner waren. Er kreiste sie mit zwei Gruppen ein und nahm sie unter Kreuzfeuer. Dann war es dort still.

Inzwischen hatte er jedes Zeitgefühl verloren. Helle und dunkle Abschnitte hatten einander abgelöst, aber waren das Tage und Nächte oder nur das ständige An- und Abschwellen des Geschützfeuers, das so in sein Bewusstsein drang? Am wievielten Tag dieser endlosen Kämpfe war es eigentlich, als der amerikanische Angriff endgültig in sich zusammenbrach?

Die Amerikaner wurden von dem deutschen Gegenangriff völlig überrascht. Aus allen Richtungen kamen die Deutschen wie aus dem Nichts über sie. Die deutsche Artillerie hatte ihre Granaten auf Luftzündung eingestellt, sodass sie hoch über ihnen als Schrapnelle explodierten. Ihr erzwungener Rückzug wurde zur unkontrollierten Flucht. Die nachrückenden deutschen Soldaten traten und sprangen über Gefallene, Sterbende und schreiend am Boden liegende Verwundete. Weggeworfene Waffen und Ausrüstungsgegenstände säumten die verschlammten Wege, und über allem röhrte die Artillerie und feuerte weiter in das Chaos. Dann herrschte Ruhe.

In dieser Nacht schlief Georg wie ein Stein. Als man ihn weckte, wusste er zum ersten Mal in seinem Leben nicht, wo er sich befand.

Oberleutnant Ferner hatte seine verbliebenen Gruppenführer in die Küche des Bauernhauses um den Lageplan versammelt. Auf der Karte standen sich blaue und rote Püppchen eines Halmaspiels in einer unübersichtlichen Gemengelage gegenüber. Die roten waren auf dem Kartenblatt weit zurückgedrängt worden. Aber zu welchem Preis, dachte Georg. Sie hatten wieder neunzehn Männer verloren, Männer, die er schon seit Jahren kannte, sodass die Kompanie nur noch aus etwa sechzig mehr oder weniger einsatzfähigen Männern bestand. Um jeden der Gefallenen tat es ihm leid. Mit jedem von ihnen konnte er irgendein Ereignis verbinden. Einigen hatte er es sogar zu verdanken, dass er noch am Leben war. Fast jeder der noch kampffähigen Männer hatte eine Blessur davongetragen. Streifschüsse zählten schon längst nicht mehr zu den Verwundungen.

Oberleutnant Ferner wies mit einem Lineal auf die Anordnung der Püppchen.

»Wie Sie schon bemerkt haben, zeigen die blauen Figuren unsere Einheiten an.« Er hob kurz eine Figur an und setzte sie wieder auf ihren Platz. »Wir bleiben in unserer alten Stellung. Dafür haben die übrigen Kompanien des Regiments ihre Stellungen weiter nach vorne verlegt. Unsere Kompanie übernimmt ab sofort die Aufklärungsarbeit ...« Er unterbrach sich für einen Augenblick und sah seine Unterführer der Reihe nach an. »... weil wir von allen Kompanien die

geringste Mannschaftsstärke haben. Wir haben am meisten geblutet!«

Er warf das Lineal mit einer resignierenden Handbewegung auf die Karte. Dann wies er auf die roten Püppchen.

»Wir wissen nur ungefähr, wo sich der Feind befindet. Also müssen wir herausfinden, wo! Dazu werden wir vier Spähtrupps losschicken, die sich … hier … hier … hier ... und hier« – sein Lineal zeigte auf die Püppchen – »mal umsehen sollen. Wenn möglich, soll aber jeder Feindkontakt vermieden werden. Nur im Notfall …« Er vollendete den Satz nicht.

In der Nacht hatte es tatsächlich geschneit, und als sie am Morgen aufbrachen, herrschte klirrende Kälte. Der Schnee bedeckte gerade mal den Boden. An den Tannen bildete er eine festgefrorene kristallene Schicht, die wie eine Glasharfe klingelte, wenn der Wind in sie hineinfuhr und die Zweige aneinander rieb.

Sie trugen Schneetarnung und hatten alles Metallische, das hätte klappern können, von ihrer Ausrüstung entfernt. Statt der Helme trugen sie Feldmützen. Georg hatte Krumbiegl, Randauer und Steinmetz mitgenommen, auf die er sich blind verlassen konnte. Sie hatten den Auftrag, der Spur der Amerikaner zu folgen und ihre neuen vorgeschobenen Spitzen auszumachen. Dabei folgten sie aber nicht der Straße, die unter einer unberührten dünnen Schneedecke lag. Sie war noch immer von Toten und weggeworfenem Kriegsmaterial gesäumt, die der Schnee gnädig verhüllte. Stattdessen gingen sie parallel zur Straße durch den Wald. Der Spähtrupp bewegte sich fast geräusch-

los auf dem von Generationen von Tannennadeln gebildeten weichen Waldboden, ohne Spuren zu hinterlassen. Wenn zwischen den Bäumen eine größere Lücke auftauchte, auf der Schnee lag, wurde sie umgangen, um keine Spuren zu hinterlassen. Der Wald war gespenstisch still, und nur selten fuhr ein Windstoß hindurch und ließ die Äste klingeln. Dann verhielten die Männer ihren Schritt und lauschten angestrengt, ob sich nicht ein anderes Geräusch dahinter verbarg, das ihnen gefährlich werden konnte. Als die Straße einen weiten Bogen beschrieb, folgten sie dem Bergrücken hangabwärts. Vom Talgrund, wo laut Karte ein Bach zu fließen hatte, waren keine Fließgeräusche zu hören. Das war auch nicht möglich, denn der Bachlauf war zugefroren und wie seine Ränder mit einer dünnen Schneeschicht bedeckt.

Von Baum zu Baum Deckung nehmend, näherten sie sich dem Bach. Georg deckte die linke Seite. Als er sichernd in den Taleinschnitt links von ihm hinaufsah, riss er seinen Mund vor Entsetzen weit auf, aber er brachte keinen Ton heraus. Der ganze Talgrund und seine Ränder waren, soweit er blicken konnte, mit Gefallenen übersät. Die deutsche Artillerie hatte hier gemeinsam mit den Sprenggranaten in den Bäumen und den Minenfeldern am Boden eine ganze amerikanische Einheit vernichtet. Die Toten lagen aufeinander und übereinander, fast wie gestapelt, manche ohne Kopf und ohne Gliedmaßen, von abgerissenen Baumfetzen bedeckt. Auf der anderen Seite des Baches, keine drei Meter von ihm entfernt, starrte ihn ein toter Amerikaner an. Sein rechtes Bein steckte im Bach und war von einer Eisschicht umschlossen. Aus der Mitte seines Körpers ragte ein armdicker Ast, den ihm eine Sprengladung durch den Leib gejagt hatte. Darüber hatte sich sanft ein leiser Schneehauch gebildet und über den blutbesudelten Körper ein filigranes Muster von perfider Schönheit gelegt. Georgs Magen hielt diesem Bild nicht stand, und er erbrach sich. Die Kameraden hatten sich mit kreidebleichen Gesichtern um Georg geschart. Kein Windhauch ließ hier am Talgrund die Zweige klingeln. Es herrschte Totenstille.

Sie verließen fast fluchtartig den Ort des Grauens, ohne sich noch einmal umzusehen. In einer kleinen verlassenen Mühle, die ein Stück den Bach hinunter an einem Übergang lag, machten sie eine kurze Rast. Seit ihrem grausigen Fund hatte niemand ein Wort gesprochen, und auch jetzt blieben sie stumm. Georg nahm eine Hand voll Schnee in den Mund und spuckte ihn wieder aus, um den üblen Geschmack loszuwerden. Dann überquerten sie den Bach und stiegen den gegenüberliegenden Hang, immer wieder von Baum zu Baum in Deckung gehend, vorsichtig hinauf. Unendlich langsam kamen sie voran. Irgendwo auf der Höhe musste der Wald aufhören und den Blick auf den Ort freigeben, wo noch immer Reste der Amerikaner vermutet wurden. Plötzlich machte Randauer ein Zeichen, dass er etwas bemerkt hatte, und wies in die Richtung. Ihre Augen hatten sich gut an das Dämmerlicht des Waldes gewöhnt, sodass sie jetzt deutlich die Bewegungen wahrnahmen, die, zwar vorsichtig, aber doch mit einer sträflichen Nachlässigkeit, auf sie zukamen. Die Gestalten nutzten die Möglichkeiten, die der Wald zur Deckung bot, nur sehr unzureichend aus. Georg machte drei verschiedene Bewegungen aus, die alle dicht beieinander lagen. Es konnte sich nur um einen feindlichen Spähtrupp handeln, der genau wie sie die neue Lage der gegnerischen Stellungen auskundschaften sollte.

Georg gab seinen Männern ein Zeichen. Die drei Amerikaner kamen schnell, nur flüchtig den einen oder anderen Baum als Deckung nutzend, auf sie zu. Georg und seine Männer kauerten gut verborgen im Wurzelbereich dicker Bäume, ohne sich zu rühren. In dem Augenblick, in dem die Amerikaner zwischen ihnen hindurchhuschten, gab Georg ein Zeichen. Alle Männer kamen aus ihrer Deckung, und Georg rief in den Rücken der Amerikaner ein scharfes »Halt!«.

Die Überraschung hätte nicht größer sein können. Sie blieben wie von einer großen Hand festgehalten stehen und verharrten in ihren Bewegungen. Dann drehten sie sich langsam um, und Georg sah in schreckensbleiche junge Gesichter.

Krumbiegl fragte Georg ratlos: »Was sollen wir mit ihnen machen?«

»Wenn ihr nichts dagegen habt, schicken wir sie wieder zurück. Ich will versuchen, dem Lieutenant die Situation zu erklären. Wenn er darauf eingeht, machen wir uns wieder aus dem Staub. Der möchte nämlich auch nicht sterben. Ich habe heute genug Blut gesehen. Wie ist das mit euch, Steinmetz, Randauer?«

»Gut, als Gefangene können wir sie kaum mitschleppen. Und bei einer Schießerei, so nahe an ihren Stellungen, hätten wir sofort die ganze Truppe auf dem Hals. Außerdem reicht es mir heute auch!«

Randauer hatte die Situation deutlich beschrieben.

Georg ließ seine MPi sinken, hob die linke Hand und bewegte sie wie zum Gruß. Er sah den Lieutenant an, und winkte noch einmal, um Zeit zu gewinnen. Es kam jetzt auf jedes seiner Worte an, die er sich zurechtgelegt hatte und die er nun in verständlichem Englisch formulieren musste. Er durchwühlte sein Gedächtnis nach passenden Worten und einfacher Grammatik.

Auf dem Gesicht des Lieutenants bildeten sich kleine Schweißperlen. Georg sah die Not des jungen Offiziers.

»How do you do?«

Der Lieutenant sah ihn erstaunt an und räusperte die Frage zurück.

Georg zeigte mit einer weit ausholenden Bewegung in den Wald hinein und sagte: »The whole forest is full of our troops!« Er sprach langsam und betonte dabei jedes Wort.

»You haven't got any chance. We're everywhere!«

Die Amerikaner drehten ihre Köpfe und suchten nach weiteren deutschen Soldaten. Georg erkannte daran, dass er verstanden worden war. Dann sprach ihn der Lieutenant an und wies in die Richtung aus der sie gekommen waren. Georg verstand kein Wort. Es war ein Englisch, wie er es noch nie gehört hatte. Dann sah er hinüber in die Richtung, in die der Lieutenant gezeigt hatte. Vielleicht hatte er ihm gesagt, dass seine Leute bald kommen würden, aber das war wohl eher Wunschdenken, denn sein Gesicht sagte etwas anderes.

Georg wandte sich wieder an den Lieutenant.

»You can go back! But you have to go slowly! Okay?«

Der Lieutenant deutete ein schwaches Nicken an und sein Gesicht entspannte sich. Er sagte wieder etwas, was Georg nicht verstand. Dem Tonfall nach war es aber eine Frage und irgendetwas darin hörte sich wie »can go?« und »really?« an. Verdammt, dachte er, er versteht mich, aber ich nicht ihn! Dann fuhr er fort, in der Hoffnung, dass er auch verstanden wurde.

»Go back and tell your commanding officer: This forest will gorge you! Do you understand?«

Der Lieutenant hatte verstanden.

»We don't want to shoot at you! We saw too many dead men this morning. It's enough.«

Dann geschah etwas, was Georg nicht erwartet hatte. Der Lieutenant hielt ihm die rechte Hand hin. Georg ergriff sie zögernd, Sie fühlte sich schweißnass an, als er sie schüttelte.

»Okay«, sagte der Lieutenant, »thank you!«

Das verstanden jetzt alle.

»Lassen wir ihnen die Waffen?«, fragte Steinmetz. »Sie werden nicht schießen, sie sind froh, hier wieder heil wegzukommen. Lasst sie durch«, wandte er sich dann an Randauer und Krumbiegl.

Die Amerikaner gingen langsam und erleichtert in die Richtung zurück, aus der sie gekommen waren. Als sich der Lieutenant nach ein paar Schritten umdrehte und ihnen zuwinken wollte, war von Georg und seinen Männern nichts mehr zu sehen.

Durch den Schleier hindurch nahm Georg neben sich plötzlich eine in sich zusammenfallende Bewegung wahr. Als er das Wasser aus den Augen gewischt hatte, sah er den Jungen mit dem Gesicht nach unten reglos in der Grube liegen. Er bückte sich zu ihm hinunter, zog ihn vom Grubenrand weg und drehte ihn auf den Rücken. Der Junge schlug die Augen auf und starrte aus großen Augen, in denen blankes Entsetzen stand, zu ihm hoch. Georg stellte ihn auf die Beine und drehte sein Gesicht so, dass der Junge ihn ansehen musste.

»Erkennst du mich?«

Der Junge reagierte nicht. Georg schüttelte ihn.

»Du musst hier sofort weg, verstehst du mich jetzt?«

Die Augen des Jungen weiteten sich, und dann nickte er heftig mit dem Kopf, zum Zeichen, dass er ihn verstanden hatte. Georg sah sich um. Er sah die gebeugten Oberkörper der Männer, die unter ständigem Gehuste und Gewürge mit ihren Geräten zwischen den Leichen herumstocherten. Viele hatten sich, so wie die meisten Soldaten auch, Tücher vor den Mund gebunden. Die Soldaten hatten sich fast bis an den Waldrand zurückgezogen, wo der Verwesungsgeruch schwächer war. Einige hatten sich ganz abgewandt, um das Grauen des Grabens nicht sehen zu müssen.

Georg hatte einen Entschluss gefasst. Er ergriff die Hand des Jungen und nahm langsam seinen Rucksack mit seinen Habseligkeiten auf. Den konnte er nicht zurücklassen. Nichts von ihm sollte an diesem Ort zurückbleiben. Er musste fort von hier, so, wie der Junge von hier weg musste. Am liebsten wäre er losgerannt, allein, ohne sich umzuschauen, auch auf die Gefahr hin, sofort wieder gestellt und zurückgebracht zu werden. Aber seit er dem Jungen aufgeholfen hatte und ihn an der Hand hielt, trug er für ihn Verantwortung, eine Verantwortung, der er bei einem anderen Jungen nicht gerecht geworden war. An diesem Jungen konnte er wieder etwas von seinem Versagen gutmachen.

Er nahm eine gebückte Haltung ein und bedeutete dem Jungen, das Gleiche zu tun. Keiner der Soldaten nahm Notiz von ihnen. Der Haufen mit den aufgeschichteten Ästen war nur vier oder fünf Schritte entfernt. Georg spürte das Zittern in der Hand des Jungen, als er ihn langsam, Schritt für Schritt, mit sich hinter den Haufen zog, der die Sicht auf den Graben verdeckte und sie auch den Blicken der Soldaten entzog. Aber nur für kurze Zeit. Als sie sich dem Waldrand näherten und sich schon in Sicherheit wähnten, trafen sie auf zwei Soldaten, die keine zehn Schritte entfernt waren. Einer der beiden lehnte mit den Händen an einem Baum und übergab sich unter heftigem Würgen. Sein Kamerad stand hilflos daneben und wandte sich ab. Dabei fiel sein Blick auf Georg und den Jungen. Er machte ein überraschtes Gesicht, und für einen Augenblick sah es so aus, als wolle er sein Gewehr von der Schulter nehmen. Dann wandte er sich aber wieder seinem Kameraden zu und machte eine müde Bewegung in Georgs Richtung.

Georg war zunächst wie erstarrt stehen geblieben, dann zog er den Jungen mit sich in den Wald hinein. Sie durchbrachen das lichte Unterholz und wateten durch einen hohen Farnteppich, bis sie einen schmalen Waldweg erreichten. Dort hielten sie an und Georg ließ die Hand des Jungen los.

»Wie heißt du eigentlich?«

Der Junge sah ihn wie aus weiter Ferne an. »Hans-Jürgen.«

»Weißt du, wo wir hier sind, Hans-Jürgen?«

Der Junge nickte langsam. »Ich glaube schon.«

»Weißt du, wie du von hier aus nach Hause kommst?«

Wieder ein Nicken.

»Dann lauf!«

Nacht und Morgen

Es war früher Abend, und noch immer brannte die Sonne unbarmherzig vom Himmel. Kein Wölkchen störte das kobaltfarbene Blau. Die Luft lastete, ohne dass ein Windhauch sie störte, auf der ausgedörrten Landschaft. Den Wiesenblumen schien die Hitze nichts anhaben zu können. Sie schwebten seltsam losgelöst über den braun gewordenen Halmen.

Georg ging über eine große Wiesenfläche auf eine Straße zu, die er unterhalb eines langen Höhenrückens vermutete. Ein Distelfalter löste sich vor ihm von einer Blüte und taumelte zur nächsten. Er war ihm immer ein paar Schritte voraus, und es schien, als wolle er ihm den Weg weisen. Schweißtropfen liefen Georg in die Augen, und der Falter verschwand im Sonnenglanz.

Die Gegend, durch die er jetzt zog, war ihm vertraut. Die Straße, auf die er zulief, führte um den Berg vor ihm in einem weiten Bogen herum zur Lenne und überquerte sie mit einer Brücke. Es war der Weg, der nach Hause führte. Aber dieser Weg war ihm in seiner Ungeduld zu weit. Außerdem würde es bald dunkel werden, und er würde noch einmal im Freien übernachten müssen. Wenn er der Straße weiter folgte, würde er erst morgen gegen Mittag zu Hause ankommen. Aber von dieser Straße ging ein alter

Forstweg ab, der über den Berg in ein Zwischental führte. Von dort ging es hinunter ins Tal der Lenne, dann ein Stück flussaufwärts bis zur Furt und – auf der anderen Seite ... Er würde also durch die Hintertür nach Hause kommen!

Um ihn herum war nur bleierne, wabernde Stille. Die Zeit schien stehen geblieben zu sein. Wenn es hier so ruhig und friedlich aussieht, dachte Georg, dann muss es zu Hause doch auch so sein! Dann erreichte er die Landstraße.

Auf der gegenüberliegenden Seite begann der Wald, ein dicht stehender, dunkler Hochwald mit einem wild zugewucherten Rand. Nach ein paar hundert Metern fand er die Lücke im Waldsaum. Der Zugang wurde von einem Schlagbaum versperrt, von dem schon die Farbe abblätterte. Kühle Luft empfing ihn, und er atmete tief ein. Der Weg, der im grünen Dämmerlicht vor ihm lag, stieg zunächst sanft an und führte dann in vielen Windungen zum Kamm des Bergrückens.

Inzwischen war es dunkel geworden, und der Verlauf des Weges war jetzt nur noch einen Steinwurf weit zu erahnen. Die Windungen waren erst im letzten Moment zu erkennen und schienen kein Ende nehmen zu wollen. Es kam ihm vor, als trete er auf der Stelle und der Weg würde nur unter seinen Füßen hinweggezogen. Irgendwann musste der Weg doch die höchste Stelle erreichen, von der aus es dann wieder den Berg hinabging! Von dort konnte es dann nicht mehr weit bis zu der Schutzhütte sein.

Die Hütte lag auf der anderen Seite des Bergrückens am Rande einer größeren Lichtung, durch die ein kleiner Bach floss. Der Bach folgte dem Tal und vereinigte sich dann nach ein paar Kilometern mit der Lenne. Von der Lichtung aus folgte ein Weg dem Bachlauf. Schon am Tage war dieser Weg für ungeübte Wanderer nicht ungefährlich, bei Nacht war er sogar für einen erfahrenen Mann riskant. Darum wollte Georg die Nacht in der Hütte verbringen und am nächsten Morgen in aller Frühe den letzten Teil des Weges gehen. Dann wäre er schon zum Frühstück zu Hause!

Allein daran zu denken hörte sich so normal an, als wäre er nie weg gewesen. Wo blieb denn nur diese verdammte Hütte? So lang hatte er den Weg gar nicht in Erinnerung.

Plötzlich, ohne Vorankündigung, war die Kammhöhe erreicht. Die Lichtung lag als heller Fleck ein Stück unterhalb der Höhe. Der Forstweg endete vor einem scharf umrissenen Schatten. Das musste die Hütte sein! Sie war recht groß. Zum Weg und zur Lichtung hin war sie offen, die beiden Seiten, die dem Wald zugewandt waren, trugen Bretterverschalungen. An diesen Seiten verlief auch eine breite winkelförmige Bank. Der Holzboden bestand aus dicken Bohlen und lag auf großen Feldsteinen.

Georg nahm die beiden Kerzenstummel aus dem Rucksack, zündete sie an und befestigte sie mit heißem Talg auf der Bank. Obwohl die Hütte schon längere Zeit keine Besucher mehr gesehen haben mochte, machte sie in dem trüben Licht doch noch einen ordentlichen Eindruck.

Georg warf Rucksack, Hut und Jacke auf die Bank. Das Plätschern des Baches war jetzt nicht mehr zu überhören. Er ging hinüber zu dem Bachlauf, kniete nieder, trank aus der hohlen Hand und kühlte sein Gesicht. Dann nahm er die letzte Scheibe Schinken aus dem Rucksack und schnitt sie in schmale Streifen.

Der Wald hielt die Tageshitze noch fest, und die ganze Hütte roch nach trockenem, ausgedörrtem Holz. Georg legte sich auf die Bank, schob den Rucksack unter den Kopf und sah den Schattenspielen der Kerzen zu. Nur ein paar Kilometer von ihm entfernt, schon zum Greifen nahe, gingen die Menschen, die ihm alles bedeuteten, ihrem gewohnten Leben nach. Er versuchte sich ihre Gesichter vorzustellen und war irritiert – sie erschienen ihm nur vage, verschwommen, ohne Konturen! Unsicher griff er in die Jackentasche, holte die Fotografien hervor und betrachtete sie im flackernden Kerzenschein.

Georg stellte sich vor, wie sie jetzt, in diesem Augenblick, miteinander zu Abend aßen, sich vielleicht Gedanken über den nächsten Tag machten, möglicherweise auch gerade jetzt über ihn sprachen. Er sah sie in Situationen, die ihm ein Leben lang vertraut gewesen waren. Seine Mutter wirtschaftete in der Küche herum, sein Vater las wieder in Büchern, die jetzt nicht mehr verboten waren, und seine kleine Schwester sorgte sicher wieder für Unruhe. Den letzten Teil korrigierte er aber sofort wieder. Anna war ja längst nicht mehr das kleine Mädchen, das ihm auf der Fotografie entgegenlachte. Bei seinem letzten Heimaturlaub war sie schon eine Handbreit größer als die Mutter gewesen.

Aber den meisten Raum nahm ohnehin Marie in seinen Gedanken ein. Er spürte ihrem Gesicht nach, suchte die Grübchen, den dicken Nackenzopf, stellte sich ihre schlanken Beine, ihren so biegsamen Körper vor. Wie würde sie reagieren, wenn er morgen Früh wie aus dem Nichts plötzlich da sein würde? Eine Vorstellung von dem Moment ihres Wiedersehens, die er sich ausmalte, wurde von der nächsten verdrängt, und darüber schlief er ein.

Er wusste nicht, wie lange er schon geschlafen hatte, als er aus dem Schlaf gerissen wurde. Es war noch genauso dunkel wie bei seiner Ankunft, aber es war merklich kühler geworden. Ein heftiger Windstoß fuhr durch die Hütte, und ihn fröstelte. Der Wald wurde plötzlich lebendig. Äste schlugen heftig aneinander, der Wind durchpflügte das Blättermeer und trieb einige abgerissene Blätter durch die Hütte. Alle Geräusche klangen seltsam hohl und schienen, wie auch der heftiger werdende Wind, ein aufziehendes Gewitters anzukündigen. In diesem Augenblick überzog das erste Wetterleuchten den Himmel, und weit entferntes Donnergrollen ließ Schlimmes ahnen.

Der Wind wurde heftiger, das Grollen kam näher, das Wetterleuchten wurde zu Blitzen, aber der Regen ließ noch auf sich warten. Dann fielen urplötzlich die ersten Tropfen. Sie knallten wie Geschosse auf den staubtrockenen Boden vor der Hütte und polterten auf das Hüttendach. Georg spürte, wie die klatschenden Tropfen den nach Wasser bettelnden Boden hochspritzen ließen.

Und dann war das Unwetter auf einmal über ihm. Der Wind ließ nach, und der Himmel öffnete seine Schleusen. Die Hütte bekam nun einen Vorhang aus Wasser. Alles, was der Himmel an Wasser gesammelt hatte, schien er über der Hütte abladen zu wollen. Sie ächzte unter der Gewalt der Massen, die auf sie herunterkrachten, aber das Innere blieb trocken. Mit Erstaunen stellte Georg fest, dass das Dach dicht war. Nur hereingewehte Regenschleier drangen hinein und hüllten ihn ein.

Einem inneren, ihm unerklärlichen Zwang folgend zog Georg sich die Kleider vom Leib, verließ das schützende Dach und trat nackt in die Regenfluten hinaus. Es war, als durchschritte er eine Wand. Die vom Dach herabflutenden Wasser trafen ihn mit der Wucht eines Wasserfalls. Er drehte sich einige Male um die eigene Achse und ließ das Wasser auf sich herabstürzen. Der gerade eben noch trockenharte Waldboden vor der Hütte hatte sich bereits in Morast verwandelt.

Georg machte ein paar Schritte von der Hütte weg und stand dann plötzlich auf dem leicht geneigten Wiesenhang. Aber da war mehr als nur Wiese. Er stand mit den Füßen im Wasser! Der Boden konnte das Wasser nicht sofort schlucken, es quoll wieder aus der Erde heraus und ließ kleine Wirbel entstehen. Das auf ihn niederstürzende Wasser schlug wie Geschosse um ihn herum ein und spritzte in Fontänen an ihm hoch. Von allen Seiten fühlte er sich von Wasser eingehüllt. Über ihm zuckten Blitze wie weit entferntes, durch die Wassermassen verzerrt aufleuchtendes infernalisches Geschützfeuer, und die unaufhörlichen Donnersalven machten das ganze Geschehen zu einer gewaltigen Himmelsschlacht. Inmitten dieser Schlacht stand Georg mit hochgereckten Armen und stemmte sich gegen die Naturgewalten.

Das Wasser nahm von ihm Besitz. Es knetete ihn durch, drang in alle Poren und schwemmte allen Schweiß und Schmutz aus ihm heraus. Da hob er langsam einen Fuß nach dem anderen, wurde schneller, drehte sich im Kreis und bot den Wassern sein Gesicht. Er wollte schreien, all das Schreckliche, das unaussprechbare Grauen, das er gesehen hatte, den Urgewalten anvertrauen, ihnen entgegenschleudern, aber sie ließen es nicht zu. Das Wasser füllte seinen Mund, sodass nur ein Gurgeln zustande kam. So musste es sein, wenn man ertrank und um Hilfe zu schreien versuchte! Aber er hatte keine Angst, er schluckte das Wasser herunter und spie den Rest in die Fluten zurück.

Die beiden älteren Frauen saßen mit ihren Töchtern in der großen Küche um den großen Tisch. Sie hatten eine Kerze angezündet und beteten den Rosenkranz. Anna hatte sich zu Marie geflüchtet, hielt sie fest umklammert und ihr Gesicht an ihre Brust gedrückt. Bei jedem Donnerschlag zuckten sie zusammen, und die Stimmen der betenden Frauen wurden lauter. Der Sturm rüttelte an den Fensterläden und lieferte die Begleitmusik zum Klatschen des Regens.

»Herr, beschütze die Menschen, die bei diesem Unwetter unterwegs sind! Hilf ihnen, Schutz zu finden!«, betete Maries Mutter nach jedem Ave Maria. Die flackernde Kerze verbreitete ein gespenstisches Licht und warf die Silhouetten der Frauen als verzerrte hin- und herhuschende Schatten an die Wände.

Die Frauen, die alten wie die jungen, waren alleine. Die Väter hatten gemeinsam Nachtdienst im Stellwerk. Als das Unwetter immer heftiger wurde, hatten sich Georgs Mutter und Anna ins Nachbarhaus hinübergeflüchtet, weil sich Anna so fürchtete. Marie konnte gut verstehen, warum. Es war fast wie in den Nächten, als der Fliegeralarm die alliierten Bomberströme gemeldet hatte, die in Richtung Frankfurt geflogen waren. Auch da hatten sie die Sicherungen herausgedreht und Kerzen angezündet.

Das Gewitter schien sich über ihrem Haus austoben zu wollen. Endlich vergrollte es sich, nur die Regenfluten dauerten noch eine Weile an. Dann wurde es wieder still. Ein letzter leiser Windstoß rüttelte noch einmal an den Fensterläden, als wolle er sich entschuldigen.

Wie lange er so da gestanden hatte, wusste er nicht. Die Arme wurden ihm allmählich schwer, und er ließ sie sinken. Zuerst zog dann der Geschützdonner ab, die Blitze flammten spärlicher und lieferten nur noch ein Nachzugsgefecht, der Regen ließ mehr und mehr nach, bis er schließlich ganz aufhörte. Die Wolken rissen auf, der Himmel bekam seine normale nächtliche Färbung zurück, und ein Stück zunehmender Mond übernahm den Rest der Nacht. Vereinzelte Nachzüglerwinde schüttelten noch Wasser aus den Bäumen.

Der Mond beschien eine eilig sich verlaufende Wasserfläche. Georg drehte sich um und ging platschend zur Hütte zurück. Als er auf den festen Bohlen stand, streifte er sich das Wasser vom Körper. Die

Luft hatte sich merklich abgekühlt, und ein Schauer lief über seinen Rücken, er genoss ihn und fühlte sich auf eine seltsame Weise sauber. Nach einer Weile zog er sich an und legte sich wieder auf die Bank. Bald darauf fielen ihm wieder die Augen zu.

Als er aufwachte, hätte er nicht sagen können, was ihn geweckt hatte. War es das Zwitschern der Vögel, die Helligkeit des frühen Morgens, das morgendliche Frösteln, oder war es von allem etwas? Georg schwang die Beine von der Bank, reckte sich und wollte zum Bach hinunter, um sich die Nacht aus dem Gesicht zu waschen. Auf das, was ihm das frühe Morgenlicht nun zeigte, war er aber nicht vorbereitet. Wohin er auch blickte, überall sah er die Spuren der nächtlichen Gewitterschlacht. Allmählich wurde ihm bewusst, dass er das schlimmste Gewitter seines Lebens erlebt – und unbeschadet überstanden hatte. Der Forstweg, der ihn zur Hütte geführt hatte, war von den Wasserfluten weggeschwemmt worden, und der darunter liegende Waldboden wurde nun von Rillen und Wasserläufen durchzogen. Dort, wo sich der Bach in der Wiese versteckt hatte, gurgelte jetzt ein mehrere Meter breites Gewässer talwärts, das mit Laub, Geäst und Schlamm beladen war. Die ganze Lichtung war mit abgerissenen Ästen übersät, und viele Baumkronen sahen aus, als hätte ein übermütiger Riese seinen Mutwillen mit ihnen getrieben.

Georg verzichtete bei diesem Anblick auf den Gang über das Schlachtfeld, sammelte stattdessen Wasser, das vom Dach der Hütte tropfte, in der hohlen Hand und spritzte es sich ins Gesicht.

Ein langer Sonnenfinger stahl sich durch den von einer leichten Morgenbrise bewegten Vorhang des Fensters und fiel auf Maries Gesicht. Noch schlaftrunken nach der kurzen Nacht, wollte sie ihn wie eine lästige Fliege mit einer müden Bewegung verscheuchen, aber der Sonnenstrahl blieb hartnäckig. Er nahm die Gelegenheit wahr, als ein heftigerer Windstoß den Vorhang weiter aufblähte, und traf Marie nun voll im Gesicht. Erschrocken richtete sie sich im Bett auf, wich dem Sonnenstrahl aus und warf dem Wecker einen vorwurfsvollen Blick zu. Die Zeiger standen bereits auf halb sieben. Sie hatte also eine halbe Stunde verschlafen! Im Grunde war sie dem alten Ungetüm aber sogar dankbar, nachdem sie in der vergangenen Nacht erst so spät Schlaf gefunden hatte. Sie schwang die Beine aus dem Bett, ertastete ihre Pantoffeln, streifte das Nachthemd ab, goss Wasser aus dem Krug in die Waschschüssel und wusch sich die Müdigkeit aus dem Gesicht. »Den Rest mach ich nach dem Füttern«, versprach sie ihrem Gesicht, das ihr aus dem Spiegel der Waschkommode zunickte.

Während sie sich anzog, fiel ihr Blick auf eine gerahmte Fotografie. Georg blickte sie daraus unter der Wehrmachtsmütze mit dem Versuch eines Lächelns an. Wie jeden Morgen strich sie mit dem Finger über das Foto und begrüßte ihn. Dann hastete sie die Treppe hinunter an der offenen Küchentür vorbei, aus der der Duft nach Muckefuck und die Stimme ihrer Mutter drangen.

»Na, Kind, wie war deine Nacht nach dem Gewitter? Hast du noch gut geschlafen …?«

Marie schaute zu ihr hinein.

»Guten Morgen, Mama. Ich bin spät dran! Erst versorge ich jetzt die Schweine! Ich frühstücke dann mit Papa, wenn er da ist!« Sie wartete die Antwort nicht ab, sondern hastete weiter zur Schweineküche, füllte zwei Eimer mit Gemüseabfällen, vertauschte ihre Pantoffel mit Holzschuhen, öffnete die Tür und trat auf den Hof.

Das, was von dem Forstweg übrig geblieben war, endete auf der Lichtung. Georg ging auf das große dunkle Loch im Waldrand zu, wo der Bach die Lichtung verließ. Heute Morgen nahm er fast die gesamte Breite des Weges ein. Schlamm und Äste hatten sich verkeilt und ließen das Wasser nur widerwillig hindurch. Georg folgte einem halbwegs trockenen Randstreifen und stellte erleichtert fest, dass die Wassermassen nach hundert Metern wieder dem alten Bachbett folgten.

Der Weg verengte sich allmählich zu einem Pfad und schlängelte sich um Bäume herum den Berg hinab. Der Laubwald ging abrupt in einen reinen Fichtenbestand über. Es wurde dunkler und stickiger. Jeder Windstoß löste ganze Regenschauer aus. Als der Pfad nach einer leichten Bodenfalte nach rechts führte, stockte plötzlich sein Schritt. Rechts unter ihm, dort wo der Bach fließen musste, klaffte eine riesige Lücke zwischen den Fichten und zeigte einen blauen morgendlichen Frühsommerhimmel. Die Baumwipfel waren abrasiert und hielten das Flugzeug, das ihnen das angetan hatte, fest verkeilt umschlossen. Das Wrack ragte schräg aus diesem Gewirr aus Astwerk, verbogenem Metall und Kabinenteilen heraus, den Rumpf mit dem zerstörten Leitwerk in den Himmel gereckt. Auf dem Rumpf und einer senkrecht zwischen zwei Bäumen eingeklemmten Tragfläche waren deutlich die blau-weiß-roten Kokarden der Royal Air Force zu erkennen. Der ganze Rumpf war mit Einschusslöchern übersät.

Georg überkam ein Augenblick der Panik. Wenn das Flugzeug hier abgeschossen worden war, dann konnte das bedeuten, dass auch hier, nicht weit von zu Hause, Kämpfe stattgefunden hatten. Dann könnte auch den Seinen etwas zugestoßen sein! Ihm standen sofort die vielen zerbombten Häuser vor Augen, an denen er vorbeigekommen war.

Aber warum hätte ein Bomber zwei allein stehende Häuser angreifen sollen?

Georg zwang sich zur Ruhe und sah sich das Wrack etwas genauer an. Dem Zustand nach zu urteilen war das Ding schon vor längerer Zeit abgestürzt. Der Baumbruch war nicht mehr frisch und hatte bestimmt schon einen Winter hinter sich, und auf dem Rumpf lag auch schon ein moosiger Schimmer. Nachdem er sich beruhigt hatte, folgte er dem Pfad weiter. Der Fichtenwald wich wieder einem Laubwald. Er hatte den Talboden noch nicht erreicht, da hörte er schon von Weitem ein gleichmäßiges Rauschen: Die Lenne!

Nach einer letzten Biegung des Pfades sah er sie vor sich liegen. Dort, wo der Bach in die Lenne mündete, hatte sich jetzt ein kleiner See breit gemacht. Die Lenne musste auf ihrem Weg nach dieser Nacht viele ehemals kleine Rinnsale aufnehmen und drückte nun das Wasser seines Baches zurück. Georg stapfte in den kleinen See hinein. Dann stand Georg auf dem letzten Stück Weg, der an der Lenne entlang nach Hause führte. Eine unbändige Freude stieg in ihm auf. Mehr stolpernd als laufend eilte er den Weg entlang. Dabei gaben seine Schuhe rhythmisch schmatzende Geräusche von sich. Jeden Schmatzer begleitete er in Gedanken mit einer Silbe: Ich – bin – zu – Hau – se! – Ich – bin – zu – Hau – se!

Nach einigen hundert Metern beschrieb die Lenne einen Bogen, und eine Lücke im Waldsaum gab den Blick auf die andere Seite des Flusses frei. Dort standen am Rande einer großen Wiesenfläche zwei Fachwerkhäuser dicht beieinander. Drüben schien alles ruhig zu sein. Niemand war zu sehen, aber aus einem der Häuser stieg schon Rauch aus dem Schornstein. Marie musste also, wenn sie zu Hause war, schon aufgestanden sein!

Georg blieb stehen, um das Bild des Ortes, das er immer vor Augen gehabt hatte, mit dem zu vergleichen, was er jetzt hier vor sich sah. Nichts schien sich verändert zu haben. Es sah noch genauso aus, wie er es vor einem Jahr verlassen hatte.

Ungewollt standen ihm plötzlich Tränen in den Augen. Er versuchte sie unterdrücken, aber es gelang ihm nicht. Da ließ er ihnen freien Lauf. Sie kamen wie eine Befreiung. Die Tränen schienen all das wegschwemmen zu können, was die nächtlichen Regenmassen nicht geschafft hatten. Als die Tränen schließlich versiegten, kam eine große innere Zufriedenheit und Ruhe über ihn.

Drüben war es immer noch ruhig. Die Morgensonne tauchte hinter den beiden Häusern auf und zauberte ein seltsames Licht auf die feuchte Wiese und die breit und ruhig dahin ziehende Lenne. Georg stieg vorsichtig in den Fluss. Trotz des vielen Wassers, das die Lenne zu bewältigen hatte, reichte es ihm nur bis zum Schritt. Als er die Flussmitte erreicht hatte, öffnete sich plötzlich die Hintertür eines der Häuser. Eine junge Frau mit zwei Eimern in den Händen trat ins Freie. Marie!

Die nächtlichen Regengüsse hatten tiefe Rillen in den Hof gewaschen, einige standen noch voller Pfützen. Das sonst weiße Gefache des gegenüberliegenden Hauses der von der Beekes, zeigte jetzt ein nasses Grau. Aber die Luft fühlte sich nach den letzten heißen Tagen wie frisch gewaschenes, kühlendes Leinen an.

Aus dem Schweinestall drang schon ein erbostes Quieken. Bevor Marie den Tieren endlich ihr verspätetes Frühstück servierte, schaute sie einer alten Gewohnheit folgend zum Fluss hinunter. Die Lenne schlug hier einen weiten Bogen und verschwand dann in einem Waldstück. Die Wiese, die sich zur Lenne hin sanft neigte, zeigte noch Spuren des nächtlichen Unwetters. Das gestern noch kniehohe Gras lag niedergedrückt am Boden. Kleine Rinnsale suchten sich Wege zur Lenne, wurden aber durch abgerissene, über die Wiese verstreute Äste und Zweige zu Umwegen gezwungen. Die Wiese schien geradezu zu leben!

Die Lenne hatte ihr Ufer weit überflutet und bildete in der Flussmitte kleine Wirbel, in denen sich abgerissene Grassoden und Äste drehten. Die Sonne verwandelte die braunen Fluten an einigen Stellen in geschmolzenes Kupfer. Ihre Strahlen tanzten auf dem

Wasser und spiegelten sich als silberhelle Punkte in den Blättern der Schwarzerlen, die am gegenüberliegenden Ufer einen breiten Saum besetzten.

Marie wollte sich schon abwenden, als plötzlich dieser Lichtervorhang in Bewegung geriet. Irgendetwas zerteilte geräuschvoll das schwimmende Kupfer. Sie stellte die Futtereimer ab, ließ die Schweine quieken und machte ein paar Schritte auf den Wiesenhang zu. Jetzt bemerkte sie eine Gestalt, die platschend aus dem Wasser stieg. Und diese Gestalt winkte ihr heftig gestikulierend zu. Verwirrt blickte sie zu ihr hinüber.

Dann hörte sie jemanden rufen, und sie meinte ihren Namen zu verstehen. Erst glaubte sie, ihre Mutter hätte aus der Küche nach ihr gerufen, und wandte den Kopf zum Haus. Dort konnte sie aber niemanden entdecken. Es rief noch einmal, jetzt deutlich aus der Richtung des Flusses. Wieder hörte sie ihren Namen, und die Stimme war ihr seltsam vertraut.

Ungläubig schaute sie der Gestalt entgegen. Sie sah einen Mann in einem viel zu weiten, abgetragenen Anzug. Der Mann blieb einen Moment stehen, riss sich den Hut vom Kopf, löste einen Rucksack vom Rücken, ließ ihn zu Boden gleiten, hob die Arme und winkte ihr zu. Und nun hörte Marie, dass er ihren Namen rief. Dann erkannte sie, wer da ihren Namen rief.

»Georg!« Marie schleuderte die Holzschuhe von den Füßen, hob ihren Rock an und lief ihm den Hang hinunter entgegen. Ihr noch vom Schlaf zerdrückter Zopf löste sich auf, und ihre Haare wehten wie eine

Fahne hinter ihr her. Sie kam ins Stolpern, fing sich wieder und lief, wie sie noch nie gelaufen war …

Georg löste sich, sprang den Hang hinauf, immer wieder ihren Namen rufend.

»Marie! ... Marie! … Marie …!«

»Georg!«, kam es zurück. »Georg … Georg!«

Bevor sie sich in die Arme fallen konnten, umarmten sich ihre Namen in der Luft.

»Marie … Marie!«

Georg von der Beeke war heimgekehrt.